dtv

»Wenn ich meinen Zuhörern sage, dass ich nicht weitersprechen kann, versteht das jeder. Sie begreifen auch ohne Worte, wie tief solche Erlebnisse ins Leben einschneiden.« Erika Riemanns Erfahrungsbericht über ihre Jahre im Gefängnis wegen eines Jugendstreichs wurde ein Bestseller. Die Autorin absolvierte zahlreiche Lesungen, Diskussionen und Talkshows und erhielt Unmengen Briefe und Berichte von Menschen, die ebenfalls Opfer des DDR-Unrechts geworden waren. So wurde Erika Riemann zu einer gefragten Ansprechpartnerin und absolvierte zahlreiche Veranstaltungen, vor allem auch in Schulen und Gedenkstätten. Sie erzählt von ihren Schwierigkeiten, im »normalen« Leben Fuß zu fassen, verdeutlicht, wie sehr die grausamen Erfahrungen ihren Alltag belasteten und berichtet von der so schwierigen wie lohnenden Arbeit, sich den jahrzehntelang verdrängten Erinnerungen an erlittenes Unrecht zu stellen. Sie spricht von sich, aber für viele.

Erika Riemann, geboren 1930 in Mühlhausen/Thüringen, verbrachte die Jahre 1946 bis 1954 in Gefängnissen und Lagern wie Bautzen, Sachsenhausen und Hoheneck, weil sie ein Stalinporträt mit einer Schleife »verziert« hatte. Sie kam nach der Haftzeit nach Westdeutschland, hat in vielen Jobs gearbeitet, drei Ehen geführt und drei Kinder aufgezogen. Heute lebt sie in Hamburg. Für ihr »Engagement für Freiheit und Demokratie und für die Aufarbeitung des SED-Unrechts« wurde ihr 2009 das Bundesverdienstkreuz am Bande des Verdienstordens verliehen. Die Neuausgabe ihrer Erinnerungen ›Die Schleife an Stalins Bart‹ ist im Deutschen Taschenbuch Verlag erschienen (dtv 34725).

Erika Riemann

Stalins Bart ist ab

Von Bautzen
zum Bundesverdienstkreuz

Deutscher Taschenbuch Verlag

Von Erika Riemann ist im Deutschen Taschenbuch Verlag erschienen:
Die Schleife an Stalins Bart. Ein Mädchenstreich,
acht Jahre Haft und die Zeit danach (dtv 34725)

Ausführliche Informationen über
unsere Autoren und Bücher
finden Sie auf unserer Website
www.dtv.de

Ungekürzte Ausgabe 2013
Deutscher Taschenbuch Verlag GmbH & Co. KG, München
© Hoffmann und Campe Verlag, Hamburg 2010
Das Werk ist urheberrechtlich geschützt.
Sämtliche, auch auszugsweise Verwertungen bleiben vorbehalten.
Umschlagkonzept: Balk & Brumshagen
Umschlagfoto aus dem Privatbesitz der Autorin
Satz: atelier eilenberger, Leipzig
Druck und Bindung: Druckerei C. H. Beck, Nördlingen
Gedruckt auf säurefreiem, chlorfrei gebleichtem Papier
Printed in Germany · ISBN 978-3-423-34752-5

122 671 Menschen wurden in den Jahren zwischen 1945 und 1950 von der sowjetischen Besatzungsmacht auf Befehl des Volkskommissariats für Innere Angelegenheiten der UdSSR (NKWD) in der Sowjetischen Besatzungszone Deutschlands in zehn Speziallagern interniert. Bis 1950 wurden insgesamt 45 262 Internierte entlassen, 112 Menschen konnten fliehen.

42 889 Häftlinge starben, an 756 Personen wurden Todesurteile vollstreckt. 19 450 Häftlinge wurden in die Sowjetunion deportiert. 14 202 Gefangene wurden nach der Auflösung der Lager weiter in DDR-Gefängnissen eingesperrt.

Ich war eine von ihnen.

(Quelle: »Deutschland-Archiv« 23/1990)

Inhalt

An meine Leser

Ich kann es drehen und wenden, wie ich will, aber die Sache muss aus der Welt. Ich habe nämlich geschwindelt – natürlich ohne Absicht. Als ich vor fast zehn Jahren einen Schlusssatz für mein erstes Buch »Die Schleife an Stalins Bart« suchte, schrieb ich: »Ich habe die Mauer wirklich hinter mir gelassen. Nach über fünfundvierzig Jahren bin ich endlich eine freie Frau.«

So habe ich es zu jener Zeit empfunden, und deshalb glaubte ich daran. Mehr als zwei Jahre hatte ich in meinem Innersten gewühlt, hatte all die Erlebnisse aus acht Jahren Gefangenschaft und der Zeit danach noch einmal durchlebt, manchmal Tränen vergossen und manchmal auch darüber gelacht. All das musste doch irgendeinen Sinn gehabt haben! Also wanderten die optimistischen Worte aufs Papier.

Dann kamen die ersten Briefe von Lesern, Anrufe und Gespräche. Manche Fragen wiederholten sich. »Sind Sie wirklich eine freie Frau?« gehörte ebenso dazu wie »Warum tun Sie sich eigentlich all die Strapazen an?« und »Wie geht es Ihnen nach einer Lesung?«.

Besonders nach Lesungen, aber auch in anderen Situationen habe ich ein Gefühl, als säße ich immer noch im Gefängnis. Natürlich streckten sich mir viele helfende Hände entgegen, aber ich konnte sie nicht so einfach ergreifen. Fast fünfzig Jahre hing mir die Gefangenschaft wie eine Kette mit einer Eisenkugel am Bein.

Auch wenn diese Kette dann plötzlich gesprengt ist, kann man nicht gleich unbeschwert in die Welt springen. Der schleppende Schritt, das mühsame Nachziehen des Beins, nun eigentlich frei, bleibt noch eine ganze Weile.

Die vielen Lesungen, die Auftritte im Fernsehen, die Treffen mit den Haftkameradinnen und -kameraden, ein Besuch in Russland und die Artikel in den Zeitungen – all das hat mich die letzten Jahre nicht nur ständig in Trab gehalten, sondern auch immer wieder aufgewühlt. Jedes Mal aufs Neue musste ich mich wie Münchhausen am eigenen Schopf packen und aus dem Sumpf herausziehen. In den Abgründen der Erinnerung sitzt man ganz allein. Natürlich gibt es Menschen, die helfen, aber wenn es darum geht, sich in den Griff zu bekommen, ist man auf sich selbst gestellt.

Es gab mal eine Zeit, da glaubte ich, mein Vorrat an Tränen sei für dieses Leben aufgebraucht. Auch das war ein Irrtum. Heute denke ich: Warum soll man nicht weinen, wenn man sich aus dem Loch herauszwängen muss und es dabei scheuert und knirscht, wenn die eigene Kraft zu versiegen scheint und Gedanken wie »Es hat doch sowieso alles keinen Sinn« in den Kopf schleichen?

Aber wenn man dann wieder oben ist, sollte die Sonne die Tränen ganz schnell trocknen. Beißender Hass und ätzende Weinerlichkeit reichen als Inhalt für ein Leben nicht aus. Sie werden schnell zu Härte und Bitterkeit – und solch eine Lebenshaltung kam für mich niemals in Frage. Dann hätte ich doch nur ein Gefängnis gegen ein anderes getauscht.

Nein. Ich wollte darüber reden, und das habe ich getan. Dass ich mit der Veröffentlichung meiner Geschichte plötzlich zur *Zeitzeugin* geworden bin, überraschte mich. Aus dem Versuch, eine Last abzuwerfen, ist eine neue Bürde geworden.

Ich trage sie gern. Deshalb habe ich immer versucht, auf Briefe und Mails zu antworten, am Telefon freundlich Auskunft zu geben und in Gesprächen – auch wenn es um schon tausend Mal gesagte Dinge ging – geduldig zu bleiben. Meist ist mir das gelungen, manchmal aber auch nicht.

Langsam habe ich begriffen, dass meine Leser ein Recht darauf haben, zu erfahren, wie es nach der Veröffentlichung der »Schleife an Stalins Bart« weiterging. Dabei wird es nicht genügen zu erzählen, wie man sich im Scheinwerferlicht des Fernsehens fühlt oder wie es ist, auf dem Podium bei einer Veranstaltung mit Hunderten von Leuten zu sitzen. Ich werde von den Tränen meiner Mutter erzählen müssen und von den kleinen Macken meiner Kinder. Ich will ergründen, was meine »Lebensbeichte« aus mir gemacht hat und warum ich in den letzten Jahren ein anderer Mensch geworden bin. Ich will die Fragen beantworten, die mir gestellt wurden – so ehrlich wie möglich, so gut, wie es geht.

Manche aber bleiben mir selbst ein Rätsel – oder ich will nicht auf sie antworten. Fragen wie: Warum ist dieses oder jenes in meinem Leben geschehen? Wer ist daran schuld? Ich weiß es nicht. Aber ich weiß, dass alles, was ich sagen kann, den Fragenden ein Mosaiksteinchen in die Hand gibt, das ihnen hilft, die großen Zusammenhänge zu begreifen.

Ich glaube daran, dass sich bei allem Schlechten im Leben immer auch eine gute Seite finden lässt. Wenn mich das Schicksal schon zu einem Menschen gemacht hat, der in Abgründe blicken und Leid durchleben musste, ist das wohl auch eine Verpflichtung, darüber zu sprechen. Dieser Verpflichtung stelle ich mich.

Hamburg, im Januar 2010
Erika Riemann

Wie mein neues Leben begann

Lesen und lesen lernen

Ich kann es immer noch nicht ganz glauben, aber »Die Schleife an Stalins Bart« hat viele Menschen berührt und manche wohl auch direkt ins Herz getroffen. Dabei hatte ich eigentlich nur zu schreiben begonnen, um meinen Kindern zu erzählen, weshalb ich für einen dummen Mädchenstreich 1946 ins Gefängnis kam und acht Jahre eingesperrt blieb. Nun ist etwas anderes daraus geworden. Die Geschichte meiner gestohlenen Jugend gehört mir nicht mehr allein. Viel zu viele Menschen haben Ähnliches erlebt und jahrzehntelang darüber geschwiegen. Erst als Deutschland wieder vereint war, sprang der Deckel vom Kessel, und er sprudelte über. Die Menschen scheinen darauf gewartet zu haben, von den dunklen Seiten unserer Vergangenheit zu erfahren. Deshalb bedaure ich es nicht, nun eine »öffentliche Person« zu sein. Ich mag es sogar, im Rampenlicht zu stehen, zu erzählen und Fragen zu beantworten. Dass es aber manchmal so schwer werden würde, hatte ich nicht geahnt.

Zum Beispiel im Oktober 2002. Ich war wieder einmal in meiner Heimatstadt Mühlhausen zu einer Lesung eingeladen und hatte natürlich zugesagt. Aber dann stieg das Lampenfieber in mir hoch. Ich war so aufgeregt, dass ich vergessen habe, ob die Veranstaltung damals im Rathaus- oder im Gildesaal stattfand – jedenfalls war der Raum gerammelt voll. Rund hundertfünfzig Personen erwarteten mich, darunter drei komplette Schulklassen. Ich saß auf dem Podium und hatte nicht nur den üblichen Kloß im Hals, sondern überhaupt keine Stimme mehr. Die Buchstaben verschwammen mir vor den Augen. Ich konnte einfach nicht lesen.

Mir war das peinlich und unangenehm. Lampenfieber, was soll denn das!, rief ich mich zur Ordnung. Da gibt man sich einen Ruck und beißt die Zähne zusammen. Doch das ging nicht. Langsam begriff ich, es war gar kein Lampenfieber. Es waren die Erinnerungen, die plötzlich wieder als Bilder vor meinen Augen standen. Das Gefühl, sich gegen die Gefängnistür zu stemmen, und die Tür rührt sich keinen Millimeter. Die Hilflosigkeit.

Die Buchhändlerin, Frau König, erlöste mich aus meiner Erstarrung. Sie nahm das Buch und las. Im Saal hätte man eine Stecknadel zu Boden fallen hören können. Wie durch einen Schleier drang Frau Königs Stimme an mein Ohr. Das soll ich sein, das ist mein Leben, all diese schrecklichen Dinge? Ich würgte meine Tränen hinunter, drückte das Kreuz durch: Ja, das ist mein Leben. Und ich werde davon erzählen, auch wenn es noch so schwerfällt.

Meine Freundin Rita, die mich begleitet hatte, ist eine praktische Frau. Nach dem Abend sagte sie: »Du, morgen liest Lutz Jahoda bei uns in der Stadt. Da gehen wir hin, und dann guckst du dir an, wie der das macht!«

Die Idee gefiel mir. Ich mochte Lutz Jahoda. In den langen DDR-Jahren hatte er ein bisschen Wiener Schmäh in den Osten gebracht, und dafür wurde er dort von vielen geliebt. Rita war ein echter Lutz-Jahoda-Fan. Wenn er eine flotte Polka aufs Parkett legte, riss es sie vom Stuhl. Sie hätte sich den Abend ohnehin nicht entgehen lassen, und so zogen wir gemeinsam los.

»Lutz im Glück und was sonst noch schieflief« hieß sein Buch, und zuerst schien es so, als gehöre auch der Abend in Mühlhausen zu dem, was sonst noch schieflief. Gerade einmal zwanzig Leute waren erschienen. Doch der Sänger und Entertainer reagierte professionell. Er sagte nur: »So, meine Damen und Herren, das akademische Viertel ist vorbei, wir fangen an. Und wenn wir hier schon so familiär sind, dann können wir ja auch richtig zusammenrücken.« So haben wir es dann auch gemacht. Mir war das zuerst schon wieder fast unangenehm, dass bei solch einem berühmten Mann nur zwei Dutzend Leute kamen und bei mir der Saal voll war. Aber dann wurde es doch ein sehr schöner Abend, den Jahoda mit viel Esprit und Charme bestritt.

Am Ende der Veranstaltung gingen wir zu ihm. Als er gerade sein »Lutz im Glück« für mich signieren wollte, fasste ich mir ein Herz und sagte: »Eigentlich möchte ich ja mit Ihnen tauschen – Ihr Buch gegen mein Buch. Außerdem bin ich hier, um etwas von Ihnen zu lernen.« Ohne Zögern antwortete er: »Klar, ich helfe Ihnen.« Dann lud er uns zum Frühstück in seine Pension ein.

Als wir am nächsten Morgen beisammensaßen, hatte er schon in meinem Buch gelesen und schlug vor, mir die Seiten anzustreichen, die ich künftig vortragen sollte. Das hat er dann auch gemacht, und so wurde Lutz Jahoda mein erster Lehrmeister.

Natürlich reichte das noch nicht, um das Lampenfieber zu vergessen, und schon gar nicht, um die immer wieder aufsteigenden Erinnerungen in den Griff zu bekommen. Aber ich konnte doch zumindest die richtige Technik trainieren. Also sagte ich mir: Erika, wenn du nicht laut vorlesen kannst, dann musst du es eben lernen.

Deshalb bin ich in Hamburg zur Musikschule gegangen und habe mich erst einmal erkundigt. Dort staunten sie natürlich, dass sich da eine »Schülerin« von Anfang siebzig anmelden wollte, aber dann bekam ich eine junge Professorin. Ich las ihr vor, sie korrigierte und führte mir vor, wie wichtig es ist, was man betont, wo eine kleine Pause in der Luft schweben soll und wie man auch mal einen Punkt spricht. Mir machte der Unterricht riesigen Spaß. Es dauerte dann nicht lange, und sie meinte: »So, Frau Riemann, jetzt können wir Sie auf die Menschheit loslassen!«

Dass sich die Lektion gelohnt hatte, merkte ich bei den nächsten Lesungen. Einladungen gab es reichlich. Oft verbanden sich meine Vorträge mit den Erinnerungen an die Grenze und die Teilung Deutschlands. Der Mauerfall war nun schon mehr als zehn Jahre her, aber manchmal schien es, als könnten viele erst jetzt darüber sprechen. Es ist wie mit Wunden: Sind sie verheilt, bleibt der Schmerz der Narben. Dagegen muss etwas getan werden, und ich wollte etwas tun. Deshalb nahm ich eine Lesung im Grenzmuseum Schiffersgrund an.

Der Schiffersgrund liegt am ehemaligen Grenzübergang Bad Soden-Allendorf. Hier ging der Riss mitten durchs Herz der Menschen. Zwei thüringische Dörfer waren nach dem Krieg Hessen zugeschlagen worden, fünf hessische Orte fielen an die Sowjetische Besatzungszone, um die Demarkationslinie übersichtlicher zu machen.

Ich frage nach dem Weg und werde auf den Parkplatz verwiesen. Schon der erste Blick ist überwältigend. Über anderthalb Kilometer zieht sich der Metallgitterzaun ins Tal. Er ist im Original erhalten. Vor mir liegt das wintergraue Land. Hier waren auf der Ostseite die berüchtigten Todesautomaten installiert. Nur erdacht und gebaut, um Menschen zu zerfetzen, die von Deutschland nach Deutschland wollten. Mich fröstelt, und es ist nicht der kalte Wind, der mich erschauern lässt.

Aber zum Glück ist Schiffersgrund eine Gedenkstätte, die Vergangenheit dokumentiert, und so kommen mir bald wieder ganz praktische Gedanken: Hierhin, in diese Einöde, verirrt sich doch kein Mensch zu einer Lesung! Wenn es wenigstens Frühjahr oder Sommer wäre.

Langsam erobert sich die Natur die gewaltsam geschlagenen und chemisch verseuchten Ödstellen zurück. Bis 1989 stand hier ein elf Meter hoher Wachturm. So einer, wie ich ihn aus dem sowjetischen Spezallager auf dem Gelände des KZ Sachsenhausen kenne, nur noch höher. Wachtürme braucht man, um Menschen einzusperren, nicht um sie zu beschützen. Das weiß ich aus Erfahrung.

Langsam schlendere ich zur früheren Zollbaracke, wo die Lesung stattfinden soll. Gut, denke ich, wenn keiner kommt, dann habe ich wenigstens das Museum gesehen.

Als ich die Tür öffne, ist mir, als prallte ich gegen eine Wand. Ein Schwall Wärme schlägt mir entgegen, Stimmengewirr. Der Raum ist rappelvoll. Alles Leute, die mich lesen hören wollen!

Die Veranstalter schwirren aufgeregt umher. Sie haben mit sechzig Besuchern gerechnet, jetzt drängen sich rund zweihundert im Raum. Ein paar Dutzend Leute mussten sogar wieder nach Hause geschickt werden. Dennoch platzt die Baracke aus allen Nähten. Trotz der Kälte sind die Fenster gekippt. Nicht wegen der frischen Luft – auch draußen stehen Zuhörer. Ich könnte fast schon wieder heulen. Immer habe ich gedacht, über die Stalin-Zeit will niemand mehr etwas wissen, und nun das.

Ich lese mit fester Stimme. Dank der sorgsamen Arbeit von Lutz Jahoda sind auch die kleinen Abschnitte aus dem Buch gut und richtig ausgesucht, und wieder einmal bedanke ich mich im Stillen bei ihm.

Wie immer prasseln nach der Lesung die Fragen auf mich ein. Ob ich viel Post bekomme, weshalb die Treffen mit den Kameradinnen und Kameraden noch so wichtig für mich sind, was ich von der heutigen Jugend halte.

Wenn das so weitergeht, schreibe ich bald noch ein Buch, schießt es mir durch den Kopf. Aber dann schiebe ich den Gedanken ganz schnell wieder beiseite. Vielleicht später einmal. Um all die Fragen zu beantworten. Denn eines habe ich inzwischen gelernt: Dumme Fragen gibt es nicht, nur dumme Antworten.

Bei einer meiner ersten Lesungen in einer Schule meldete sich ein Mädchen, siebzehn Jahre alt: »Frau Riemann, als die Russen Sie damals von Mühlhausen nach Ludwigslust verschleppt haben, warum haben Sie da nicht einfach Ihr Handy genommen und

Ihre Mutti um Hilfe gebeten?« Damit löste sie natürlich brüllendes Gelächter in der Runde aus. Nur ich blieb still, fragte dann nach. Was weiß sie über den Krieg, die Nazis, den Einmarsch der Russen? Nichts. Vor Scham wurde sie puterrot. Die anderen amüsierten sich. »Als die Mauer fiel, war ich doch erst drei Jahre alt«, sagte sie leise. »Wie soll ich mich da an irgendetwas erinnern?« Und mit den Eltern könne man darüber nicht reden. Die säßen zu Hause und trauerten der guten alten Zeit nach.

Inzwischen lachte keiner mehr. Das ist es. Mit wem soll man denn reden, wenn die Gefragten nicht antworten? Wir diskutierten noch eine gute Stunde. Dann überreichte mir der Direktor den obligatorischen Blumenstrauß mit den Worten: »Frau Riemann, Sie haben mit Ihrem Erzählen hier mehr erreicht als unser Geschichtsunterricht in den letzten zwei Jahren.« Darauf bin ich stolz.

Seit ich mich bei einer etwas verunglückten Veranstaltung am 12. Februar 2004 ins »Goldene Buch« der Stadt Mühlhausen eingetragen habe, wird mir dort aber auch noch eine andere Ehre zuteil als die, häufig zu Lesungen eingeladen zu werden: Ich hätte doch jetzt so einen guten Draht zum Bürgermeister, werde ich auf der Straße angesprochen. Ob ich mich denn nicht einmal um dieses oder jenes kümmern könne? Die Schlaglöcher müssen weg, und so eine Baugenehmigung kann doch auch nicht ewig dauern! Ich höre mir alles an, aber innerlich muss ich schmunzeln. So sind die Menschen. Statt sich selbst zu kümmern, suchen sie lieber nach einem Pferd, das sie zieht.

Im Loch

Vielleicht ist es ja meine Aufgabe, solch ein Pferd zu sein. Jedenfalls komme ich mir ab und zu wie ein Ackergaul vor. Die ganzen letzten Jahre. Reisen kreuz und quer durch Deutschland, die

Fernsehauftritte, Gespräche mit Journalisten. Und dann falle ich manchmal in ein Loch und denke: Ich kann nicht mehr. Und will auch nicht mehr!

Grauer November nistet hinter den Fensterscheiben. Mir tun alle Knochen weh. Wegen der Kreuzschmerzen lege ich mich in die Badewanne. Zwei Stunden lang komme ich nicht wieder heraus. Ich überlege schon, ob ich meine Tochter anrufe, sie bitte, mir zu helfen. Aber habe ich sie nicht schon genug mit meiner inneren Unruhe und den Albträumen genervt? Es ist alles wieder da. Das Gefängnis, die Zelle, als wäre es gestern gewesen.

»Darüber brauchst du dich nicht zu wundern – mir geht es genauso«, hat ein Haftkamerad gesagt. Auch er hatte einige Jahre gesessen. Fast ein halbes Jahrhundert haben wir nichts voneinander gehört, bis neulich das Telefon klingelte und er sagte: »Hier ist Günter. Erinnerst du dich?«

Nachdem wir beide aus dem Gefängnis entlassen worden waren, hatten wir überlegt, ob wir nicht zusammenbleiben sollten. Mein alter Freund Günter aus Mühlhausen. Als er mich anrief, erkannte ich seine Stimme sofort, obwohl ich kaum glauben konnte, dass er es war. Sie klang so frisch und jugendlich wie früher.

Jedes Mal, wenn ich in Thüringen gewesen war, hatte ich mich nach Günter erkundigt. Eine genauere Auskunft erhielt ich nie. Nicht einmal von Günters Schwester. Aber sie hatte ihm mein Buch geschickt. Drei Wochen später meldete er sich bei mir. Es war, als hätten wir uns erst gestern getrennt. Dabei war alles schon fünfzig Jahre her.

Damals in Mühlhausen haben wir unser Wiedersehen zünftig begossen. Wahrscheinlich mit selbstgemachtem Obstwein oder irgendeinem anderen Teufelszeug aus dem kläglichen Angebot der fünfziger Jahre. Jedenfalls hatten wir beide am nächsten Tag einen fürchterlichen Kater. Trotzdem schmiedeten wir gemeinsame Pläne.

Praktisch, wie ich bin, plante ich gleich die nächsten Schritte. Ich wollte zu meiner Mutter nach Hamburg – damals kein großes Problem, die Grenze war ja noch offen –, und Günter sollte nachkommen.

Er zögerte, wollte nicht so schnell weg von zu Hause. Hier waren die Eltern, die Kameraden vom Fanfarenzug, die Freunde – all das einzutauschen gegen meine Zukunftspläne erschien ihm sicher zu abenteuerlich. Heute verstehe ich das gut. Wer zieht schon gern bei Nacht und Nebel in die Ungewissheit? Noch dazu mit einer Frau, für die er dann verantwortlich gewesen wäre. Und die Kinder hätten sicher auch nicht lange auf sich warten lassen.

Zwei Tage nach unserem letzten Gespräch verschwand ich aus Mühlhausen. Ohne Günter und ohne Abschied. Es musste alles sehr schnell gehen. Mein Onkel Paul hatte mich gewarnt: »Erika, pass auf, die wollen dich wieder abholen. Ich habe da was läuten gehört.« Er musste es wissen, denn er arbeitete bei der Polizei. »Geplante Republikflucht«, hätte es diesmal geheißen.

Dabei wusste eigentlich niemand, was ich vorhatte. Und die Republik, aus der ich angeblich fliehen wollte, kannte ich ja gar nicht – oder nur durch die Gitterstäbe von Hoheneck. Ich habe damals in ganz anderen Bahnen gedacht. Ich wollte zu meiner Mutter, und die lebte in Hamburg. Als meine Gefängnis-Odyssee behonnen hatte, war Deutschland schließlich noch *ein* Land gewesen. Dass es inzwischen zwei deutsche Staaten geben sollte, nahm ich nicht so ernst.

Da hatten sich also wieder einmal andere meinen Kopf zerbrochen. Nach acht Jahren Haft im Osten kann der Weg ja nur in den Westen führen, dachten sie wohl. Also: »geplante Republikflucht«.

Ich wollte nicht noch einmal ins Gefängnis für irgendetwas, was ich gar nicht getan hatte. Deshalb bin ich gegangen. An mein Heiratsversprechen dachte ich keine Sekunde mehr.

Es dauerte dann noch eine ganze Weile, bis auch Günter in den

Westen kam. Mehr wusste ich aber nicht, und ich hörte nie von ihm. Unsere Lebenswege waren auseinandergelaufen.

Später, als ich eine alte Frau war und drei Ehen hinter mir hatte, kam dann das schlechte Gewissen. Ich spürte, dass ich Günter Unrecht getan hatte. Und ich schämte mich ein wenig für die abrupte Trennung ohne Abschiedswort. Deshalb wollte ich ihn gern treffen, als er mich anrief. Ich musste wissen, ob ich ihn sehr verletzt hatte.

Beide freuten wir uns auf das Wiedersehen, aber wir schoben es vor uns her. Zu viel Arbeit, die ständigen Lesereisen – ich brauchte Monate, um zu merken, dass das alles nur Ausreden waren. Ich fürchtete mich vor den Vorwürfen, die mir Günter vielleicht machen würde. Da gab ich mir schließlich einen Ruck und fuhr nach Duisburg zu einem Überraschungsbesuch.

Wir erkennen uns auf den ersten Blick, als er mir die Wohnungstür öffnet. Von Vorwürfen keine Spur. Wie vor fünfzig Jahren sind wir beide froh darüber, frei zu sein. Im Zeitraffer ziehen die vergangenen Jahrzehnte an uns vorüber. Viele Gemeinsamkeiten verbinden uns – auch die Erkenntnis, dass man als entlassener Häftling weiter im Gefängnis seiner Erinnerungen lebt. Es ist ein Gefängnis ohne Türen. Niemand kommt und schließt auf, und man spaziert ins Freie. Aber es muss doch einen Weg hinaus geben!

Ich liege in der Wanne und hänge meinen Gedanken nach. Nein, ich werde nicht meine Tochter anrufen und sie bitten, mir aus dem Wasser zu helfen. Ich doch nicht. Ich werde keine Schwäche zeigen.

Aber ich bin verunsichert. Freiheit. Natürlich bin ich frei. Äußerlich. Aber Freiheit ist so eine Sache. Im Gefängnis habe ich sie verherrlicht, habe Idealzustände erwartet, die es gar nicht gibt. Als ich dann endlich entlassen wurde, folgte die bittere Enttäuschung. Draußen war das Leben weitergegangen. Ohne mich. Das große Rad hatte nicht stillgestanden, weil die kleine Erika von der

Sprosse gefallen war. Die Menschen um mich herum ließen sich vom täglichen Kleinkram treiben. Günter hatte die gleichen Erfahrungen gemacht. Auch mit einigen meiner Kameradinnen und Kameraden sprach ich darüber. Natürlich hieß es immer wieder: »Erika, lass dich nicht runterziehen!« Aber das ist leichter gesagt als getan.

Die klingelnden Weihnachtsglöckchen in der Hamburger Mönckebergstraße gehen mir auf die Nerven, das Glitzern ringsum, die satten Gesichter.

Was habe ich denn erreicht mit all meinen Reisen, den Diskussionen und Fragen? Gut, ich werde bewundert und als Vorbild verehrt. Und ich muss ehrlich zugeben, dass mir das gut gefällt. Vielleicht sollte ich sagen: Ich muss es zu meiner Schande gestehen. Aber ist das wirklich eine Schande? Ich wollte doch immer ins Rampenlicht treten. Natürlich nicht wegen meiner Gefängnisjahre, sondern als Artistin. Das Leben hat es anders gewollt. Muss ich mich dafür schämen?

Für die Eitelkeit vielleicht, aber nicht für das, was mir die Anerkennung signalisiert: Ich habe nämlich endlich einmal etwas zu Ende gebracht. Und darauf bin ich stolz.

Doch dann bröckelt der Stolz wieder. Was ist das alles wert – Reden zur Jugendweihe und Einladung zum Neujahrsempfang, Ehrenplatz bei Fernsehshows und volle Säle bei den Lesungen? Sind das alles nicht doch nur Fluchten? Betrüge ich mich nur selbst?

Warum bin ich so ein gespaltener Mensch? Ich mag nicht allein sein, aber ich ertrage es auch nicht, dass mir jemand zu nahe kommt. Ich kann inzwischen auch mal Geld ausgeben, ohne am Monatsende fürchten zu müssen, dass Schmalhans Küchenmeister ist. Aber ich bin unzufrieden! Ein ganzer Wäschekorb voller Briefe meiner Leser steht in meiner Wohnung. Alle bewundern mich, weil ich ja angeblich so eine starke Frau bin. Bin ich das wirklich? Bin ich nicht eher ein Bündel Elend, eine Belastung für meine

Umwelt? Was habe ich eigentlich für einen Schaden, den ich nicht loswerde?

Aber andererseits: Ich habe den Leuten doch keine Rolle vorgespielt. Ich habe sie nicht angelogen. Es ist das Bild, das sie sich von mir machen. Muss ich nicht einfach nur lernen, mich so zu akzeptieren, wie ich bin? Darf ich überhaupt aufgeben und alles hinwerfen? Am liebsten würde ich es tun. Ich mag nicht mehr kämpfen.

Das sage ich auch dem jungen Mann, der in diesen Tagen bei mir klingelt. »Ich werde mit den Lesungen aufhören. Sollen sich jetzt doch mal andere um die Aufklärung kümmern!«

Er starrt mich mit weit aufgerissenen Augen an. Es ist der Sohn einer Haftkameradin, die vor kurzem gestorben ist. Sie hatte ihn gebeten, mir ein Manuskript über gemeinsame Erlebnisse in der Haft zu bringen.

»Aber das geht doch nicht …« Er stammelt, weiß nicht, wie er sich ausdrücken soll. »Ich habe Sie lesen gehört.« Er macht eine Pause. »Und danach habe ich eigentlich erst meine Mutter verstanden. Ihr Schweigen, ihre Härte …«

Seine Worte erschrecken mich. Anscheinend will er mir nicht nur ein Kompliment machen. Doch: Wenn dieser junge Mann durch meine Schilderungen nach fast fünfzig Jahren erst seine eigene Mutter richtig verstanden hat, wie verhält es sich dann mit *meinen* Kindern? Habe ich nicht auch geschwiegen, war ich nicht auch manchmal hart?

Er gibt sich einen Ruck. »Frau Riemann, das dürfen Sie nicht tun. Das sind Sie Ihren Kameraden schuldig!«

Ich weiß längst, dass er recht hat. Wie ein Pferd habe ich mein Leben lang geschuftet. Ein Zirkusross bin ich nicht geworden. Aber den Karren, den kann ich ziehen. Das habe ich gelernt, und das wäre doch gelacht. Ich werde mich nicht durch das graue Nieselwetter und die verlogene Weihnachtsgemütlichkeit ins Bockshorn jagen lassen. Zwei Stunden in der Wanne – wo gibt es denn so was? Ich habe doch zu tun!

Nina Hagen verkauft mein Buch

Am 19. Januar 2004 komme ich von einer Lesereise zurück nach Hamburg. Ich bin erschöpft und ausgelaugt, aber auch glücklich. Es war keine Flucht. Ich wollte das machen, und ich habe es gemacht. Für die Kameraden, aber auch für mich. Reden ist besser als Schweigen. Nur, dass Reden solch eine schmerzhafte Form des Erinnerns ist, habe ich mir wieder einmal vorher nicht klargemacht. Aber wer das eine will, muss das andere mögen. Ich habe mich im Leben oft mit solchen Sprüchen getröstet. Es hilft.

In der kleinen Diele meiner Wohnung am Kalenberg erwartet mich ein riesiger Berg von Briefen und Paketen. Es ist ein ganzer Bollerwagen voll. In der Wohnung ist es ruhig. Die Nachbarn schlafen schon. Eigentlich will ich auch gleich ins Bett. Ich bin müde.

Doch dann siegt die Neugier. Ich nehme das erste Päckchen heraus, drehe es in den Händen, dann das zweite. Die ganze Post kommt von meinen Lesern! »Bitte erst am 18. Januar öffnen – zum fünfzigsten Jahrestag«, steht auf vielen Kartons.

Der fünfzigste Jahrestag. Ich bin gerührt. Gestern vor genau fünfzig Jahren bin ich aus dem Gefängnis entlassen worden. So gründlich haben die Leute also mein Buch gelesen, dass sie diesen Tag nicht vergessen haben. Das ist das schönste Geschenk für mich. Ganz egal, was in den Päckchen sein mag.

Im Badezimmer schöpfe ich wie immer beim Zähneputzen das Wasser aus der hohlen Hand in den Mund. So habe ich es im Gefängnis gelernt und diese Gewohnheit seit fünfzig Jahren nicht abgelegt. Hat also auch sein Gutes gehabt, das Gefängnis, denke ich – da habe ich fünfzig Jahre lang keinen Zahnputzbecher gebraucht. Über meinen eigenen Blödsinn kann ich sogar schmunzeln. Ich bin aus dem Novemberloch wieder heraus.

Auf dem Weg ins Bett mache ich doch noch einen Abstecher zu den Paketen und hebe eines auf. Was mag da drinnen sein? Der Jahrestag war gestern, also sehe ich nach. Mit den Fingern pule ich den Knoten auf. Die Schnur wird aufgewickelt, die kann man immer noch mal gebrauchen.

Ein Laib Brot und Salz sind im Päckchen.

Brot und Salz. Fünfzig Jahre lang habe ich mich damit an meinen »zweiten Geburtstag« im Januar erinnert. Fünfzig Jahre lang habe ich meine Freunde und meine Familie am 18. Januar nur mit Brot und Salz bewirtet. Nichts anderes kam auf den Tisch. Meine Kinder erzählen noch heute davon. Und fügen hinzu, dass es nie eine Erklärung dafür gab. Das war eben Mutters Marotte. Sie lösten das Problem auf ihre Weise, indem sie zu den gastfreundlichen Nachbarn marschierten und sich dort satt aßen.

Ich habe oft daran gedacht, ihnen die Geschichte von dem Brot und dem Salz zu erzählen. Aber ich konnte es nicht. Manchmal hatte ich schon alles vorbereitet: Dann wurde das steife, weiße Leintuch aufgelegt, das gute Geschirr herausgeholt und eine Kerze angezündet. Doch weiter reichte mein Mut nicht. Wenn ich das karge »Festmahl« servierte, war mir wieder die Kehle zugeschnürt. Im nächsten Jahr würde ich es erklären, ganz bestimmt. Macht dieses Jahr der Mutter doch noch einmal die Freude und nehmt es einfach, wie es ist …

Einmal fand ich sogar einen Zwanzig-Mark-Schein unter meinem Teller. Meine Freunde glaubten, mir fehle das nötige Geld, denn ich war damals gerade zum zweiten Mal geschieden.

Andere hielten es für einen Willkommensgruß und wunderten sich, dass kein Braten folgte.

Auf den Knien habe ich derweil ein großes Paket geöffnet. Das Packpapier ist bereits ordentlich zusammengefaltet, die Deckelteile sind ineinander verschränkt. Ich ziehe sie hoch, und der Karton springt auf: Ein schwarzer Hut, dazu ein passender Schal und sogar Handschuhe!

Vor meinem großen Spiegel setze ich den Hut auf, lege den Schal um und ziehe die Handschuhe an. Verkleiden, in eine andere Haut schlüpfen, das war doch schon immer meine Lieblingsbeschäftigung. Ich sehe in den Spiegel und muss plötzlich lachen. Da sitzt eine alte, müde Frau im Nachthemd, aber mit schickem Hut, Schal und eleganten Handschuhen. Zu komisch, dieser Anblick.

Es ist mitten in der Nacht. Mit beiden Händen halte ich mir den Mund zu. Bestimmt werden mich morgen früh die Nachbarn fragen, worüber ich mich in der Geisterstunde so laut und herzhaft amüsiert habe.

Bevor ich endgültig in den Federn verschwinde, lese ich noch den Begleitbrief zu dem unerwarteten Geschenk. Der Absender hatte mich im Fernsehen mit einer Kapuze gesehen. Ich fand das auch sehr flott, aber er meinte, ich müsse wohlbehütet sein und demzufolge einen Hut tragen. Und zum Hut gehörten natürlich auch Schal und Handschuhe.

An den Hut habe ich mich gewöhnt. So ein Stück Filz auf dem Kopf verleiht schon eine gewisse Eleganz, ob man will oder nicht. Und außerdem ist er nun so etwas wie eine Erinnerung an meinen ersten Fernsehauftritt.

Im vorigen Jahr schwappte die große Welle von DDR-Nostalgieshows durchs Land. Das lief auf allen Fernsehkanälen. Mir gefiel das nicht. Die DDR wurde da als luftig, locker, leicht dargestellt, und so war es ja nun wirklich nicht gewesen.

Dann meldete sich eine RTL-Redakteurin bei mir. Oliver Geissen nahm damals vier Sendungen für den Fernsehsender auf, die im Herbst 2003 unter dem Titel »Die DDR-Show« liefen. Sie nannte das »Staffeln« und wollte mich überreden, in einer der Sendungen aufzutreten.

Das passte mir erst recht nicht. Ich fand Oliver Geissen ganz nett, aber was wusste der schon vom Leben? Im Fernsehen rief er immer »unglaubliiich!« und riss die Augen weit auf. Das war nichts für mich!

Die wollen mich dort doch bloß als Betroffenheitstante präsentieren, dachte ich: siebenundneunzig Prozent Goldbroiler, himmelblauer Trabant und billiger FDGB-Urlaub an der Ostsee. Anschließend kommen die Puhdys, aus deren zerfurchten Gesichtern unschwer abzulesen ist, dass das Leben in der DDR auch seine harten Seiten hatte, und dann bin ich dran. Der erhobene Zeigefinger. Leute, seht her, es war nicht alles schlecht, aber es gab auch ein bisschen Unrecht: Erika Riemann. Hat als Kind dem ollen Stalin eine Schleife an den Bart gemalt – »unglaubliiich! – und dafür acht Jahre gesessen. Schade, schade, schade. Tusch. Licht aus, Spot an und dann vielleicht: »Wir kommen alle, alle in den Himmel …« – »Unglaubliiich …«

Trotzdem – irgendwie überzeugte mich diese Redakteurin schließlich doch. Natürlich versuchte sie auch, mir den Mund wässrig zu machen: »Frau Riemann, wir haben über sechs Millionen Zuschauer. Katarina Witt ist bei uns …« Wie schön. Aber dann meinte sie, man müsse eben auch die Kehrseite der DDR zeigen. Und das gehe natürlich nur, wenn auch Menschen, die unter der DDR gelitten haben, vor die Kamera treten würden.

Damit hatte sie recht. Und natürlich hatte sie auch meinen Ehrgeiz gekitzelt. Schließlich lag es ja an mir selbst, ob ich nur das Feigenblatt blieb oder den Auftritt nutzte, um etwas zu bewegen.

Ein Auftritt. Was für ein Kleid soll ich anziehen? Meine Tochter Claudia berät mich. Sie fliegt auch mit mir nach Köln.

Die anderen Gäste sind alle berühmte Leute, Henry Maske zum Beispiel. Er sieht so aus, als ob er immer gleich »Entschuldigung« sagt, wenn er jemandem eins »auf die Glocke« gibt. Katrin Saß habe ich in »Good bye, Lenin!« gesehen. Toller Film. Genauso waren diese DDR-Funktionäre, wie sie sie gespielt hat. Mit einem der Herren weiß ich zuerst nichts anzufangen: Professor Dr. Thomas Schmidt aus Hannover. Doch dann erfahre ich es – das war der »kleine Muck«! Er hatte diese Rolle aus Wilhelm Hauffs Märchen in dem berühmten Film von 1953 gespielt, den ich später manchmal im Fernsehen sah. Damals hatte ich noch im Gefängnis gesessen, und er war elf Jahre alt gewesen.

Dann geht es in die Maske. Es ist wie im Traum. Eine richtige Garderobe. Schminktöpfchen, Pinsel, Quasten, Puder, Cremes, die vielen bunten Stifte – obwohl ich nichts riechen kann, kitzelt die trockene Luft in der Nase. So habe ich mir das immer vorgestellt: Bevor die große Artistin Erika Riemann in der Zirkuskuppel schwebt und die Leute unten vor Spannung den Atem anhalten, wird sie an solch einem Tisch schön gemacht.

Über meine blauen Augen werden kohlschwarze Brauen gemalt, fast schon ein wenig zu viel Make-up. Doch als die Visagistin meinen skeptischen Blick in den Spiegel bemerkt, beruhigt sie mich: »Machen Sie sich keine Sorgen. Das muss etwas kräftiger sein, wegen der Scheinwerfer.«

Ich habe Bauchschmerzen und feuchte Hände. In den letzten Minuten vor dem Auftritt höre ich, welch gute Stimmung im Publikum herrscht. Dann bin ich dran.

Das Studio ist dunkel. Ich nehme auf einem Sessel Platz. Dann flammt ein Scheinwerfer auf. Er ist von oben direkt auf mich gerichtet. Ich erkenne nur noch meine nächste Umgebung. Oliver Geissen stellt die erste Frage. Ich erzähle von der Haftzeit. So, wie es gewesen ist. Im Saal wird es mucksmäuschenstill. Möglichst unauffällig reibe ich meine feuchten Hände am Kleid trocken. Oliver Geissen ist das »unglaubliiich« im Hals stecken geblieben. Ich glaube, so hatte er sich meinen Auftritt nicht vorgestellt.

Dann bin ich fertig. Vielleicht eine Minute lang ist es ganz ruhig im Saal. Mir scheint es wie eine Ewigkeit. Dann bricht Applaus los. Er hört und hört nicht auf. Ich blinzle ins blendende Licht. Der nächste Auftritt, denke ich. Wer wohl so viel Beifall kriegt … Und plötzlich wird mir klar: Er gilt mir. Ich bin schweißgebadet. Hinter der Bühne schüttle ich Hände und nehme die Gesichter dahinter kaum wahr. Noch abends im Hotelbett schwirrt mir der Kopf. Ich brauche einige Tage, bis ich das alles verarbeitet habe.

Natürlich sehe ich mir danach die folgenden DDR-Sendungen

alle an. In der nächsten ist Nina Hagen bei Oliver Geissen zu Gast. Sie kommt locker die Treppe herunter, eine Tasche über der Schulter, und sagt: »Ich habe euch allen was mitgebracht.« Dann zieht sie »Die Schleife an Stalins Bart« aus der Tasche und wendet sich ein bisschen vorwurfsvoll an Oliver Geissen: »Warum hast du das Buch nicht vorgestellt? Das muss man einfach gelesen haben!«

Wortlos nimmt ihr der Moderator das Buch aus der Hand und hält es vor der Kamera in die Runde.

Ein paar Tage später höre ich vom Verlag, der Absatz sei so in die Höhe geschossen, dass ständig nachgedruckt werden müsse. Der Auftritt in der RTL-Show ist unerwartet mein großer Durchbruch geworden.

Berühmt

Ein ganz ruhiger Sonntag sollte es werden. Ausspannen, mal die Seele baumeln lassen. Das würde mir guttun. Dachte ich.

Dann die Überraschung: Meine Enkelin Katja ruft mich an. Sie will mich besuchen. Ich habe sie ewig nicht gesehen. Natürlich freue ich mich.

Als es wenig später klingelt und ich die Tür öffne, staune ich: Eine richtige junge Frau ist sie mit ihren einundzwanzig Jahren geworden! Unbekümmert berichtet sie von sich, der neuen Wohnung, den Freundinnen.

Einundzwanzig Jahre. Als ich so alt war wie sie, saß ich im Gefängnis. Dabei ist es doch die Zeit, sein Leben in beide Hände zu nehmen und etwas daraus zu machen. Das muss man genau in diesem Alter tun.

Ich verdränge die grauen Gedanken. Katja plappert ohne Punkt und Komma, und ich komme kaum zu Wort. Dabei brennt mir doch eine Frage auf den Lippen. Ich passe eine kurze Pause ab und erkundige mich dann ein bisschen scheinheilig: »Wie komme ich denn gerade heute zur Ehre deines Besuchs?«

Katja zögert keine Sekunde: »Na, ganz einfach. Meine Freundin hat dein Buch gelesen, und nun will sie nicht glauben, dass du meine Oma bist!« Auch im Fernsehen habe sie mich schon gesehen … Da bin ich also jetzt berühmt, denke ich. Eine berühmte Oma.

Katja war nicht zu bremsen. Stolz erklärte sie ihrer Freundin Kerstin, dass diese Oma aus dem Fernsehen, die so lange im Gefängnis gesessen hat, nicht irgendeine Oma sei, sondern ihre Oma Erika aus Hamburg. Kerstin war schwer beeindruckt. Sie lief in ihr Zimmer, holte das Buch und bat meine Enkelin, ihr ein Autogramm von mir zu besorgen.

Das war also der Grund des plötzlichen Besuchs. Natürlich signiere ich es. Aber eine weitere Frage kann ich mir dann doch nicht verkneifen: Ob sie denn auch schon das Buch gelesen habe?

Katja druckst herum. Noch nicht geschafft, keine Zeit, immer auf Achse. Aber sie will es ganz bestimmt tun!

Ich bin ihr nicht böse und will auch keine Entschuldigungen hören. Ich überreiche Katja eines, und natürlich bekommt sie auch eine Widmung von mir. Doch ganz so leicht will ich es ihr nicht machen. »Wenn du das nächste Mal kommst, werden wir darüber sprechen«, sage ich. Katja nickt tapfer.

Da hat wohl ein bisschen die Lehrerin in mir durchgeschimmert, die ich auch einmal werden wollte. Aber ich weiß: Das Mädchen meint es ehrlich.

Sie lebt schon eine Weile nicht mehr bei ihren Eltern, und ich finde das auch richtig so. Junge Leute müssen aus dem Haus, ihre eigenen Erfahrungen machen und sich den Wind um die Nase wehen lassen. Ein wenig eigennützig sehe ich es auch: Vielleicht dauert es nun wirklich nicht noch einmal ein paar Jahre, bis Katja wieder bei mir auftaucht. Bei ihrer berühmten Oma …

Mittlerweile sind junge Leute mein wissbegierigstes Publikum. Daher sind meine vermeintlichen Lehrerqualitäten jetzt öfter gefragt: Immer wieder werde ich gebeten, bei den vielen Jugendweihen im Osten die Festrede zu halten. Das ist für mich eine schwere Aufgabe. Mein Problem ist: Ich bin keine geübte Rednerin. Woher auch? Ich habe zwar mein Leben aufgeschrieben, aber das heißt ja noch lange nicht, dass ich jetzt mit Lebensweisheiten um mich werfen könnte.

Ich berate mich mit Freunden, und immer wieder heißt es: »Erika, das schaffst du schon.« Das ist lieb gemeint, aber wie oft habe ich dieses »Erika, das schaffst du schon« gehört! Im Gefängnis, später, als die Kinder so klein und das Geld so knapp war, dann, als mein dritter Mann im Rollstuhl saß und ich zwölf Jahre lang für ihn sorgen musste. »Erika, das schaffst du schon.« Ich habe es ja auch geschafft. Meine ganze Lebenskraft ist in dieses »Schaffen« geflossen.

Andererseits: Ich will die jungen Leute auch nicht enttäuschen. Inzwischen habe ich ja oft genug ihre Augen gesehen: wach, interessiert, auch ein bisschen neugierig, immer aber offen und ehrlich.

Natürlich sage ich wieder einmal zu. Wieder in meiner Heimatstadt. Aber was soll ich den jungen Leuten mit auf den Lebensweg geben? Nur vom Gefängnis zu erzählen, von meiner verlorenen Jugend, das geht nicht. Das ist ja auch nichts weiter als Geschichte für sie. So weit weg wie der Bauernkrieg, der einst in Mühlhausen wütete.

Ich denke an meine ersten Jahre in Hamburg. Auf der Reeperbahn gab es eine ganze Menge Seeleute, die hatten Anker, Herz und Kreuz auf den Arm tätowiert. Glaube, Liebe, Hoffnung. Manchem mag das nach Kitsch klingen, aber mir haben diese drei Gaben letztlich beim Überleben geholfen.

Darüber werde ich sprechen. Ich werde einfach erzählen, was Glaube, Liebe, Hoffnung für mich bedeuten.

Der Saal summt vor Erwartung. Die festlich gekleideten Eltern, die Großeltern, die Lehrerinnen und Lehrer, Blumen, Tischdecken, leise Musik – und dann in den ersten Reihen die Mädchen und Jungen. Kleine Damen, die aussehen, als wären sie schon Bräute, dazu die schlaksigen Jünglinge mit ihren Pickeln und den langen Armen – sie wissen nie so recht, wohin damit. Auch mit vierzehn ist das Leben nicht einfach. Ich werde mir die größte Mühe geben, das ist klar.

Ich erzähle, wie ich mit vierzehn Jahren für einen Kinderstreich ins Gefängnis gekommen bin. Fünf Sätze, mehr nicht. Ich will doch niemandem die Feierstimmung verderben. Und dann sage ich ihnen, dass mir Glaube, Liebe und Hoffnung die Kraft gegeben haben, die Zeit hinter Gittern durchzustehen und mich später im Leben zurechtzufinden.

Es ist ganz still im Saal. Ich sehe in die Augen der Zuhörer und glaube, den richtigen Ton getroffen zu haben. Auch das Kribbeln in meinem Bauch lässt langsam nach.

Ich erkläre den jungen Leuten, was ich damit meine.

Der Glaube muss nicht unbedingt Gottesglaube sein. Wer den hat, soll ihn pflegen, diejenigen, die sich an ihm aufrichten, sollen ihn nutzen. Über mich hat kein Gott seine schützende Hand gehalten, als ich sie gebraucht hätte. Im Gefängnis meinte ich, Gott sei für mich gestorben. Heute denke ich manchmal: Vielleicht hat er doch alles so eingerichtet, wie es gekommen ist. Doch das half mir damals nicht. Glaube, das war für mich immer der Glaube an das Gute, der Glaube an die Menschen und der Glaube an mich selbst.

Ich habe drei Kinder zur Welt gebracht und weiß sehr gut, wie es ist, sich an Problemen zu reiben. Da fehlt manchmal die Arbeit und dann natürlich automatisch auch das Geld, da gibt es Krankheiten, Ärger mit den Freunden und Geschwistern und was weiß ich noch alles. Künftig werden die Eltern immer weniger all diese Probleme lösen können. Erwachsensein heißt auch, zu lernen, wie man das selbst schafft.

Ein Mädchen vorn stößt ihre Freundin an. Mich packt die Angst, sie könnten jetzt anfangen, sich über mich lustig zu machen. Doch sie nicken.

Ich sage auch, dass man seinen Platz im Leben nicht nur mit Ellenbogen erobern kann. Manchmal scheint es so, aber das ist ein Trugschluss. Der Umgang mit anderen Menschen hat auch etwas mit dem Glauben an das Gute zu tun. Mit ihnen reden, ihnen zuhören, sie genauso achten, wie man selbst geachtet werden möchte – all das gehört dazu. Und dann ist da noch der Glaube an sich selbst. Wie oft hätte ich ihn verlieren können. Dass ich ihn mir bewahrt habe, ist der einzige Grund dafür, dass ich heute hier stehen kann.

Die wenigen Laute aus dem Saal klingen zustimmend. Gespannt warten alle, dass ich nun etwas zur Liebe sage.

Natürlich ertönt verhaltenes Kichern, als ich den jungen Leuten sage, dass sie sicher schon ihre eigenen Erfahrungen mit der Liebe gemacht haben. Ich habe doch mit vierzehn auch auf den ersten Kuss gewartet wie eine Wiese in der Sommerhitze auf den warmen Regen.

Mir ist flau im Magen. Ausgerechnet ich muss jetzt etwas über die Liebe erzählen. Ich, die doch ihr Leben lang immer etwas verklemmt war. Männer brauchen das eben, und wir Frauen müssen dafür sorgen, dass sie es bekommen – so sah ich fast mein ganzes Leben lang die körperliche Liebe. Erst im Alter habe ich erfahren, dass es auch anders geht. Aber für mich ist Liebe noch viel mehr. Die Bereitschaft, für andere da zu sein, gehört dazu, sich mit anderen zu vertragen und auch Rücksicht zu nehmen ist Liebe. Manchmal fordert die Liebe sogar, auf eigene Vorteile zu verzichten.

Das sage ich den Jugendlichen im Saal, ihren Eltern und Lehrern. Gespannt blicke ich auf, suche die Augen der Zuhörer. Sie sind nachdenklich. Daran haben sie vielleicht noch nicht gedacht.

Ich erzähle ihnen, dass es für mich immer auch zur Liebe gehört hat, mit Enttäuschungen fertig zu werden und manchmal sogar persönliches Leid zu ertragen. Wenn ich in Momenten der Verzweiflung glaubte, ich würde im Gefängnis verrotten, dann war es die Liebe meiner Kameradinnen, die mir beim Überleben half. Man nennt es dort nicht Liebe, eher Solidarität. Aber was ist ein trockener Kanten Brot, der mich im letzten Moment vor dem Hungertod rettet, anderes als Liebe?

Als ich einmal in der Dunkelzelle bei Wasser und Brot saß, habe ich dank solcher Liebe überlebt. Vierzehn Tage sollte ich dort schmachten, 336 Stunden. Das war kaum auszuhalten, und ich bekam Angst, an der Tortur zugrunde zu gehen – 336 Stunden, das sind 20 160 Minuten oder 1 209 600 Sekunden. Und in jeder Sekunde wird der Glaube, dass man es überleben wird, schwächer. Erst als dann eines Tages meine Kameradin Fiete früh am Morgen den ausgeschütteten Kübel brachte, auf dessen Boden sie ein Stück Brot gelegt hatte, wusste ich, dass ich es schaffen würde.

Gebannt hängen die Zuhörer und Zuhörerinnen an meinen Lippen. Ich sage ihnen, dass ich ihnen den Appetit aufs Festessen nicht verderben möchte, aber der Kübel, das ist das Klo im Gefängnis. Ein großer Eimer, ein abgeschnittenes Fass, je nachdem, was gerade da ist. Geleert wird einmal am Tag, ob er schon vorher randvoll ist oder nicht. Und hygienische Plastikfolie, um den Brotkanten einzuwickeln, gab es auch nicht.

Ekel und Entsetzen zeichnen sich auf den Gesichtern ab. Doch die Menschen haben verstanden, was ich eigentlich sagen will: Liebe geben und Liebe nehmen gehören immer zusammen.

Nun fällt es mir nicht mehr schwer, auch noch ein paar Sätze zur Hoffnung zu sagen. Ich habe in meinem Leben die Hoffnung nie aufgegeben. Zuerst war es die Hoffnung, aus dem Dreck des Gefängnisses lebend herauszukommen. Damit verband sich die Hoffnung, endlich einmal wieder genug zu essen zu haben. Als sich diese Hoffnungen erfüllten, kamen neue: Ich wollte einen

Mann finden und eine Familie gründen. Dann hoffte ich, die Kinder mögen gesund bleiben, und so ging es immer weiter.

Ich sage den jungen Leuten, dass manches in meinem Leben so gelaufen ist, wie ich es erhofft habe, manches aber auch nicht. Ich weiß doch selbst, wie kompliziert es ist, den Rat Älterer anzunehmen. Jeder will seine eigenen Erfahrungen machen, sich die Hörner abstoßen.

Trotzdem spüre ich, dass ich verstanden worden bin. Ich fühle mich so, als wären wir im Saal alle Gleichaltrige, die ein wenig über das Leben reden. Das stimmt mich zufrieden. Ich will nicht die Oma mit dem erhobenen Zeigefinger sein, die alles besser weiß.

Natürlich folgt auch hier die »Strafe« auf dem Fuße: Die nächsten Einladungen, als Jugendweiherednerin aufzutreten, überrollen mich wie eine Lawine. Ich tue, was ich kann, aber ich kann nicht mehr alles tun, was ich möchte. Im Sommer müssen einfach ein paar Tage für mich bleiben, an denen ich in meinem geliebten Großenbrode an der Ostsee neue Energie tanken kann.

Wieder auf der Bühne

Theo Lingen und die Transvestiten

Einmal auf der Bühne stehen, im Rampenlicht, und Kusshänd-chen in alle Richtungen werfen, dann den Applaus wie einen war-men Regen auf sich niedergehen lassen – diesen Traum konnte nicht einmal das Gefängnis in mir töten. Dort war alles, was auch nur das Geringste mit Kultur zu tun hatte, ein Stückchen Freiheit. Ein Teil vom fernen »Draußen«, ein Farbtupfer im grauen Alltag. Wer mitspielen durfte, stand im Mittelpunkt. Und um ihn herum all die anderen, die auf ihre Art daran teilnehmen wollten: Ob sie nun mit Holzkohlestaub die Wimpern und Augenbrauen ein we-nig nachmalen konnten oder irgendwo etwas fanden, was an Rouge auf den Wangen erinnerte, es ging ums Mitmachen. Ums Dabeisein.

Mein biegsamer Körper brachte mir ein gewisses Ansehen un-ter den Mithäftlingen ein. Viel mehr konnte ich ja auch nicht vorweisen.

Immer wenn ich wieder einmal auf der Krankenstation lag, hatte ich nur einen Wunsch: schnell gesund werden, damit ich bald wieder tanzen kann. Das spürte sicher auch meine Mutter, denn in vielen Briefen schrieb ich darüber. Wochenlange Vorfreu-de gehörte dazu: »Am 12. 7. wird unsere Volkstanzgruppe wieder tanzen, auch ich tanze mit, mein Fuß ist einigermaßen wieder hergestellt«, berichtete ich ihr Anfang Juli 1953. Sie wusste genau, dass ich auch auf die Bühne gegangen wäre, wenn der Fuß noch schlimm geschmerzt hätte. Schließlich hatte sie auch Artistenblut in den Adern, und den Satz »Es macht mir sehr viel Freude, fünf Tänze tanze ich mit« hätte ich mir bei meinen begrenzten Schreibmöglichkeiten schon sparen können.

Die bescheidenen Auftritte als Tänzerin im Gefängnis waren für mich ein Strohhalm. Daran klammerte ich mich in der Hoffnung, zumindest ein klein wenig meiner Schwester Inge ebenbürtig zu sein, die damals schon eine professionelle Tänzerin war. Ich glaubte sie nur um Glitzer und Glamour zu beneiden. Dass es im Grunde um die Freiheit ging, die sie hatte und ich nicht, begriff ich damals nicht.

Im September 1953 durften wir fünf Tage lang Fotos unserer Lieben in der Zelle behalten. Das war für mich ein so großes Ereignis, dass ich einen extra genehmigten Sonderbrief nutzte, um meiner Mutter davon zu berichten. Wieder hatte ich mir den Brief mit meinem Tanz verdient: »Heute schreibe ich Dir diesen Brief zur Belohnung für unsere geleistete Kulturarbeit.«

Nach sieben Jahren in Gefangenschaft waren meine Wünsche so klein und bescheiden geworden, dass mich schon die Erlaubnis, ein Foto zu betrachten, glücklich machte. Doch was ich dabei sah, musste ich meiner Schwester unbedingt mitteilen: »Mein liebes Schwesterherz! Deine Bilder liegen vor mir, und vor Neid erblasse ich bald. Wie hast Du Dich in den Jahren verändert. Was hast Du gelernt und geschafft!«

Dass es die ganz normale, tagtägliche Freiheit war, die das ermöglichte, hatte ich fast vergessen. Unsere Welt im Gefängnis stand auf dem Kopf. Dennoch hofften wir, auch noch irgendwie ein bisschen »normal« zu leben. Wie wenig das der Fall war, drang immer ins Bewusstsein, wenn einer der raren Briefe einen dünnen Faden in die Außenwelt spann. Dann merkte ich, dass mein Ehrgefühl noch nicht ganz vereinnahmt war, und so schrieb ich an Inge: »Manchmal habe ich die Hoffnung, mit Dir tanzen zu können, doch wenn ich mich an Deinen Sonnenstrahlen erwärmen soll, das lässt mein Stolz nicht zu. Kannst Du das verstehen? Ich glaube kaum.«

Ich wollte es eben selbst schaffen. Dafür habe ich gearbeitet, so viel ich nur konnte.

Das begann 1948 im sowjetischen Speziallager auf dem Gelände des ehemaligen KZ Sachsenhausen. Zwei Jahre zuvor war dort Heinrich George interniert gewesen, weil er, wie sich erst in den neunziger Jahren herausstellte, denunziert worden war – auch wegen seiner Rolle in Propagandafilmen der Nazis. Er hatte in seiner Haftzeit Bühnenstücke aus der Erinnerung niedergeschrieben. Es gab ja keine Bücher, aber viele hatten das Bedürfnis, Theater zu spielen, und dazu brauchten sie Texte. Ich durfte zuerst das Gretchen aus Goethes »Faust« als zweite Besetzung lernen. Margot Hanke spielte die Rolle dann bei den wenigen Aufführungen im Lager, leider kam ich nie zum Zuge.

Trotzdem war das Einstudieren in der Theaterbaracke – nur dort überließ man uns die Texte – für mich ungeheuer wichtig. Bisher hatte ich in Sachsenhausen nur in einem Varieté-Programm mitgetanzt, jetzt ging es schon um eine richtige Theaterrolle. Die Probleme des jungen Mädchens darin, die Koketterie mit dem »Bin weder Fräulein, weder schön, / Kann ungeleitet nach Hause gehn« berührten mich kaum. Ich durfte ja nicht nach Hause gehen. Und was die subtile Verführungskunst des Faust betraf – da war mir die Begehrlichkeit der Männer schon in ganz anderer Form begegnet.

Mir ging es damals darum, an der Rolle mein Gedächtnis zu trainieren. Bei den Proben bekamen wir immer einzelne Blätter mit Textstellen ausgehändigt, und die mussten wir dann auswendig lernen. Das fiel mir nicht schwer.

Als ich später einmal, wieder in der Freiheit, den Original-»Faust« las, merkte ich, dass »unser« Gretchen zwar nicht in jedem Wort mit dem des alten Goethe übereinstimmte, dass aber Georges Wiedergabe aus dem Gedächtnis trotzdem erstaunlich exakt war.

Damals glaubte ich, den Text auf Punkt und Komma genau zu kennen. Das brachte mich eines Tages in eine sehr peinliche Lage.

Ein paar Jahre nach meiner Freilassung bekamen mein damaliger Mann Franz und ich Karten für das Theater am Besenbinderhof in Hamburg. Der Senat sponserte sie, so wollte man sich durch Vergünstigungen im Zuge des Spätheimkehrerprogramms ein bisschen um die politischen Flüchtlinge kümmern.

Damals war in Hamburg noch vieles zerstört. Aber das Theater am Besenbinderhof spielte, wenn auch als Nottheater. Im Frühjahr 1959 gab es ein Gastspiel des »Postmeisters«, der Bühnenfassung der Puschkin-Novelle, mit Barbara Rütting in der Rolle der Dunja.

Da kannte ich mich aus! Heinrich George hatte in dem berühmten Film den Postmeister gespielt, mit Hilde Krahl als seiner Tochter, und im Lager auch Dunjas Dialoge notiert. Die hatte ich wie das »Gretchen« in Sachsenhausen auswendig gelernt.

Ich übte mich gern in die Rolle des Mädchens aus der russischen Provinz ein, das dann in der Großstadt Sankt Petersburg vergeblich Glück und Liebe sucht und schließlich von eigener Hand endet. Dunja verkörperte damals die Welt irgendwo da draußen, von unserem Alltag so weit entfernt wie der Mond. Es war nicht die geringste Verführung aufgekommen, sich mit diesem Leben zu identifizieren – aber gründlich gelernt hatte ich die Rolle trotzdem.

Und zwar so gründlich, dass ich meinen Mund nicht halten konnte, als im Saal die Lichter ausgingen und die Bühne hell wurde. Franz und ich saßen in der ersten Reihe, und kaum war Dunja auf der Bühne erschienen, plapperte ich ihre Worte halblaut mit.

Die ersten Zuschauer zischten, aber ich ließ mich nicht beirren. Ich wusste doch, was die Frau auf der Bühne gleich sagen würde. Franz stupste mich an. Es half nichts. Leicht vorgebeugt, jeden

Satz gespannt erwartend, rezitierte ich die Dialoge. Ich war felsenfest davon überzeugt, den authentischen Text zu kennen. Alles, was Barbara Rütting auf der Bühne ein wenig anders sagte, klang in meinen Ohren schlicht falsch.

»Dunja« warf mir die ersten bösen Blicke zu. Ringsum wurden erhobene Zeigefinger auf gespitzte Lippen gepresst. Ich redete halblaut weiter vor mich hin.

In der Pause erschien dann eine Abgesandte der Schauspielerin. Sie hatte mir eine kurze Botschaft zu übermitteln: Entweder ich hielte im zweiten Teil der Vorstellung den Mund, oder ich solle verschwinden.

Franz war mein Benehmen natürlich ungeheuer peinlich. Mir auch. Aber ich wollte meine vermeintliche Unhöflichkeit wenigstens erklären. So stotterte ich etwas von Rolle im Lager gelernt, Heinrich George und was weiß ich noch – jedenfalls durften wir im Saal bleiben, und meine Bemühungen, nach der Pause den Mund zu halten, waren halbwegs erfolgreich.

Nach der Vorstellung hatte sich meine Geschichte wohl bei der Gastspieltruppe herumgesprochen. Franz und ich wurden eingeladen, das Gespräch an einem gemütlicheren Ort fortzusetzen.

Nichts lieber als das! Meinen Traum vom Artistenleben hatte ich längst begraben. Jetzt hatte ich ein anderes Ziel: Schauspielerin wollte ich werden. Nicht mehr und nicht weniger!

So landeten wir wenig später in einer Bar in der Wohlwillstraße. Sie liegt in der Gegend, in der ich damals lebte, mit der ich also vertraut war. Aber was mich unten in der Bar erwartete, machte mich förmlich sprachlos: Es wimmelte dort nur so von wunderschönen Frauen. Die Haare sorgsam frisiert, glatte, wohlgeformte Beine, glitzernde Kleider, Schmuck und dezentes Parfüm – so viel geballte weibliche Anmut auf einmal hatte ich noch nie gesehen. Wie benommen nahm ich am Tresen Platz, und noch bevor ich über meinen großen Traum von der Schauspielerei sprechen konnte, traf mich der nächste Schock: Mein Mann wurde ringsum freundlich begrüßt, man kannte sich offenbar. Ich war fassungslos. Das konnte doch nicht wahr sein! Ich quälte mich zu Hause ab, die Kinder satt zu bekommen, und er verjubelte sein Geld mit diesen Luxus-Ziegen. Der Vulkan begann zu brodeln. Ich rannte hinaus. Der Portier kam hinter mir her: »Mädchen ...« Er packte mich am Arm. Ich wollte mich losreißen, aber er hielt mich fest. »Mädchen, nun warte doch mal ... es ist nicht so, wie du denkst ...«

Er zerrte mich zurück ins Lokal und hob eine Wolldecke, die vor einen Verschlag gehängt war. Ich blickte in einen Raum, aus dem Stimmengewirr drang: »Hier, schau dir das doch wenigstens mal an ...« Die Garderobe der Damen. All die Damen waren Männer. Männer in Frauenkleidern. Transvestiten.

Ich hatte noch nie etwas von Transvestiten gehört. Der Portier erklärte mir, was es mit ihnen auf sich hat: dass es Männer gibt, die sich gern in Frauenkleidern zeigen. Ich war fasziniert. Eine neue Welt tat sich vor mir auf. So schöne Frauen! Und doch waren es in Wirklichkeit Männer – nicht zu fassen! Ich kam aus dem Staunen nicht heraus.

Bei näherem Hinsehen offenbarte sich das Geheimnis der Glitzerfummel: Kombiniert mit Perücke, künstlichem Busen und viel Make-up, schufen sie die perfekte Illusion. Eigentlich betrieben diese Transvestiten die Schauspielerei in Potenz: In eine andere Haut schlüpfen, wo könnte das perfekter gelingen als bei der Darstellung des anderen Geschlechts? Vorausgesetzt, man ist so gut, dass es niemand merkt!

Kurz nach diesem aufregenden Abend bekam ich einen Vorsprechtermin im Theater am Besenbinderhof. Und zwar bei Theo Lingen.

Alle kannten den steifen Mann mit der näselnden Stimme. Er war ein Kinostar und hatte sich mit Komödien und Heimatfilmen einen Namen gemacht. Mir sagte das alles gar nichts, denn als er im Westen Triumphe feierte, saß ich im Osten im Gefängnis. Und

Ende der fünfziger Jahre hatte ich noch längst nicht all mein verlorenes Leben nachgeholt.

So lernte ich Theo Lingen als ernsten, distinguierten Mann kennen. Dass andere schon beim bloßen Anblick des Komikers losprusteten, verstand ich nicht. Mir fehlte eben im wahrsten Sinne des Wortes ein Stück Film.

Er hatte mit einigen anderen Leuten im Parkett Platz genommen. Und ich stand auf der Bühne. Dann ging das Licht an. Es war furchtbar! Ich brachte kein Wort heraus. Stand da, stumm wie ein Fisch. Dabei hatte ich doch kurz vorher die Rolle der Dunja im »Postmeister« noch perfekt beherrscht. Und jetzt? Alles wie weggeblasen!

Ich schämte mich und wäre am liebsten in den Boden versunken. Theo Lingen versuchte mich zu beruhigen. Er nahm mich verständnisvoll in den Arm, riet mir, es später noch einmal zu versuchen. Ich schluchzte zwar dankbar, doch in meinem Innersten wusste ich schon in diesem Moment: Dafür bist du nicht geschaffen. Für mich war der Traum von der Schauspielerei geplatzt.

Lampenfieber

Dieses verdammte Lampenfieber ist wie ein Tier, das in meinem Körper wohnt. Keines, das sich durch ein bisschen Streicheln beruhigen ließe. Eher so etwas wie ein kleiner Drachen. Die meiste Zeit sitzt er irgendwo und schläft. Aber wenn er erwacht, wühlt er sich durchs Gedärm hoch bis in den Magen. Dann habe ich ein Gefühl im Bauch, als sei ein Loch darin. Ein großes Loch, durch das alle Leute hindurchsehen können. Manchmal halte ich die Hände unwillkürlich unter der Brust verschränkt, um es zu verdecken.

Äußerlich bin ich ganz ruhig. Ich weiß auch nicht, wovor ich eigentlich Angst habe. Fahre ich zu Lesungen, werde ich erwartet.

Die Leute interessieren sich für meine Geschichte, sind freundlich – und trotzdem regt sich dieses Drachenvieh.

Besonders schlimm ist es, wenn ich unterwegs zu Veranstaltungen an den früheren Haftorten bin. Ob Torgau, Bautzen, Hoheneck – fünfzig Kilometer vor dem Ziel bekomme ich feuchte Hände und rote Flecken am Hals. Diese Symptome sind zuverlässiger als die Tachoanzeige im Auto. Zweihundert, dreihundert Kilometer Fahrt gehen gut, dann sind sie plötzlich da. Wenn ich schließlich angekommen bin, verschwinden sie wieder. Ich kann dann unberührt durchs Gefängnis laufen, als wäre es der Hamburger Hauptbahnhof.

Wenn die Veranstaltung beginnt, schleicht sich das Lampenfieber wieder an. Zum Glück merken die Zuhörer meist nichts von meiner inneren Aufregung. Inzwischen habe ich so viel geübt, dass die Stimme fest bleibt. Nur die eine oder andere Träne kommt manchmal noch ganz von allein.

Trotzdem versuche ich weiterzureden. Doch es nützt nichts: Bilder steigen in meinem Kopf auf. Wieder bin ich eingesperrt. Es ist jedes Mal der gleiche Kampf: Ich versuche, mein Schlucken zu beherrschen, und fixiere einen Punkt im Raum. Ich weiß genau, dass ich nur noch Sekunden habe, bevor ich abbrechen muss.

Wenn ich dann sage, dass ich nicht weitersprechen kann, versteht das jeder. Die Leute begreifen auch ohne weitere Worte, wie tief solche Erlebnisse ins Leben schneiden. Es geht ja nicht um äußerliche Wunden, mich hat ja niemand mit glühenden Zangen gezwickt. Aber sie haben mich so schmutzig gemacht. Mit Blicken, mit Worten, mit Gesten – das wird man nie wieder los.

Nach den ersten Lesungen und Besuchen in den verschiedenen Gefängnissen glaubte ich, mich ganz gut im Griff zu haben. Dass das ein Irrtum war, merkte ich, als ich mich eines Tages auch nach Torgau traute.

Hier hatte ich die schlimmsten Quälereien und Entwürdigungen während meiner Haft erlebt. Im Turm-Treppenhaus geschah es, dass junge russische Wachposten mich splitternackt in einer Schüssel kreiseln ließen. Für mich als siebzehnjähriges Mädchen, das noch mit der Pubertät zu tun hatte und sich fremd im eigenen Körper fühlte, war das ein Erlebnis, das Jahrzehnte meines späteren Lebens beeinflusste. Ich musste erst eine alte Frau werden, um meinen Körper anzunehmen, um mich so zu akzeptieren, wie ich bin. Natürlich weiß ich inzwischen, dass diese Geschichte mit der Schüssel angesichts der vielen Vergewaltigungen und anderer sexueller Übergriffe vergleichsweise harmlos war. Dennoch führte sie dazu, dass mir mein Körper jahrelang fremd vorkam – wie eine Wand, hinter der ich mich verstecken musste.

Vor einiger Zeit kam ich mit einem ehemaligen Häftling in Kontakt, der damals mit etlichen anderen die Szene durch die Gitterstäbe miterlebt hatte. Er erzählte mir, dass die männlichen Häftlinge vor Wut brüllten, gegen die Eisenstäbe schlugen und auf die Russen spuckten, als sie Zeugen wurden, wie da einem Menschen so brutal die Würde geraubt wurde. Das hatte ich bisher nicht gewusst. Ich hatte geglaubt, auch sie hätten ihren Spaß daran gehabt.

Doch zurück zu jenem Tag in Torgau. Er begann mit einem Rundgang durch die Festung. Ich fühlte mich gewappnet und stark. Trotzdem wollte ich mir die Doppeltür im Keller, in die ich so ewig lange eingeklemmt war, nicht ansehen. Man sagte mir, sie existiere noch. Ich hatte dort Todesangst erlitten. Todesangst – das ist wie ein gewaltsames Sterben im Kopf. Es ist nicht nur das Gefühl absoluter Hilflosigkeit, sondern auch die unbändige Angst, es würde jeden Moment etwas geschehen, das sich niemals mehr rückgängig machen ließe. Vielleicht kann das nur jemand verstehen, der eine solche Situation selbst durchlitten hat.

Diese Angst löst in meinem Kopf eine Kaskade von Bildern aus, die immer wiederkommen. Dagegen kann man sich nicht wehren. In Torgau wollte ich den Ort des Geschehens einfach ignorieren – so, glaubte ich, bliebe ich vom Wiederaufleben der Angst verschont. Das war ein Irrtum.

Mir genügte damals schon ein Blick aus dem Fenster in den Hof. Sofort stand mir eine Szene vor Augen, die ich dort vor über fünfzig Jahren gesehen hatte: Die Männer mussten sich nackt ausziehen und in Reihen aufstellen. Dann wurden ihre Körperöffnungen kontrolliert.

Als ich nun durchs Fenster auf den leeren Hof starrte, war das Gefühl jenes Augenblicks wieder da. Damals wusste ich nicht, was in der nächsten Sekunde geschehen würde. Es konnte das Hämmern eines Maschinengewehrs sein, das die Leiber blutüberströmt übereinanderpurzeln ließ. Wir würden dann die Nächsten sein. Gefangene werden immer schubweise bewegt, wie Viehherden. Das war eine Tatsache der Erfahrung.

Es sind Tausende von Gedanken, die einem in einem solchen Moment durch den Kopf schießen. Damals war es wohl so, dass die Männer vor dem Abtransport standen und deshalb gefilzt wurden.

Beim Blick durch die schmuddelige Fensterscheibe stiegen all die Bilder und Ängste wieder hoch. Sie nisteten sich in meinem Körper ein. Meine Nerven lagen blank. Ich musste meine letzten Kraftreserven aufbringen, um am Abend aus meinem Buch lesen zu können. Es war ein Gefühl, als stünde ich neben mir und hörte von ganz fern meine eigene Stimme.

Am folgenden Abend sollte ich in Schwerin lesen. Der Saal war voll, die Veranstaltung ausverkauft. Zur Einleitung sagte ich, dass ich gerade aus Torgau käme. Und da geschah es auch schon.

Alles, was ich in den vergangenen vierundzwanzig Stunden mühsam unter der Decke gehalten hatte, brach nun heraus. Allein das Wort Torgau genügte, und die Tränen stürzten mir aus den Augen. All die Erinnerungen, von denen ich glaubte, ich würde sie endlich beherrschen, schnürten mir nun die Kehle zu. Ich weinte und konnte nicht anders.

Das Publikum hatte viel Verständnis für mich. Einige kamen

nach vorn und brachten mir Taschentücher, andere saßen stumm und betroffen da.

Ich schlug vor, die Lesung zu verschieben. Die Zuschauer sollten ihr Eintrittsgeld zurückerhalten. Niemand wollte das. So redeten wir dann doch noch über meine Erlebnisse, und ich versprach, noch einmal nach Schwerin zu kommen und eine kostenlose Lesung zu veranstalten. Sie fand dann später in der vollbesetzten Aula einer Schule statt.

Ich habe viele Jahre gebraucht, um mir klarzumachen, dass man Gefühle zulassen muss. Kinder weinen, wenn sie traurig sind, und lachen, wenn ihnen fröhlich zumute ist. Viele Erwachsene meinen, das nicht zu dürfen. Sie machen sich damit unfrei.

Auch, um anderen den Weg aus diesem Dilemma zu weisen, habe ich meinen kleinen Lampenfieberdrachen akzeptiert. Soll er mich doch piesacken, deshalb höre ich noch lange nicht auf, ihm zu zeigen, wer der Stärkere ist!

Inzwischen weiß ich aus vielen Begegnungen, dass ich mit Erzählungen von meinem Schicksal auch anderen Menschen helfe. So wie vor ein paar Jahren in Bad Wildungen. Ich war dort zur Kur und fühlte mich hundeelend. Das Heimweh nagte an mir. Ich wollte nur noch weg.

Einsam saß ich im Kurpark. Die Tränen rannen mir über das Gesicht. Ich ließ ihnen freien Lauf. Mir kann ja doch keiner helfen, dachte ich.

Plötzlich spaziert ein älteres Ehepaar vorbei. Sie tuscheln, wenden die Köpfe – fünf Minuten später kommen sie aus der anderen Richtung wieder auf mich zu. »Dürfen wir uns zu Ihnen auf die Bank setzen?«, fragen sie mich. Natürlich.

Gerade als ich mir verstohlen die Tränen getrocknet habe, sagt die Frau: »Ich kenne Sie.« Klar, in der Klinik sieht man ja eine Menge Leute. »Nein«, erwidert sie, »ich kenne Sie aus dem Fernsehen. Sie sind doch Frau Riemann?«

Das kann ich ihr bestätigen, und nun ist die Freude groß: »Auch mein Mann war lange eingesperrt, und erst als er ›Die Schleife an Stalins Bart‹ gelesen hatte, begann er, darüber zu sprechen. Nun kann er endlich reden!« Der alte Herr neben mir auf der Bank nickt stumm, und auch er weint. Meine düsteren Gedanken haben sich in Freude aufgelöst.

Zwei Tage später wurde ich in der Klinik zur Rezeption gerufen: Besuch sei da. Es war das Ehepaar. Sie hatten mein Buch mitgebracht und baten mich, es zu signieren. Das tat ich gern, aber dadurch wurden einige andere Leute auf uns aufmerksam. Bereitwillig erklärten die beiden die Zusammenhänge. Ich verzog mich, aber es half nichts: Plötzlich war ich in der ganzen Klinik bekannt. Natürlich fragte man mich, ob ich nicht eine Lesung machen wolle. Trotz des Lampenfiebers sagte ich zu. Der Verlag schickte ein paar Bücher, und es wurde ein angenehmer Abend, an dem ich viele Fragen der überwiegend jugendlichen, fassungslosen Zuhörer zu beantworten hatte und mich herzlich aufgenommen fühlte.

Und gegen mein Heimweh war es das beste Mittel überhaupt – Tränen brauchte ich dort nicht mehr zu vergießen!

Doch was für Bad Wildungen galt, gilt leider nicht immer. Jedes Mal versuche ich, nüchtern an die Lesung heranzugehen. Trotzdem ergreift mich immer wieder die Panik. Dann werden die Hände feucht, der Bauch kneift, und in meinem Kopf dreht sich ein einziger Gedanke: Das schaffst du nicht, das schaffst du nicht …

Natürlich schaffe ich es. Der Saal ist ja auch voller Leute, ich spüre ihre gespannte Erwartung; da kann ich nicht vor sie hintreten und sagen: April, April, heute geht es bei mir nicht!

Zuerst habe ich versucht, ein bisschen zu schummeln. Ich weiß ja ganz genau, bei welchen Szenen mir immer noch die Tränen kommen, obwohl ich sie schon Dutzende Male gelesen habe. Das ist ein seltsames Gefühl. Mir ist dann so, als würden all diese Geschichten genau in dem Moment passieren, in dem ich sie vorlese. Deshalb ließ ich sie zuerst einfach unter den Tisch fallen.

Dann merkte ich allerdings, dass ich mir damit schadete. Es war das alte Problem des Schweigens: Was man nicht ausspricht, frisst im Innern weiter. Also fragte ich meine Psychologin um Rat. Der war eindeutig: »Lesen Sie, Frau Riemann, auch wenn es schwerfällt.«

So mache ich es nun auch. Äußerlich bin ich bei alldem völlig ruhig. Aber im Inneren brodelt es. Anders, als die mir nur allzu bekannte Wut und der Jähzorn, die dann den »Vulkan Etna« explodieren lassen. Es ist so, als würde alles in mir umgerührt.

Zum Glück merken die Zuhörer davon nichts. Das gehört wohl zu dem Phänomen Lampenfieber: Man ist damit ganz allein. Zittert nicht gerade die Stimme oder rollen gar Tränen, bleibt es den anderen verborgen. Spüren sie doch ein bisschen davon, kreiden sie es mir nicht an. Im Gegenteil. Sie spüren ja, wie nah mir meine Erlebnisse immer noch gehen, und umso mehr wirken meine Worte. Auf einen erhobenen Zeigefinger kann ich dabei gut verzichten.

Zu Beginn einer Veranstaltung habe ich gar keine andere Chance, als auch aus dem Lampenfieber das Beste zu machen. Wie alles im Leben muss es doch seine gute Seite haben. Und die hat es auch, denn das Lampenfieber mobilisiert meine Kräfte. Ich weiß nicht, ob es das Adrenalin oder sonst etwas ist, aber wenn ich erst einmal vor den Zuhörern sitze, bin ich hellwach.

Es hilft auch, sich zwei, drei Gesichter im Publikum zu suchen und dann so zu tun, als erzählte ich nur für diese Leute. Zuerst sitzen sie gespannt, voller Erwartung da, dann zuckt es manchmal um die Augen, die Züge entspannen sich. Dann weiß ich, dass ich auf dem richtigen Weg bin, und kann mich wieder in aller Ruhe in mein Buch vertiefen.

Wenn ich zu Ende gelesen habe, herrscht meist ein beklommenes Schweigen. Dann versuche ich die Spannung mit einem flotten Spruch zu lösen. Am besten klappt es, wenn alles in ein herzhaftes Lachen mündet.

Das ist auch etwas, woran kaum jemand denkt, der niemals unfrei war. Lachen ist Freiheit. Lachen können macht viel freier, als irgendwohin reisen zu können oder viel Geld zu besitzen. Haben die Menschen nach meiner Lesung ihr Lachen wiedergefunden, wirkt das befreiend auf sie selbst und auf mich.

Natürlich ist es schwierig, über alles ehrlich zu sprechen, wenn dann die Fragen kommen. Dass ich mein Herz auf der Zunge trage, ist mir wahrlich nicht immer gut bekommen. Dennoch muss Ehrlichkeit sein. Sie hat etwas von einem Striptease. Doch wenn ich über mein Leben rede, genügt es nicht, die Maske abzulegen, die jeder Mensch braucht, um gut und vorteilhaft auszusehen. Manchmal fühlt es sich so an, als zöge ich mir die Haut vom Leib. Kein angenehmes Gefühl, aber es bleibt mir nichts anderes übrig. Entweder will ich berichten, oder ich will es nicht. Und im Leben ist niemand immer nur der strahlende Held.

Manchmal, ganz selten, muss ich aber auch sagen: Bitte verstehen Sie, wenn ich mich dazu nicht äußern möchte. Es handelt sich dann um Themen, bei denen ich mit mir selbst noch nicht im Reinen bin. Bisher haben die Leute immer Verständnis dafür gehabt.

Ist der Abend dann offiziell beendet, bin ich nicht gern allein. Es fällt mir schwer, wieder abzuschalten. Innerlich läuft der Motor. Manchmal komme ich mir wie eine Sportlerin vor: Die kann sich nach einem Hundertmeterlauf auch nicht einfach hinlegen und ausruhen.

Im Laufe der Jahre habe ich gelernt, dass nur Reden hilft, um die Erinnerung in den Griff zu bekommen. Loswerden kann ich sie ohnehin nicht. Aber ich kann sie beherrschen und lernen, mich nicht von ihr beherrschen zu lassen. Das ist nur möglich, wenn man sein Schweigen bricht. Und dadurch habe ich schon viele andere Menschen veranlasst, auch über ihr Schicksal zu reden. Dafür ist mir kein Lampenfieber, keine aufwühlende Stunde zu viel. Auch wenn es immer noch wehtut.

Eine der Fragen, die ich bis heute nicht mit Sicherheit beantworten kann, ist die nach dem Erfolg meines Buches. Warum hat gerade »Die Schleife an Stalins Bart« so viele Menschen berührt? Schließlich haben auch andere Betroffene solche Berichte veröffentlicht, die aber außer ihnen selbst kaum jemand kennt. Ich weiß es nicht genau.

Sicher trugen die Auftritte im Fernsehen dazu bei, mich etwas bekannt zu machen. Sie ziehen meist eine ganze Kette nach sich: Der eine Sender bringt etwas, das sehen die anderen, und schon fragen auch sie an. Dann lässt sich die Geschichte hier mal in ein Magazin, dort in eine Unterhaltungssendung einbauen, und so kommt eines zum anderen. Aber eine Erklärung ist das noch nicht.

Viele Menschen haben mir mitgeteilt, für sie sei ich so etwas wie ein Stehaufmännchen. Sie hätten aus meinem Buch herausgelesen, dass ich mich nie habe unterkriegen lassen.

Als ich die ersten Zuschriften bekam, in denen wildfremde Leute meine angebliche Stärke lobten, war mir das peinlich. Aber dann las ich die Briefe und E-Mails wieder und wieder. Zum Beispiel schrieb mir Lea, mit vierzehn Jahren gerade so alt wie ich, als ich eingesperrt wurde: »Es ist kaum zu glauben, was Sie alles durchstehen mussten! Meine Hochachtung vor allem! Sie besitzen eine wirklich gigantische Willenskraft. Ich hätte es nicht durchgestanden! Ich wollte nur mal sagen, dass ich meinen Hut vor Ihnen ziehe.« Ganz ähnlich klang es in Briefen von Frauen im Alter meiner Kinder: »Sie waren oft traurig, weil Sie meinten, vieles angefangen und wenig zu Ende gebracht zu haben. Für mich sind Sie eine große und großartige Frau, die SEHR viel geschafft und außergewöhnlich viel zu Ende gebracht hat.« Oder: »Ich habe großen Respekt vor Ihrer Willensstärke, mit der Sie das schwere

Leben in und nach der Gefangenschaft gemeistert haben. Sie sind wirklich eine starke Persönlichkeit, denn nicht jeder hätte den Mut gehabt, diese Erlebnisse zu Papier zu bringen und sie dadurch noch einmal zu durchleben.«

Zuerst wusste ich gar nicht, wie ich mit solchen Bekundungen umgehen sollte. Das waren sicher nicht nur oberflächlich gemeinte Komplimente, und sie schmeichelten mir. Doch als ich das Buch schrieb, war ich keineswegs der Meinung, ich hätte im Leben alles geschafft und sei immer wieder auf die Beine. Im Gegenteil. Ich war tief zerrissen, weil ich dachte, ich habe viele Anläufe genommen, aber es nie bis zum Ziel geschafft. Manchmal bricht dieser Gedanke auch heute noch durch.

Aber ich will ja zu meinem Leben stehen, will mich nicht hinter meinem Unglück verstecken. Ich habe mich offenbart und bekomme ein Echo darauf. Wenn es so positiv ist, dann wohl auch deshalb, weil ich mich bis zur Qual um Ehrlichkeit bemüht habe. Schließlich war es kein Roman, den ich zu schreiben hatte.

Vielleicht treffen die Leute, mit denen ich in den letzten Jahren über mein Buch gesprochen habe, genau den richtigen Punkt, wenn sie meinen, es habe deshalb Erfolg, weil es nicht vorwurfsvoll und weinerlich sei. Mag sein. Ich habe es jedenfalls so geschrieben, wie es mir mein Gefühl diktierte.

Als mich Journalisten vom »Hamburger Abendblatt« das erste Mal besuchten, brachten sie ein Stalin-Bild mit und baten mich: »Frau Riemann, nun malen Sie doch noch einmal so eine Schleife an den Bart!«

Zuerst erschrak ich ein bisschen, fingerte dann aber doch meinen Lippenstift aus der Handtasche und malte die Schleife. Der Journalist beobachtete mich genau: »Mit zusammengepressten Lippen zeichnet sie eine dicke Schleife um den Bart des Sowjet-Diktators. Sehr konzentriert, ohne ein Wort. Die Flächen malt sie aus. ›So‹, entfährt es ihr schließlich, ›das war's.‹«

Das war es ja auch wirklich. In Gedanken stand ich wieder in unserer gerade renovierten Schulklasse mit dem frisch an die Wand gehängten Stalin-Porträt. In solchen Augenblicken ist die Vergangenheit ganz nah.

Was wäre eigentlich passiert, hätte ich meine Schleife auf das kurz vorher im selben Rahmen befindliche Bild gemalt? Der Mann hatte auch einen Bart. Adolf Hitler. Wären die Russen Zeugen meines »Verbrechens« geworden, hätte ich vielleicht ein Kochgeschirr voller Suppe als Belohnung bekommen. Hätten mich ein paar Tage früher die Amerikaner dabei erwischt, hätte man mich wohl mit einem Päckchen Kaugummi und einem strahlenden Grinsen bedacht. Wieder ein paar Stunden früher, noch unter den Nazis, hätte ich als »Wehrkraftzersetzerin« schnell an einem Baum hängen können. Aber so, wie es nun mal gelaufen ist, war die Folge eben acht Jahre Gefängnis.

Manche Journalisten hatten für solch verzwickte Überlegungen eine simple und griffige Erklärung: Ich war einfach zur falschen Zeit am falschen Ort. Das ist genauso richtig wie oberflächlich. Aber wie erklärt man diesen ganzen Vorgang?

Ich habe mir in den Jahren nach Erscheinen des Buches immer Zeit für die Menschen genommen, die bei mir anklopften. Wenn ich merkte, dass ehrliches Interesse hinter ihren Fragen stand, war mir kein Weg zu weit und keine Stunde zu schade, um über alles zu reden.

In Rostock hat zum Beispiel mal eine Klasse aus dem Innerstädtischen Gymnasium Szenen aus meinem Buch nachgespielt. Vorher fand an der Uni ein Seminar über die Aufarbeitung des Unrechts unter dem SED-Regime statt, und nach der Aufführung in der Aula, in die ich mit verbundenen Augen geführt worden war, beantwortete ich Fragen.

Als ich sah, wie ernsthaft sich die jungen Menschen diesem Thema näherten, wusste ich, warum ich so manche Strapaze auf mich nahm. Sie hatten genau begriffen, worum es ging: nicht nur um ein paar Fakten, die schlimmer oder weniger schlimm sein können, sondern um die Gefühle dahinter. Wie ist es, wenn man Angst hat? Was ist Hilflosigkeit? Wie fühlt sich absolutes Alleinsein an?

Verdammte Tränen

Manchmal denke ich, inzwischen müsste ich mein Buch doch langsam auswendig kennen. Schließlich war es mir doch als junges Mädchen so leichtgefallen, Rollen zu lernen. Aber ich kann es nicht auswendig. Jedes Mal kommen die Gefühle wieder hoch und mit ihnen oft auch die Tränen. Es ist dann so, als würde ich alles noch einmal durchmachen. Die Gegenwart versinkt, und die Vergangenheit steigt auf. Viele erleben das im Traum. Bei mir spielt sich dieser Traum vor meinen Lesern im Rampenlicht ab. Es ist wie eine eiserne Faust, der ich nicht entrinnen kann.

Wenn mir dann wieder graues Wetter eine trübe Stimmung beschert, denke ich manchmal, es war ein Fehler, meine Erinnerungen aufzuschreiben. Eigentlich sollte es ja auch nur ein Bericht für meine Kinder werden. Ein rotes Bändchen drum herum, dachte ich, und dann im Schrank versenken – irgendwann würden sie es lesen. Dann kam eine Journalistin von der »Frankfurter Rundschau«, und meine Geschichte war »in der Welt«. Anschließend drängte mich meine damalige Schreibhilfe, doch als Zeitzeugin aufzutreten.

Dass ich damit von meinem ursprünglichen Plan abrückte, ahnte ich damals nicht. Ich hatte mich entschlossen, über mein Leben zu reden, und das tat ich dann auch. Dass ich in dieser neuen Rolle auch viel von meinem Innersten preisgeben, einen großen Teil meiner Gefühle öffentlich machen muss, wusste ich nicht. Dennoch war es die richtige Entscheidung, diesen Schritt zu gehen. Ich habe immer gespürt, dass ich über die Vergangenheit reden muss. Es war wie ein Schwelbrand in mir, der immer wieder aufflackerte.

Schon lange bevor ich mit dem Schreiben begann, hatte ich das Gespräch mit den Kameradinnen und Kameraden aus der Haft gesucht. Die Öffentlichkeit wollte von den vermeintlich alten Geschichten nichts wissen. Es ging voran, der Wohlstand wuchs, warum sollte man sich da an schlechte Zeiten erinnern?

In unserem kleinen Kreis verstanden wir uns oft ohne viele Worte. Wir hatten ja alle die gleichen Erfahrungen machen müssen. Es ging uns auch nicht darum, immer wieder in der Vergangenheit herumzurühren, sondern wir wollten sie gemeinsam überwinden und den Weg zurück ins Leben gehen.

Mir passierte es oft, dass ich nicht genügend Geld hatte, um zu den Treffen zu fahren. Ich habe dann, ohne viel nachzudenken, die eine oder andere Nachtschicht zusätzlich übernommen und den Verdienst beiseitegelegt. Es war einfach das Bedürfnis da, mit den Gleichgesinnten beisammen zu sein. Dort fühlte ich mich verstanden und aufgehoben. Wenn wir zusammenkamen – auch bei Theaterbesuchen oder Ausflügen, die wir gemeinsam unternahmen –, lebten wir unsere »Normalität«, das Wissen um die Hafterfahrung, die uns alle geprägt hatte und über die wir zu Hause nicht reden konnten.

Als ich dann »Die Schleife an Stalins Bart« schrieb, sackte ich zunächst in die Vergangenheit zurück. Über zwei Jahre rief ich mir immer wieder die Erinnerungen ins Gedächtnis: Wie war es hier? Was habe ich dort erlebt? Was habe ich damals gedacht? Und später kam noch etwas anderes hinzu: Viele Dinge über die Russen und ihre Lager in der Ostzone erfuhr ich erst in den Diskussionen nach dem Erscheinen meines Buches. So hatte ich zum Beispiel keine Ahnung, wie viele Menschen von solchen Unterdrückungsmaßnahmen betroffen waren. Ich wusste auch nicht, dass sie jeder Dritte nicht überlebt hatte und dass ausgerechnet ich zu dem Rest gehörte, der dann auch noch in DDR-Gefängnissen weiter gefangen gehalten wurde und sie überlebte. Dabei dachte ich nicht immer nur an mich, sondern auch an die Kameradinnen und Kameraden, die eine Familie zu Hause hatten und sich Sorgen um ihre Kinder machten. Ich war ja so jung und hatte das ganze Leben noch vor mir – da wiegen selbst versäumte und gestohlene Jahre nicht so schwer.

Zuerst machte ich mir überhaupt keine Gedanken darüber, weshalb es gerade mich getroffen hatte. Noch im Gefängnis brauchte ich ewig, um überhaupt zu begreifen, dass es die Russen ernst meinten. Ich hatte ja nichts getan, und ich glaubte, sie müssten doch irgendwann endlich kapieren, dass meine Schleife an Stalins Bart nur ein unbedachter Scherz gewesen war. Aber die Russen sahen das ganz anders. Sie verstanden unsere Haft als Bestrafung derjenigen, die für den Krieg und seine Millionen Opfer verantwortlich waren. Das habe ich nicht begriffen, denn was sollte ich als Kind zum Krieg beigetragen haben?

Auch den Kameradinnen im Gefängnis blieb es ein Rätsel, warum sie dieses Schicksal getroffen hatte. Sie machten sich ihren eigenen Reim darauf: Nach solch schrecklichen Ereignissen, wie sie der Krieg gebracht hatte, gibt es immer irgendeine Gruppe von Menschen, die dafür büßen muss. Diese Gruppe sind nun mal wir, sagten sie, wir haben eben einfach Pech gehabt, und nach Pech kommt auch wieder Glück. Vielleicht half uns diese Haltung damals, zu überleben.

Inzwischen ist mir klar: Das »Pech« hätte mich auch nach Sibirien führen können oder sogar in den Tod. Diese Erkenntnis lässt bis heute Angst in mir aufsteigen.

Und es gibt in diesem Zusammenhang noch einen weiteren Gedanken: Wenn es so war, wie ich es heute sehe, dann haben sich all jene, die uns damals so quälten, im Recht gefühlt. Ich habe zum Beispiel nie verstanden, woher der Hass kam, den uns die DDR-Polizisten entgegenbrachten, als sie die Gefängnisse übernommen hatten. Heute ist mir klar: Wir waren für sie Verbrecher, die sie im Auftrag der Russen zu bewachen hatten. Die »Freunde« hatten uns sicher schon gerecht verurteilt, da schickte es sich nicht, überhaupt nachzufragen. Nicht einmal Gedanken haben sie sich darüber gemacht – und viele tun das bis heute nicht. Deshalb lassen diese Leute nicht mit sich reden und schlagen ihre Türen vor den Opfern zu.

Wenn ich daran denke, kommen mir schon wieder die Tränen, aber diesmal vor Wut. Auf Seiten meiner Kameradinnen und Kameraden verspüre ich inzwischen eine Art von Resignation. Viele wollen über die Vergangenheit nicht mehr reden, andere können es nicht mehr. Für mich bedeutet das immer nur eines: weitermachen!

Nicht ahnen konnte ich dabei, dass mich das alles so viel Kraft kosten würde, psychische, aber auch physische. Ich habe meinem Körper allerhand zugemutet, und er hat mir ja auch hin und wieder die rote Karte gezeigt.

Andererseits weiß ich inzwischen, dass ich es tun musste. Darin bestärkte mich auch meine Psychologin, Frau Dr. Legler.

Ihre Bekanntschaft verdanke ich einer kritischen Situation. Kurz nach dem Erscheinen meines Buches »Die Schleife an Stalins Bart« und den ersten Lesungen bekam ich einen Nervenzusammenbruch. Im Krankenhaus Hamburg-Eppendorf geriet ich dann in die medizinische Mühle. Blutanalyse, Untersuchungen, Maschinen – mir passte das alles nicht, auch wenn es aus der Sicht der Ärzte sicher nötig war. Aber ich hätte mir eher ein paar einfühlsame Gespräche gewünscht.

Meine Söhne und meine Tochter sorgten dann dafür, dass ich ins Bernhard-Nocht-Institut kam. Inzwischen gab es einen Verdacht auf Gehirnhautentzündung, und ich wurde auf die Isolierstation verlegt. Dort fühlte ich mich fast wieder so wie früher im Gefängnis. Ich konnte nichts essen, kam mir von aller Welt verlassen vor. Zum Glück gab es eine liebe Krankenschwester. Sie machte mich dann mit Frau Legler bekannt, die eigentlich Aids-Kranke betreute. Aber sie las mein Buch und war davon so beeindruckt, dass sie mir kostenlose Therapiesitzungen anbot.

Ich nahm das Angebot gern an, denn mit der Therapie war es wieder das alte Lied: Die Krankenkasse tat sich schwer, meine angegriffenen Nerven als Langzeitfolge der Haft anzuerkennen. Also wurde psychologische Behandlung nicht bezahlt.

Viel wichtiger für mich war jedoch, dass ich mich mit Frau Legler gut verstand. Es ist nicht so einfach, die richtige Person zu finden, wenn man psychologischen Beistand braucht, einen Menschen, dem man vertraut und der einen versteht. Von einigen Kameradinnen und Kameraden weiß ich, welche Odyssee mit solch einer Suche verbunden sein kann, und auch, dass sie oft in Resignation endet. Deshalb bin ich sehr froh, dass sich zwischen der Psychologin und mir im Laufe der Jahre ein freundschaftliches Verhältnis entwickelt hat, denn Rat und Hilfe brauche ich bis heute.

Vor allem ihre offene und ehrliche Art hat mir sehr geholfen. Sie erweckte nie den Anschein, wir könnten den ganzen Schmerz, der in mir steckt, in ein paar Therapiesitzungen aus mir herauspusten. Die Erlebnisse wird man nie wieder los. Aber wenn man mit jemandem darüber sprechen kann, verändert sich ganz allmählich der Blick darauf.

Diese Erfahrung konnte ich selbst über die Jahre machen. Ein Beispiel: Zum Schlimmsten, was ich damals im Gefängnis erlebt habe, gehörten die vielen hilflosen Stunden zwischen den beiden Seiten der Doppeltür in Torgau. Zuerst dachte ich, ich könnte gegen dieses Erlebnis eine Mauer des Vergessens errichten. Aber das Gehirn gehorcht nicht, wenn man ihm verbietet, an bestimmte Dinge zu denken. Es hält eine Weile Ruhe, aber dann ist alles wieder da: die trostlose Dunkelheit, das Gefühl, zu ersticken. Als ich merkte, dass es so nicht ging, habe ich versucht, wenigstens die Erinnerung zu verdrängen. Aber auch das funktioniert nicht. Spätestens im Schlaf kriechen die Albträume regelmäßig wieder aus dem Unterbewusstsein hoch und krallen sich im Körper fest. Zu einem Fortschritt kam es erst, als wir darüber redeten. Immer wieder. So lernte ich nach und nach, das Geschehene anzunehmen. Heute weiß ich, dass ich diese Erinnerungen mit ins Grab nehmen werde. Aber ich habe gelernt, sie als Teil meines Lebens zu akzeptieren.

In solchen Gesprächen ist es besonders wichtig, ernst genommen zu werden. Mitleid oder übertriebene Anteilnahme schaden nur, auch wenn sie gut gemeint sind. Viele Menschen haben das Bedürfnis, anderen zu helfen, weil sie selbst Schreckliches erlebt haben. Manchmal ist es der Verlust des Partners oder der Kinder, manchmal eine Krankheit, die sie wie ein Blitz aus heiterem Himmel getroffen hat. Obwohl ihre Zuwendung bester Absicht entspringt, sind solche Menschen als Helfer nicht sehr gut geeignet. Die Gefahr, alles nur noch viel schlimmer zu machen, besteht natürlich auch bei den Treffen mit den früheren Kameradinnen und Kameraden. Aber auch viele von ihnen haben die Erfahrung gemacht, dass es nicht hilft, ewig seine Wunden zu lecken. Darüber bin ich sehr froh.

Die körperlichen Schmerzen, die ich erfahren habe, drängen sich ganz anders in die Erinnerung als die seelischen Verwundungen. Wenn ich daran denke, wie mir ohne Betäubung mein vereiterter Blinddarm operiert wurde, spüre ich nicht sofort das Messer im Bauch. Sehe ich aber einen weißen Arztkittel oder sitze ich auf einem Zahnarztstuhl, tauche ich sofort wieder in diese furchtbare Situation ein. Mein Körper hat die Schmerzen nicht vergessen.

Auch hier hilft nur, immer und immer wieder darüber zu reden. Es war ein Teil meines Lebens, und das wird es auch bleiben. Darüber muss man sich erst einmal im Klaren sein. Erst dann kann ich überlegen, wie ich damit umgehe. Natürlich weiß ich seit langem, dass sich all diese Erlebnisse nicht wiederholen werden. Aber es ist so, als ob man das im Innersten nicht glauben möchte. Die Unsicherheit im Unterbewusstsein, die unterschwelligen Ängste, die Erinnerungen – all das lässt sich nur mit Reden und immer wieder Reden bewältigen. Die Psychotherapie kann dabei helfen. Ich hatte das große Glück, dass meine Probleme mit emotionaler Wärme aufgenommen wurden. Das ist die Voraussetzung dafür, im Innern selbst mit all den Dingen klarzukommen. Erst wenn man seine dunklen Gefühlsanteile annehmen kann, öffnet sich ganz langsam die Tür nach draußen. Insofern war die Psychotherapie für mich eine große Hilfe. Dafür haben sich auch die vielen Tränen gelohnt.

Doch es gibt etwas, das mich bis heute umtreibt. Ich hatte gedacht, dass ich meine Geschichte einmal abschließen könnte, wenn ich sie denn nur oft genug erzählt habe. Inzwischen glaube ich, das ist ein Irrtum.

Mir ist das besonders an den Jugendlichen und ihren Fragen aufgefallen. Sie scheinen mir heute ganz anders zu sein als noch vor sechs, sieben Jahren. Ging es damals darum, den trockenen Stoff im Geschichtsbuch ein wenig lebendig zu machen, steht heute eher die menschliche Seite im Vordergrund. Die jungen Leute interessieren sich dafür, was vor dem Mauerfall gewesen ist. Was sie darüber erfahren, ist oft sehr schöngefärbt. Da kann man im Fernsehen sehen, wie lustig es im Pionierlager war oder wie gern die westlichen Schlagerstars im Friedrichstadtpalast oder sogar im Palast der Republik auftraten. Dass dort aber auch gezielt die militärische Erziehung der Kinder betrieben wurde und die Karten für Udo Jürgens oder Roland Kaiser für normale DDR-Bürger oft unerreichbar blieben, wird verschwiegen.

Nach meinem Eindruck haben sich inzwischen auch die Erinnerungen in den Familien vergoldet. Das ist ein ganz normaler Prozess: Das Schöne hat bessere Chancen, im Gedächtnis zu bleiben. Aber diese aufpolierte Version geben viele Eltern dann auch an ihre Kinder weiter – falls sie überhaupt von früher erzählen. In meinen Gesprächen mit den Jugendlichen zeigt sich zum einen, dass es da große Defizite gibt. Viele Eltern, gerade im Osten, sind durch die Einheit beruflich aus der Bahn geworfen worden. Oft vermeiden sie es, mit ihren Kindern über die Vergangenheit zu reden. Zum anderen heben sie manches in den Himmel, was ihnen zu DDR-Zeiten die Luft abschnürte. Beispiel: In der DDR war alles sicher, da brauchte niemand um seine Handtasche zu fürchten. Klar, stimmt. Aber es hatte seinen Preis: Das Land war eingemauert, und niemand durfte sich frei durch die Welt bewegen. Und im Inneren sorgten Polizei und Stasi für Friedhofsruhe. Ich habe es doch in der Zeit der Haft erlebt, dass Leute für das Erzählen eines Witzes jahrelang ins Gefängnis wanderten.

Danach fragen mich inzwischen viele Jugendliche bei den Lesungen. Das war vor ein paar Jahren noch nicht so. Inzwischen sind die Gespräche viel intensiver. Die Fragen, vor allem die der jungen Leute, dringen tiefer.

Viele von ihnen, besonders Mädchen, denken auch darüber nach, wie es für sie gewesen wäre, an meiner Stelle zu sein. Sie fragen mich ganz konkret nach Einzelheiten, die gerade in ihrer Lebensphase, der Pubertät, von großer Bedeutung sind, und wollen wissen, wie es mir damals ergangen ist. Ich freue mich über solche Fragen, zeigen sie doch, wie gründlich sich die Jugendlichen Gedanken über die Zeit vor der zweiten Stunde null in Deutschland machen.

Wenn ich an meine eigenen Erfahrungen aus den Jahren nach meiner Freilassung denke – ich war ja damals auch noch ein unerfahrenes Mädchen –, dann wird mir klar, wie viel sich seitdem verändert hat. Damals waren die Leute mit sich selbst beschäftigt. Sie trugen die Schrecken des Krieges und die Niederlage der Nazi-Diktatur in sich und waren – jeder für sich – ein Teil dieses Zusammenbruchs. Das ließ die Menschen im Westen schweigen. Im Osten machte es sie sogar so schwach, dass sie ohne Widerstand gleich in die nächste Diktatur rutschten. Unter beidem litt ich persönlich. In einem Teil Deutschlands war ich eingesperrt, im anderen wollte davon fast keiner etwas wissen.

Zum Glück hat sich das inzwischen grundlegend geändert. Und die Einheit trug dazu bei, auch die Ost-West-Unterschiede verblassen zu lassen. Wer heute vierzehn oder fünfzehn ist, kennt die dunklen Schatten der Vergangenheit nur noch vom Hörensagen. Das ist eine simple Wahrheit, aber ich denke oft, dass gerade wir Älteren sie uns immer wieder ins Gedächtnis rufen müssen. Freiheit ist für junge Leute heute ein selbstverständliches Gut geworden. Kaum jemand schätzt sie noch besonders, und erst wenn ich erzähle, wie es ist, in Unfreiheit leben zu müssen, setzt das Nachdenken ein. Sehr oft zeigt sich inzwischen, dass es in vielen Familien dunkle Erinnerungen an erlittenes Unrecht gibt, und nach meinem Eindruck wird darüber heute mehr gesprochen als noch vor ein paar Jahren. Vielleicht habe ich ja ein ganz klein wenig dazu beigetragen – dann hätten sich für mich all die dabei vergossenen Tränen gelohnt.

Meine Seele fährt Achterbahn

Der Campingplatz Großenbrode ist für mich einer der schönsten Orte der Welt. Wenn ich dort bin, versuche ich, jede freie Minute an der frischen Luft zu verbringen. Mir gefällt es, übers Jahr verteilt vier oder sogar fünf Monate bei meinen Freunden an der Ostsee zu leben.

Manchmal fühle ich mich wie eine Aussteigerin in meinem Wohnwagen. Er ist sehr gemütlich und hat eine große und eine kleine Schlaffläche. Die kleine, das ist das sogenannte Kinderzimmer. Die Liegefläche ist fünfundsechzig Zentimeter breit und ein Meter siebzig lang. Es gibt aber zwei Fenster und eine Dachluke. Dieser Alkoven ist mein Lieblingsort.

Ich bin viel allein, und dann schlafe ich darin. Am Morgen öffne ich die Tür, strecke und recke mich und freue mich, dass die Sonne scheint. Und dann sage ich zu mir: »Wie schön, ich bin frei!«

Ich hielt das immer für ein ganz harmloses Vergnügen. Bis ich eines Tages der Psychologin davon erzählte – einfach so, ganz nebenbei.

Sie erschak furchtbar. Für die Frau vom Fach war meine unbewusste Suche nach einer kleinen Höhle, in der ich mich vor der Welt verstecken konnte, ein Beleg dafür, wie tief das in der Haft Erlebte noch in mir saß.

Auf die Idee wäre ich allein nie gekommen. Im Gefängnis waren die Pritschen nur fünfundvierzig Zentimeter breit gewesen, im Camper hatte ich immerhin fünfundsechzig Zentimeter Platz.

»Ihnen steht mehr Raum zu«, widersprach Frau Dr. Legler entschieden, »und den müssen Sie sich auch nehmen!« Sie bat mich, künftig auf der großen Liegefläche zu schlafen. Ich habe es versucht. Aber ich ertappte mich immer wieder dabei, wie ich in mein Fluchtloch schlüpfte.

Ich glaube, das hat damit zu tun, dass mir aufgrund der Gefangenschaft im wahrsten Sinne des Wortes ein Stück Leben fehlt. Ich war gerade fünfzehn geworden, als ich hinter Gitter wanderte, und erst mit vierundzwanzig kam ich wieder frei. Diese Jahre der Entwicklung fehlten mir. Für ein junges Mädchen sind sie allein schon wegen der Pubertät wichtig. Ich war da stets ganz auf mich allein gestellt – von den wenigen möglichen Hilfen der Kameradinnen im Gefängnis einmal abgesehen –, und damit versuchte ich zurechtzukommen, indem ich die Probleme tief in meinem Innersten vergrub. Ich hatte niemanden, der mir sagen konnte, ob etwas richtig oder falsch war. Es war einfach so – und gut.

Oder schlecht. Denn damit habe ich natürlich auch meine Mutter überfordert, als ich dann endlich wieder bei ihr war. Ich stand als frisch verheiratete vierundzwanzigjährige junge Frau vor ihr, hatte aber im Grunde erst die geistige Reife eines fünfzehnjährigen Mädchens, das keine Ahnung hatte, was es mit »ehelichen Pflichten« und Geschlechtsverkehr auf sich hat. Unbewusst erwartete ich von ihr, dass sie mir die verlorene Zeit zurückgeben würde. Oder zumindest, dass wir sie gemeinsam nachholen könnten. Das ging nicht, weil es nicht gehen konnte. Für mich war das Erkennen dieser Tatsache ein sehr schmerzhafter Prozess. Wer gibt schon gern zu, dass er geistig zurückgeblieben ist!

Heute weiß ich: Gefangenschaft ist sehr viel mehr als die vordergründige Beschneidung der Freiheit. Durch sie wurde meine persönliche Entwicklung unterbrochen; ich wurde vom Geschehen »da draußen« abgeschnitten. Das führte dazu, dass ich nach der Entlassung aus der Haft ein Gefängnis in mir trug. Meine alte Kleidung, die aus der Mottenkiste zu stammen schien, meine Überraschung über die veränderten Lebensverhältnisse, ja sogar meine Frisur – ich bestand damals auf der in den Jahren meiner Abwesenheit vom gesellschaftlichen Leben ganz und gar aus der Mode gekommenen Kaltwelle, weil ich nichts anderes kannte – waren nur ein äußeres Zeichen dafür. Viel schlimmer war und ist, dass ich einen ganzen Entwicklungsabschnitt verpasst hatte.

So blieb es mir verwehrt, in eine natürliche Haltung zur Sexualität hineinzuwachsen. Junge Mädchen fangen irgendwann an, sich sorgfältiger zu kämmen, sich vor dem Spiegel zu drehen und mit einem Augenaufschlag ihre Wirkung auf das andere Geschlecht zu erproben. Doch was geschieht, wenn nicht nur Begegnungen mit Männern fehlen, sondern auch die Haare stumpf und strohig sind und der ganze Körper in ein paar Lumpen steckt, weil man gerade im Gefängnis ist? Dazu kommt dann dieser schreckliche Schmutz, der einem regelrecht in den Körper zu kriechen scheint. Und der Gestank. Der eigene Gestank!

Das sind Erfahrungen, die man nicht ungeschehen machen kann. Sie begleiten mich bis ans Ende meiner Tage und sind die Wurzeln für all das, was mir dieses Leben immer wieder schwergemacht hat.

Trotzdem habe ich im Laufe der vielen Jahre eines gelernt: Hass allein reicht nicht aus, um das erlittene Unrecht in Rauch aufzulösen. Oft träumte ich davon, wie schön es wäre, Rache zu nehmen. Und dabei erschienen ganz bestimmte Gesichter vor meinem inneren Auge. Die Phantasie ist in solchen Fällen sehr einfallsreich: Eines dieser keifenden Ungeheuer ganz, ganz langsam an einem schön biegsamen Baum aufhängen oder auch nur mit einem Kübel Scheiße übergießen – das wäre eine Genugtuung!

Ich brauchte Jahrzehnte, um diesen fundamentalen Irrtum zu begreifen. Nicht wir in Gefangenschaft, sondern all jene, die uns gequält und erniedrigt haben, waren doch die Bestien, die ihre vielleicht früher einmal vorhandene Menschlichkeit irgendwo abgelegt hatten. Weshalb hätten wir uns also so wie sie verhalten sollen? Diese Leute aus seinen Gedanken zu verbannen, reicht völlig aus. Sollen doch solche verkrüppelten Seelen in ihrem Sumpf von Unterdrückung und vermeintlicher Macht leben – *mein* Leben ist das nicht.

Doch so klar wurde mir das erst, nachdem ich »Die Schleife an Stalins Bart« geschrieben hatte. Heute bin ich froh, dass mein Bauchgefühl mich über Jahrzehnte vor unbedachter Rache geschützt hat. Erst jetzt erkenne ich Schritt für Schritt, was damals und auch in den Jahren danach – äußerlich in Freiheit, aber innerlich immer noch gefangen – mit mir geschehen ist.

Die unbewussten Angewohnheiten aus der Gefangenschaft werden mich bis zu meinem Lebensende daran erinnern. Dass meine Vorliebe für den Alkoven im Campingwagen mit meinen traumatischen Erlebnissen in der Zeit der Gefangenschaft zusammenhing, wäre mir nicht einmal im Traum eingefallen. Ich fand es einfach gemütlicher in der Nische. Das war alles.

In anderen Situationen überfällt mich meine »Knastmauke« bis heute aus dem Hinterhalt: Bei meinem ersten Besuch in Hoheneck – ich habe davon erzählt – traute ich mich ganz automatisch nicht, allein die Toilette zu verlassen. Ich war daran gewöhnt, hingebracht und abgeholt zu werden – das saß mir auch über vierzig Jahre später noch in den Knochen.

Über solche Geschichten zu lachen fällt mir bis heute schwer.

Auch andere Dinge sind einfach da, ohne dass ich sie mir erklären kann. Zum Beispiel meine inneren Widerstände, wenn es darum geht, Freundschaften zu schließen.

Ich brauche immer sehr, sehr lange, bevor ich das Gefühl habe, mit jemandem befreundet zu sein. Bei Rita aus Karlsruhe dauerte es fast zwanzig Jahre. Sie hatte so viel für mich getan, als ich krank war, stand mir immer zur Seite, wenn ich sie brauchte. Aber als sie eines Tages – da kannten wir uns schon weit über zehn Jahre – zu mir sagte: »Aber Erika, wir sind doch Freundinnen«, wies ich das erst einmal entrüstet zurück.

Zwischen richtigen Freunden und guten Bekannten mache ich bis heute einen Unterschied. Eine wirkliche Freundin springt ohne Wenn und Aber ein, wenn ich sie brauche. Einen Bekannten würde ich nicht um Hilfe bitten, wenn die Seele Achterbahn fährt. Eine Freundschaft entwickelt sich bei mir über lange Jahre. Da bin ich dann bereit, alles von mir zu geben. Aber ich erwarte auch, dass nicht nur genommen wird. Die meisten meiner Freundinnen und Freunde stammen noch aus der Schulzeit oder zumindest aus meiner Heimatstadt Mühlhausen.

Aber eine gute Freundin begegnete mir 1954 kurz nach meiner Ankunft in Hamburg: Rose. Ihre und meine Mutter hatten sich während einer gemeinsamen Kur des Müttergenesungswerks kennengelernt. Rose war damals siebzehn und Auszubildende in der Textilbranche. Sie kleidete sich sehr modisch, schließlich saß sie an der Quelle. Das beeindruckte mich sehr. Sie hatte schon vor meiner Entlassung von meiner Mutter erfahren, dass ich im Gefängnis saß. Doch es dauerte zehn Jahre, ehe ich ihr selbst von meinem Schicksal erzählte. Das geschah nach einem Unfall, den sie an einem eisigen Wintertag erlitten hatte, an dem wir verabredet waren. Sie konnte nicht laufen, und niemand nahm sie mit, bis sie schließlich vollkommen durchgefroren doch noch bei mir auftauchte. Wir krochen gemeinsam unter die Bettdecke, um uns gegenseitig zu wärmen. »So haben wir es damals auch immer im

Gefängnis gemacht«, erklärte ich und erschrak ein wenig, denn es war das erste Mal, dass ich in ihrer Gegenwart von meiner Haftzeit sprach. Sie schien meine Unsicherheit zu spüren, berührte mich sanft und sagte: »Das ist für mich ja kein Geheimnis, und wenn du darüber sprechen willst – nur zu!« Da gab es kein Halten mehr, und so erfuhr sie nach und nach meine Geschichte im Detail.

Rose war es auch, die mir riet, alles aufzuschreiben. Ich hatte das in den siebziger Jahren schon einmal versucht, war aber schon bald wieder davon abgekommen. Ich hatte nur wenig Zeit, und die Arbeit ging vor. Als Rose später das »Schleife«-Manuskript las, war sie sehr erschüttert, denn da standen viele Erlebnisse und Eindrücke drin, die ich vorher nicht hatte erzählen können.

Rose war auch die Patentante meines Sohnes Frank. Oft erfuhr ich nur über sie, wie es meinem Jungen ging, denn seine Stiefmutter unterband jeden Kontakt. Für ihr Bestreben, mich auf dem Laufenden zu halten, bin ich meiner Freundin bis heute dankbar.

Solche guten Freundschaften sind selten. Doch es gibt ja auch noch die vielen Kameraden, mit denen ich in der Haft gesessen habe oder die ich später aus diesem Umfeld kennenlernte. Die gemeinsamen Erfahrungen, die uns verbinden, sind allerdings keine Garantie, dass es nicht auch einmal zu Meinungsverschiedenheiten kommt, manchmal sogar zu Streit, zum Beispiel über bereits erreichten Wohlstand. Mir tut das weh, denn eigentlich müssten wir doch gemeinsam dafür sorgen, dass dieser Teil der Geschichte nicht völlig in Vergessenheit gerät.

Inzwischen stehen Freunde und Kameraden vor einem gemeinsamen Problem: Immer mehr von ihnen sterben – ich spüre dadurch im Alter noch einmal deutlich, was es heißt, immer die Jüngste gewesen zu sein. Und neue Freunde und Kameraden kommen nicht mehr dazu.

Glücklicherweise kann ich diese Verluste durch meine vielen

Bekannten ausgleichen. Ich brauche diese Kontakte bei meinen seelischen Achterbahnfahrten. Sie erhalten mich am Leben. Natürlich weiß ich, dass man auch Bekanntschaften pflegen muss. Ich tue es, so gut ich kann. Aber ich erwarte auch ein bisschen Verständnis für meine Macken.

Zum Beispiel lössen Menschen, die sich über längere Zeit um mich bemühen, in mir das Gefühl aus, dass sie mir zu nahe kommen. Meist stoße ich sie dann irgendwie vor den Kopf. Ich beleidige den Betreffenden, ohne es zu merken oder zumindest ohne es mir einzugestehen. Dann ärgere ich mich gleichzeitig darüber, tue aber auch nichts, um die Situation zu klären. Es ist wie bei einer Schnecke: Tupft man ihr auf die Hörner, zieht sie sich in ihr Haus zurück.

Da sitze ich dann und bin unglücklich. Mir liegt nämlich an echten Freundschaften viel mehr als an diesen psychischen Schleuderpartien. Da könnte ich alles geben, aber ich erwarte auch sehr viel.

Dieser innere Schutzwall muss in der Gefangenschaft entstanden sein, und inzwischen fühle ich mich zu alt, um ihn zu beseitigen.

Zum Glück hat sich Rita damals nicht abschrecken lassen. Und auch meine kleinen Konflikte mit Rose sind vergessen. Längst sind wir uns darüber einig, dass wir uns mit Fug und Recht Freundinnen nennen.

Seine Freunde kann man sich eben aussuchen. Die Familie nicht. Und so ist es nicht selbstverständlich, dass man dort Liebe und Freundschaft erlebt.

Die Grabes

Mutters Liebe und Mutterliebe

Mutters Liebe habe ich bis ins Alter genossen. Wir waren ein Herz und eine Seele. Mit der Mutterliebe hatte sie aber manchmal Probleme. Es fiel ihr nicht immer leicht, sie zu zeigen. Jedenfalls trug sie sie nicht wie eine Fahne vor sich her.

Mutter war weich und gleichzeitig auch hart. Das scheint ein Widerspruch zu sein. Doch wie hätte sie es anders ertragen können, an mich zu denken und nicht zu wissen, wo ich bin – ob ich überhaupt noch lebe?

Nachdem mich die Russen 1945 verhaftet hatten, hörte meine Mutter fünf Jahre lang nichts von mir. Ich war für sie von der Bildfläche verschwunden. Dennoch verlor sie niemals die Zuversicht, ihre Älteste wiederzusehen.

Wie es denen erging, die durch solche Willkür oft über lange Zeit, manchmal für immer einen ihnen nahestehenden Menschen verloren, ist ein Thema, das heute viel zu wenig Beachtung findet. Die Opfer von damals erzählen inzwischen ihr Schicksal, man redet mit ihnen und schreibt über sie. Doch niemand denkt an die Angehörigen.

Was mag eine Mutter empfinden, deren Kind plötzlich verschwunden ist? Wie mag es für eine Frau gewesen sein, deren Mann »abgeholt« wurde, ohne dass sie je wieder ein Lebenszeichen von ihm erhielt? Wie fühlt es sich an, wenn die Hoffnung stirbt? Zerplatzt sie mit einem Knall, zerbröselt sie wie trockener

Keks oder zerschleißt sie wie der Stoff einer alten Hose? Zerreibt sie sich am Alltag, schmilzt sie wie Eis in der Sonne oder wird sie von Fremden zertreten wie ein lästiger Käfer?

Mutter konnte mir diese Fragen nie beantworten, denn sie hat die Hoffnung nie aufgegeben. Sie setzte einfach ihren Glauben an das Gute gegen die zehrende Ungewissheit, so wie immer im Leben, wenn es mal schwierig wurde.

Mutter machte darüber keine großen Worte. In Mühlhausen wurde sie von Russen vergewaltigt. Sie schwieg darüber. Es waren doch so viele Frauen, denen damals das Gleiche widerfuhr. Das stille Erdulden der Vergewaltigung gehörte für sie zu dem Schutz, den sie uns Kindern angedeihen ließ. Nicht nur, dass wir Abend für Abend versteckt wurden, auch das Schweigen über die Demütigung und Erniedrigung durch die fremden Männer war Teil des Schutzwalls, den sie um uns baute. Wer seinen Rachedurst gestillt hat, verliert zumindest für eine Weile seine Aggressivität – das war die einfache Gleichung meiner Mutter.

Stattdessen wurden die eher harmlosen Geschichten erzählt. Als die Rotarmisten unser Haus besetzt hatten und wir einen großen Teil unserer Wohnung abgeben mussten, traf ein Soldat wohl dort zum ersten Mal in seinem Leben auf ein Wasserklosett. Er legte sorgsam seine Butter und ein paar Eier in die blitzweiße Schüssel. Vielleicht dachte er, das Wasser sei zur Kühlung der verderblichen Lebensmittel in dem Becken. Als er dann zog, war natürlich alles verschwunden, und prompt wanderte Mutter wegen »Sapertash« für zwei Tage ins Russengefängnis am Mühlhäuser Untermarkt.

Die schlechten Erfahrungen hinderten sie nicht daran, weiter für russische Frauen zu nähen. Als Bezahlung gab es nämlich Lebensmittel, und die waren rar. Selbstverständlich habe auch ich mit meinen vierzehn Jahren zum Unterhalt der Familie beigetragen, so gut es ging. Mit Schulfreunden bin ich auf die Dörfer ringsum hamstern gefahren. Einmal hatten wir ganz besonderes Glück: In einem ehemaligen Gefangenenlager fanden wir Rasierklingen und Seife. Das galt auf dem Schwarzen Markt als harte Währung.

Der Hauptteil aller Arbeit lastete jedoch auf Mutters Schultern. Vater war ja noch vermisst.

Mutter fuhr meist in den Westen zum Hamstern. Bei Treffurt im Werratal ging es über die grüne Grenze und dann Richtung Eschwege. Da gab es allerhand zu holen, einmal sogar Fisch aus Hamburg. Mutter transportierte ihn in ihrer Kapuze. Prompt griffen die russischen Grenzposten sie und die anderen heimkehrenden Schwarzmarktbesucher an der Demarkationslinie auf. Das Gitter des kleinen Verschlags in der Wand, in das sie eingesperrt wurden, war nicht allzu eng, und Mutter sagte im Beisein der Russen: »Da komme ich allemal durch!« Sie war damals noch sehr gelenkig. Mit ihren beiden Brüdern – eigentlich ein Boxer und ein Ringer – hatte sie schon vor dem Krieg Erfahrungen am Trapez gesammelt.

Es dauerte nicht lange, da hatte sie sich wie eine Schlange durch das Gitter gewunden. Die Russen staunten Bauklötze. Sie haben ein Faible für alles, was mit dem Zirkus zusammenhängt, und besonders für Artisten. Das kam Mutter zugute. Ihre Strafe beschränkte sich darauf, die ganze Baracke mit dem Wasser aus einer Fischtonne wischen zu müssen. Die Hamsterware wurde natürlich beschlagnahmt.

Solch kleine Katastrophen gehörten bei uns in den Nachkriegsjahren zum Alltag. Traten sie ein, war es Mutter, die dafür sorgte, dass sich alles zum Guten wendete. Eines Tages hatten die Russen meinen damals dreijährigen Bruder Martin mitgenommen. Einfach nur so, vielleicht wegen seiner hübschen blonden Haare. Leute sagten, sie hätten ihn in einem Panjewagen auf der Straße Richtung Gotha gesehen. Bei der dortigen Rote-Kreuz-Stelle erfuhren wir, dass ein Russe einen kleinen, blonden Jungen mit Trillerpfeife auf dem Bahnsteig abgesetzt habe. »Eine Frau hat ihn mitgenommen«, erzählte die Schwester, »und die war gerade hier, um Milch für ihn zu holen.« Das war die richtige Spur, und endlich konnten wir Martin in unsere Arme schließen. Damit war die Welt wieder im Lot, und es wurde nicht mehr darüber geredet.

Mutter war auch eine sehr praktische Frau. Als in Mühlhausen der Boden zu heiß wurde – ich war ja schon verschwunden, und niemand wusste, wen es als Nächsten treffen würde –, drängten die Großeltern ihre Tochter, sich in den Westen abzusetzen. Das bereitete sie gründlich vor. Ihre Singer-Nähmaschine wurde in Dutzende von Einzelteilen zerlegt und Stück für Stück im Rucksack über die grüne Grenze geschmuggelt. Mutter wusste genau, dass die Maschine die Lebensgrundlage ihrer Familie und somit unverzichtbar war.

Sie ließ sich auch in kritischen Situationen nicht ins Bockshorn jagen, und manchmal hatte sie wohl auch einen Schutzengel. So muss es gewesen sein, als sie sich im Frühjahr 1949 für immer von Mühlhausen verabschiedete und mit ihren Kindern über die grüne Grenze schlich. Endlich drüben angekommen, brüllte Martin los: Er hatte auf dem beschwerlichen Weg durch das Unterholz seine Puppe Mäxchen verloren. Und was tat Mutter? Sie kroch auf allen vieren zurück in den Osten und suchte nach Mäxchen, bis sie es gefunden hatte.

Zuerst schlug sie sich nach Hamburg durch, weil dort schon meine Schwester lebte. Doch in der Hansestadt durfte Mutter nicht bleiben. Nach dem Krieg musste man eine Aufenthaltsbescheinigung vorweisen. Die bekam sie nicht, denn Hamburg war schon von Flüchtlingen überlaufen. Aber für die Kleinstadt Tecklenburg im Teutoburger Wald gab es sogar eine Zuzugsgenehmigung. So gelangte meine Mutter nach Westfalen, wo sie bis 1953 blieb.

Dort arbeitete sie dann ebenfalls als Hausschneiderin. Für sie waren die goldenen fünfziger Jahre, das Wirtschaftswunder im Westen, stets grauer, beschwerlicher Alltag. Aber sie fühlte sich frei, denn wie schnell man für nichts und wieder nichts im Gefängnis landen konnte, sah sie ja an mir.

Missgeschicke meisterte sie stets pragmatisch und konsequent.

Und wenn es um größere Probleme ging, etwa um eine Besuchs-
erlaubnis im Gefängnis, nachdem sie 1950 von meiner »ersten
Liebe« in Sachsenhausen, dem inzwischen entlassenen Hans-
Georg, erfahren hatte, dass ich noch lebte, verfolgte Mutter un-
beirrbar ihr Ziel. Per Anhalter fuhr sie nach Berlin. Sie wollte bei
DDR-Präsident Wilhelm Pieck vorsprechen, der ihr bei ihrem
Anliegen helfen sollte. Natürlich wurde sie gar nicht erst vorge-
lassen. Zu bremsen war Mutter dadurch nicht. Sie wollte nach
Hoheneck kommen, und sie kam nach Hoheneck.

Schon die Vorbereitung dieser Reise war abenteuerlich. Zuerst
besorgte sie sich Geld. Ein wenig hatte sie sich vom Munde abge-
spart. Zweihundert Mark borgte sie sich, praktischerweise gleich
vom Sparkassendirektor persönlich. Natürlich sollte ihre Mansar-
denwohnung ordentlich sein, bevor sie in den Osten fuhr. Also
legte sie wieder einmal eine Nachtschicht Putzen ein. Alles über-
schüssige Papier flog in den kleinen Kanonenofen. Als der dann
anfing, seine wohlige Wärme zu verbreiten, schlief Mutter neben
ihm ein.

Plötzlich schreckt sie hoch: Das Geld ist weg. Alles wird durch-
wühlt. Sie schaut einmal, zweimal, dreimal in jede Ecke. Nichts.
Da fällt Mutter der Ofen ein. Mitsamt dem Altpapier hat sie
offenbar auch die beiden Hundertmarkscheine ins Feuer geworfen! Sie reißt die Ofentür auf – und siehe da: Das Papier ist kom-
plett verbrannt, doch die beiden Geldscheine sind nur angesengt.

Am nächsten Tag ging sie dann zum Sparkassendirektor und
tauschte die zweihundert Mark um – ihre Scheine sähen komisch
aus, und sie wisse nicht, ob man sie drüben so auch nähme. Und
dann fuhr sie, wieder per Anhalter, nach Hoheneck, wo sie dann
eines Tages an der Gefängnismauer stand.

So war meine Mutter. Wenn ich an sie denke, scheint es mir,
als sei sie stets der Fels in der Brandung gewesen. Doch sie hat
wohl auch vieles in sich hineingefressen.

Aus Erzählungen weiß ich, dass das tage- und nächtelange Warten auf eine Nachricht von mir sie nicht nur an den Rand der Verzweiflung gebracht, sondern ihr auch ernste gesundheitliche Probleme beschert hat. Eines Tages stand sie am Fenster und behauptete steif und fest, sie habe mich gehört. Nichts konnte sie in diesem Moment in ihrer Überzeugung erschüttern, ich stünde vor der Tür und riefe nach ihr. Sie ließ sich nicht beruhigen und wurde schließlich schwerkrank.

Doch als sie sich erholt hatte, nahm sie die Suche nach mir wieder auf, als habe sie sie nur für eine Stunde unterbrochen. Diese Art, auch in der tiefsten Verzweiflung nach einem Ausweg zu suchen, habe ich wohl von ihr geerbt. Vor ihrer Flucht in den Westen lief sie von Behörde zu Behörde, um etwas über meinen Verbleib zu erfahren. Doch das war längst nicht alles: Mutter schaute sich alle gewaltsam ums Leben gekommenen Mädchen an, die die Polizei im Mühlhäuser Leichenschauhaus ablieferte. Damals geschahen viele Morde, und ich galt ja offiziell immer noch als vermisst. Sie wollte sichergehen, dass man mich nicht inzwischen irgendwo tot aufgefunden hatte.

Heute denke ich auch, dass es Sorge um mein Wohlergehen und nicht böse Absicht war, als sich Mutter meinem Wunsch widersetzte, Artistin zu werden. Sie hatte ja selbst Zirkusluft geschnuppert und kannte das unstete Völkchen der Gaukler, Clowns und Akrobaten. Deshalb bestand sie 1945 darauf, dass ich einen bodenständigen Beruf erlernte – ausgerechnet Friseurin.

1944 gastierte ein Zirkus in Mühlhausen, und ich trieb mich, wann immer ich Zeit hatte, bei den Zirkusleuten herum. Wenn sie weiterreisten, versprachen sie mir, wollten sie mich mitnehmen.

Großvater hatte bei Mutter ein gutes Wort eingelegt, und es schien, als sei sie einverstanden. Ich bereitete meinen Eintritt in den Zirkus mit Feuereifer vor, meldete mich bei der Schule ab und auch bei der Ausgabestelle für die Lebensmittelkarte. Schließlich fehlte nur noch die Genehmigung vom Vater, doch der war in Delmenhorst bei der Flak.

Mutter behauptete, sie habe Vater ein Telegramm geschickt. Doch es kam keine Antwort. Langsam wurde ich ungeduldig. Der Zirkus brach seine Zelte ab und zog weiter nach Erfurt. Dort hätte ich dann erscheinen müssen, es war meine letzte Chance.

Schließlich gab ich selbst ein Telegramm auf: »Brauche sofort Deine Einwilligung. Brauche sie dringend.« Postwendend kam die Antwort: »Ich weiß zwar nicht, wofür, aber Du hast meine Einwilligung.« Mutter hatte gar nicht bei ihm angefragt. Ich war tüchtig wütend darüber.

Doch genau in der folgenden Nacht fielen Bomben auf Erfurt. Sie löschten den Zirkus aus. Viele Artisten und Zirkustiere starben. Mein Traum war verbrannt. Später hieß es dann oft: »Siehst du, wärst du beim Zirkus gewesen, würdest du jetzt wahrscheinlich nicht mehr leben.«

Das Schicksal hatte noch einmal seine schützende Hand über mich gehalten. Trotz meiner Tränen dürfte Mutter froh gewesen sein.

Ich habe sie als einen Menschen in Erinnerung, der einfach alles konnte. Dabei war sie immer bescheiden, blieb stets im Hintergrund. Mutter wollte nie einen Dank oder eine besondere Anerkennung für ihre guten Taten. Sie kamen einfach aus dem Herzen, und sie mochte es nicht, wenn darüber groß geredet wurde. Sie sah, wo es etwas anzupacken galt, und sie packte es an. Das war alles. Als Vater noch nicht in den Krieg gezogen war, hatte er hin und wieder gegrummelt: »Du kannst wirklich aus Scheiße Bonbons machen.« Mutter nahm das als Kompliment. Um ihren Fleiß und ihre Improvisationskunst habe ich sie manchmal beneidet. Profitiert habe ich allemal davon – auch später noch, nachdem wir in Hamburg wieder zusammengekommen waren.

Als ich jung verheiratet war, reichte das Geld gerade einmal für ein tristes Schlafzimmer aus dem An- und Verkauf. Ich mochte es nicht, aber mehr konnten wir uns eben nicht leisten. Und was machte Mutter? Sie sägte kurzerhand die hohen Kopf- und Fußteile des Bettes ab, strich das ganze Gestell neu in Hellgrau, sodass es fast elegant wirkte, und beklebte die Kassetten mit einem wunderbaren duftigen Stoff. Ebenso verfuhr sie mit den erhabenen Platten des hässlichen Monstrums von Kleiderschrank. Das alles tat sie ohne mein Wissen. Als ich von der Arbeit nach Hause kam, führte sie mich in den Raum, Augen zu, dann Augen auf – die Überraschung war gelungen.

Es gab nur einen einzigen Punkt, über den ich nie mit Mutter reden konnte: das Verhältnis zwischen den Geschlechtern. Ich weiß, heute sagt man Sex dazu. Mir ist das ein bisschen zu kurz und zu kalt. Natürlich geht es um den körperlichen Kontakt, um das, was wir heute verschämt »miteinander schlafen« nennen. Das ist natürlich Quatsch, denn wer sich liebt, schläft ja nun weiß Gott nicht dabei. Ich jedenfalls rede lieber von Liebe.

Zwischen Mutter und mir blieb das zeitlebens ein Tabuthema. Sie war wohl sehr prüde und verklemmt erzogen. Von ihrer Vergewaltigung erfuhr ich erst Jahre später. Die Unaussprechlichkeit alles Geschlechtlichen führte dazu, dass wir uns stets nur als »Damen ohne Unterleib« begegneten.

Als ich aus dem Gefängnis kam, wusste ich nicht, ob ich sexuell unversehrt war. Schließlich hatte ich ganze Tage ohne Bewusstsein verbracht. Auf jeden Fall war ich immer wieder sexueller Entwürdigung ausgesetzt gewesen, wenn auch nur durch gierige Blicke. Man hatte mich als Frau gedemütigt, auch wenn ich damals glaubte, vor der Heirat gar keine richtige Frau zu sein. Ich wollte unbedingt jungfräulich in die Ehe gehen. In dieser Lage hätte ich die Hilfe meiner Mutter gebraucht.

Ich habe sie nicht bekommen. Dafür bin ich Mutter nicht böse. Niemand springt so leicht über seinen Schatten. Doch weil es ihr nicht möglich war, über all diese Dinge zu reden, konnte ich es auch nicht.

Schicksalsschläge

Über die Schicksalsschläge in Mutters Leben haben wir ebenso wenig geredet wie über meine Männerprobleme. Nicht weil wir nicht darüber sprechen wollten, sondern weil uns die Worte fehlten. Davor, als ich noch im Gefängnis saß, durften wir uns nicht offen äußern, denn meine Briefe wurden streng kontrolliert.

»Anordnungen für den Empfänger« stand über jedem linierten Blatt, das uns einmal monatlich in Hoheneck zugeteilt wurde. Für die Schergen war es das »Formblatt SV 38 – Terminbrief VP«, für uns die einzige Verbindung nach draußen. In die Freiheit. Wir wussten, dass unsere Briefe gelesen und zensiert wurden, denn auf jedem dieser Formulare hieß es: »Straf- und Untersuchungsgefangene dürfen alle 4 Wochen einmal Post empfangen, die in gut lesbarer Schrift gehalten sein muss.«

Wie soll man da seine Nöte und Sorgen mitteilen? Am Sonntag, dem 22. November 1953, versuchte ich es. »Meine liebe gute Mutti!« steht über dem Brief.

Nach der schlimmen Misshandlung, die ich erlitten hatte, als ein Hungerstreik in Hoheneck von panischen Wärtern niedergeknüppelt worden war, lag ich auf der Krankenstation. Doch mit der Tür ins Haus fallen konnte und wollte ich nicht, und so schrieb ich erst einmal ganz harmlos: »Ich habe schon die ganzen letzten Tage an Dich gedacht und mir Deine Unruhe über das Ausbleiben meiner Post vorgestellt. Es tut mir leid, aber durch hiesige Veränderungen hat sich auch das Schreiben verschoben.«

Dann musste ich Farbe bekennen: »Außerdem liege ich seit dem 28. 10. mit einer nicht zu unterschätzenden Gehirnerschütterung im Krankenhaus. Habe einige weniger schöne Tage hinter mir.«

Als ob es im Gefängnis auch schöne Tage gegeben hätte! Aber ich wusste, Mutter würde mich schon verstehen. Wenn eine »Gehirnerschütterung« zu vier Wochen Krankenhaus führt, ein kleiner »Dachschaden«, der eigentlich mit drei Tagen Ruhe abgetan sein müsste, steht zu vermuten, dass Ernsteres dahintersteckt.

Natürlich habe ich sie dann auch gleich wieder beruhigt: »Befinde mich aber auf dem Weg der Besserung. Näheres über meinen Unfall werde ich Onkel Fred erzählen.«

Onkel Fred. Unser erfundener Onkel, in Wahrheit ein Verwandter einer Haftkameradin, der den Kontakt zwischen mir und Mutter aufrechterhielt. Er scheute keine Gefahr und ging so manches Risiko ein. Ihm würde klar sein, was es bedeutete, wenn ich von »Unfall« sprach.

Natürlich wollte ich Mutter auch mitteilen, was mir tatsächlich passiert war. Also schrieb ich: »Deinen lieben Brief und das Paket vom 22. 10. habe ich erhalten. Hab Dank für all Deine Fürsorge. Leider erfreuen sich nur meine Augen an all den schönen Sachen, habe Geruch und Geschmack verloren.«

Nun war es heraus, und ich hoffte, Mutter half dieser Hinweis, sich ein Bild von meinem Zustand zu machen. Sie konnte mir in meiner Not ja nicht weiterhelfen, aber geteiltes Leid ist halbes Leid. Auch im Gefängnis.

Wie wichtig es mir war, dass sie auch meine Botschaften zwischen den Zeilen begriff, erkenne ich, als ich den Brief fast fünfzig Jahre nach dem Gefängnis noch einmal in der Hand halte. Wenige Zeilen darunter heißt es: »Nun, liebe Mutti, habe ich festgestellt, dass Du langsam verstehst, meine Briefe zu lesen. Ich glaube, Du hast sie zuerst ein bisschen oberflächlich gelesen. Ich erinnere Dich an meine letzten Sätze im Oktober.«

Ich fürchtete, etwas von den mühsam in den Briefen versteckten Informationen könnte verloren gehen. Deshalb schob ich gleich noch einen entsprechenden Tipp nach: »Wenn Du sie nicht lesen kannst, lasse sie Dir von Hans-Georg vorlesen.«

Dann musste die Spur wieder verwischt werden: »Sei bitte nicht bös', liebe Mutti, wenn mein Brief nicht so sorgfältig ist wie sonst, ich schreibe im Liegen.«

Auf solch komplizierte Weise musste ich mich mit meiner Mutter jahrelang über meinen und auch ihren Kummer verständigen. Glücklicherweise schlugen unsere Herzen im gleichen Takt, und deshalb klappte es auch.

Auch wenn sie nun nach fünf Jahren Ungewissheit alle vier Wochen einen Brief bekam, hat mein Schicksal sie doch sicher schwer belastet. In jenen Jahren kam ja auch noch das Warten auf Vater hinzu, der nach dem Krieg im amerikanischen Gefangenenlager auf dem Gelände des früheren KZ Neuengamme interniert war. Als er dann schließlich 1950 entlassen wurde, hat sie ihn noch abgeholt, aber die beiden hatten sich nichts mehr zu sagen. Die Ehe wurde wenig später – ich saß noch im Gefängnis – geschieden. Es steht mir nicht an, über Schuld und Unschuld zu richten, aber für mich stellte es sich immer so dar: Mein Vater verließ Frau und Kinder. Und das war gemein. Als ich ihn später einmal fragte, weshalb er sich denn habe scheiden lassen, sagte er: »Ich habe deine Mutter nie nackt gesehen.«

Nach der Scheidung zog Mutter nach Hamburg zu meiner Schwester Inge, die dort geheiratet hatte und im neunten Monat schwanger war. Nach der Geburt ging Inge wieder arbeiten, und meine Mutter sorgte für das Kind. Dann stand auch ich eines Tages vor ihrer Tür. Das Zusammenleben auf engstem Raum ließ uns kaum zur Ruhe kommen. Erst 1955 bekamen wir eine größere Wohnung in Altona, am Schulterblatt.

Obwohl Mutter tat, was sie konnte, reichte das Geld kaum für das Nötigste. Sie arbeitete wegen der Familie halbtags und musste Sozialhilfe in Anspruch nehmen, weil sie nur eine klitzekleine Rente bezog. Ihre eigenen Renteneinlagen hatte sie sich zu ihrer Hochzeit auszahlen lassen – was damals noch möglich war – und danach nur noch wenig an die Kasse abgeführt. So blieben ihr nach der Scheidung nur die Unterhaltsansprüche für die Kinder. Aber mein Vater, inzwischen neu verheiratet in Delmenhorst, überwies nur unregelmäßig kleinere Beträge.

Bei der Sozialhilfe herrschten Mitte der fünfziger Jahre strengere Regeln als heute: Man musste eine bestimmte Anzahl von Pflichtstunden dafür arbeiten. Mutter leistete sie in der Schneiderei eines Krankenhauses ab und flickte Tag für Tag Bettwäsche.

Die Jahre verstrichen, und langsam ging es auch uns besser. Für Ingeburg ging ein Traum in Erfüllung: Sie erhielt ein Engagement als Tänzerin an einem Theater in Brüssel. So war sie auf einem guten Weg, und das machte uns alle froh. Doch der nächste Schicksalsschlag ließ nicht lange auf sich warten.

Für Eltern gibt es wohl kaum etwas Schlimmeres, als die eigenen Kinder zu Grabe tragen zu müssen. Fünf Jahre lang hatte meine Mutter, ohne ein Lebenszeichen von mir, in zermürbender Ungewissheit verbracht. Doch auch danach, als sich mit meiner Entlassung endlich alles zum Guten zu wenden schien, dauerte ihr Glück nicht lange: Mutter verlor auf tragische Weise zuerst ihre jüngere Tochter und dann auch noch ihren Sohn.

Eines Tages im Frühjahr 1961 erschien die Polizei und teilte uns mit, meine Schwester sei in Brüssel tödlich verunglückt. Man forderte Mutter auf, sich um die Auflösung von Inges Wohnung zu kümmern.

Sie bat mich, mit ihr nach Brüssel zu fahren. Auch mein damaliger Mann Franz begleitete uns. Als angehender Jurist konnte er uns behilflich sein. Außerdem sprach er französisch.

So traten wir zu dritt die schwere Reise an. Die Polizei hatte einen Schlüssel zur Wohnung, den sie uns aushändigte. Weitere Auskünfte waren ihr nicht zu entlocken. Damals wirkte der Krieg noch deutlich nach, und als Deutsche hatten wir in Belgien kein Entgegenkommen zu erwarten. Die Polizei behandelte uns unfreundlich, wir waren ganz auf uns allein gestellt. Am Rande erfuhren wir, dass es gar nicht so klar sei, ob tatsächlich ein Unfall oder vielleicht gar ein Mord zum Tod meiner Schwester geführt hatte, aber wir spürten bei der Polizei kein großes Bedürfnis, den Sachverhalt aufzuklären. Anscheinend lag kein medizinisches Gutachten vor.

Als wir Ingeburg im Leichenschauhaus identifizierten, reagierte Mutter ruhig und gefasst. Mir kam in der Kühle des nüchtern gefliesten Raums wieder einmal zu Bewusstsein, was sie sich damals angetan hatte, als sie sich auf der Suche nach mir all die irgendwo aufgefundenen toten jungen Mädchen anschaute, und jedes Mal muss ihr ein Stein vom Herzen gefallen sein, wenn sie sagen konnte: Nein, das ist nicht Erika!

Später hörte sich Franz dann bei den Nachbarn im Haus um. Sie hatten zu Inge ein gutes Verhältnis gehabt und äußerten immer wieder den Verdacht, meine Schwester sei ermordet worden.

Es gab einige merkwürdige Ungereimtheiten. So hatte etwa ein großer Rosenstrauß vor ihrer Wohnungstür gelegen. Hinzu kam, dass meine Schwester so aufgefunden worden war, als sei sie gerade von der Bühne gekommen. Sie war geschminkt und sah sehr hübsch aus. Da Inges Schmuck nirgendwo registriert war, ließen sich keine Verluste feststellen.

Mich regte das damals alles furchtbar auf. Ich war mit Claudia hochschwanger, und die Umstände zerrten an den ohnehin schon zum Zerreißen gespannten Nerven.

In Brüssel mussten schnelle Entscheidungen getroffen werden. Ingeburgs Leichnam wurde im Zinksarg nach Hamburg überführt und auf dem Friedhof in Ohlsdorf beigesetzt.

Ohne uns zu informieren, verfolgte wohl auch die belgische Polizei den Mordverdacht weiter. Jedenfalls verlangte sie eines Tages, Mutter möge einer Exhumierung des Leichnams zustimmen. Das lehnte sie ab. Sie hatte sich unter Schmerzen mit dem Tod ihrer Tochter abgefunden und wollte nicht noch einmal ihre Gefühle aufwühlen. So konnte letztlich nie geklärt werden, unter welchen Umständen Inge ums Leben gekommen war.

Mutter ging oft auf den Friedhof. Auch in den siebziger/achtziger Jahren, als sie dann in Wuppertal wohnte, wo ich meinen dritten Mann Eberhard geheiratet hatte, reiste sie regelmäßig nach Hamburg, um das Grab zu pflegen.

Für Mutter folgten dann glücklicherweise ein paar ruhigere Jahre. Doch das Leben hielt noch einen weiteren grausamen Schicksalsschlag für sie bereit.

Im Herbst 1984 kauft sie sich wie gewohnt eine »Bild«-Zeitung und blättert die bunten Nachrichten durch. Plötzlich fällt ihr ein größerer Artikel auf. »Mit krebskrankem Freund erhängt – Ilona versprach ewige Liebe bis in den Tod«. Es ist ein Liebesdrama aus dem herbstlichen Portugal. Am 28. Oktober hat ein Förster bei Monchique ein an zwei Pinien erhängtes Pärchen gefunden. Deutsche. Die Zeitung zeigt die Bilder der beiden.

Mutter erkennt ihren Sohn Peter. Sie kann nur noch schreien. Unbeherrscht, laut, endlos. Bis die Nachbarn aufmerksam werden. Wir sind fassungslos. Unser Peter!

Wir wussten seit einiger Zeit, dass er Krebs hatte. Der Darm und wohl auch schon der Magen waren betroffen. Peter hatte eine Weile in Wuppertal im Krankenhaus gelegen. Er ließ uns im Unklaren, wie es um ihn stand, spielte alles herunter. Dann verschwand er eines Tages aus der Klinik. Wir suchten seinen Hausarzt auf und erfuhren von dem Darmkrebs. Doch der Doktor machte uns Hoffnung: Es bestünden Heilungschancen.

Peter sprach mit uns kein Wort über seine Krankheit. Dann, Mitte Mai, brach er plötzlich mit seiner Freundin Ilona Richtung Spanien und Portugal auf. Er wollte noch einmal die Freiheit des Meeres erleben, sich den rauen Atlantikwind um die Nase wehen lassen.

Mutter und ich erfuhren aus der »Bild«-Zeitung, wie Peter und Ilona ihre letzten Wochen auf der sonnigen iberischen Halbinsel verbracht hatten. Sie kannten ein Ehepaar in Lissabon. Dort lebten die beiden fünf Monate lang, bis am 3. Oktober 1981 ihr Visum für Portugal ablief. Sie verabschiedeten sich von den Gastgebern und versprachen, über Spanien wieder nach Portugal einzureisen und dann ein neues Visum zu beantragen.

Inzwischen war aber die Reisekasse leer. Peter verkaufte sein

Autoradio. Mit dem letzten Geld fuhren sie an die Algarve. Dort fand sie dann der Förster, erhängt mit Stricken aus einem Fischerboot. Im Auto lagen vier leere Rotweinflaschen. Der Tank stand auf Reserve.

Wir riefen in Portugal beim deutschen Konsulat in Faro an, wo man sich wortreich, aber halbherzig entschuldigte: Der Konsul hatte es verabsäumt, uns als die nächsten Angehörigen zu informieren. Wären wir nicht von Trauer erfüllt gewesen, hätte uns dieser Skandal schockiert.

Mit Mutter und meinem Bruder Martin flog ich nach Portugal. Peter und seine Freundin hatten sich gewünscht, dort beerdigt zu werden. Wir erfüllten ihm seinen letzten Willen.

Fünf Jahre lang kümmerte sich Mutter auch um dieses ferne Grab. Dann wurde es – gemäß portugiesischem Gesetz – aufgelöst. Danach bot man uns an, uns gegen Gebühr einen Gedenkschrein in einer großen, weißen Mauer einzurichten. Darauf haben wir verzichtet.

Ich bin mit dem Tod meines Bruders lange nicht fertig geworden. Immer wieder dachte ich darüber nach, ob der Mensch überhaupt das Recht hat, sein Leben so einfach zu beenden.

Im Gefängnis habe ich oft mit dem Gedanken gespielt, es einmal auch versucht, ebenso in Hamburg während meiner Ehe mit Franz. Trotzdem – oder vielleicht gerade deshalb – habe ich Peters Schritt nie richtig verstehen können. Wir hätten ihn aufgefangen. Man sollte immer einen Weg nach vorn ins Leben suchen. Ganz gleich, wie lange dies noch währt.

Abschied

Eines Tages Mitte der neunziger Jahre war ich mit meiner damals schon fast neunzigjährigen Mutter und meinem von einem Schlaganfall gelähmten Mann Eberhard zu einem Urlaub nach

Sizilien aufgebrochen. Was für eine verrückte Idee von mir! Zwei Menschen, die ständig Hilfe und Unterstützung brauchten, und dann die weite Reise. Aber hatte ich es nicht gerade von meiner Mutter gelernt, ständig die eigenen Grenzen zu überschreiten? Ich hielt das für das ganz normale Frauenleben. Erst viel später habe ich bemerkt, dass die Kräfte eben doch zur Neige gehen können.

Je älter Mutter wurde, umso mehr klammerte sie sich an mich. Sie wollte immer und überall dabei sein. Mich machte das manchmal unwirsch. Für sie schien die Teilhabe an unserem Leben ganz selbstverständlich. Andererseits lebte ich in der Überzeugung, ich sei es ihr schuldig. Schließlich hatte auch sie mich in allen Lebenslagen tatkräftig unterstützt. Nun gab ich ihr zurück, was immer ich ihr geben konnte.

Ich organisierte den Flug nach Sizilien, meldete den Rollstuhl an und kümmerte mich um die Unterkunft. Wir waren von einer italienischen Familie eingeladen, Freunde meiner Mutter. Als sie in Wuppertal lebte, hatte sie eine italienische Haushaltshilfe gehabt. Ihr gegenüber die feine Dame zu spielen war nicht ihre Art, und so entwickelte sich fast zwangsläufig eine Freundschaft zwischen den beiden. Mutter kümmerte sich um die Bambini, während Angela putzte. Ihr Mann Franco betrieb einen mobilen Eiswagen. Italienisches Eis war damals in Deutschland ein Stückchen sonniger Süden vor der Haustür.

Dann kehrten Angela und Franco nach Sizilien zurück und bauten sich von dem in Deutschland verdienten Geld ein großes Haus. Die Freundschaft blieb bestehen, und so luden sie uns immer wieder ein. Wir hatten die Reise jahrelang vor uns hergeschoben. Nun war es endlich so weit.

Für mich bedeutete der Urlaub Schwerstarbeit. Ich lief wie eine Maschine. Zuerst schob ich den Rollstuhl mit Eberhard an den Strand, hievte ihn dort auf eine Bank und eilte ich dann zurück, um Mutter zu holen. Auf der Strandpromenade konnte sie noch allein laufen, aber sobald es etwas uneben wurde oder gar bergauf und bergab ging, musste ich auch sie im Rollstuhl schieben.

Nach seinem Schlaganfall konnte mein Mann weder sprechen noch lesen oder schreiben, was bedeutete, dass ständig jemand bei ihm sein musste. Ich konnte ihn ja nicht einfach ohne Aufsicht in der Sonne braten lassen. Wegen seiner Lähmung gelang es ihm auch nicht, sich selbst im Rollstuhl zu bewegen. Also schob ich Mutter an seine Seite. Sie behielt Eberhard im Auge und erlaubte mir großzügig, eine Stunde für mich zu verbringen. Aber nur eine Stunde!

Welch ein Genuss. Endlich einmal Zeit für mich! Ich bummelte durch den Ort, sah mir die Schaufenster an und beobachtete die sonnenhungrigen Urlauber. Die Stunde verging wie im Fluge, und als ich wieder zu meinen beiden Invaliden an der Promenade zurückkehrte, sah ich schon von weitem, dass auch sie sich vergnügt hatten. Mutter fütterte die herumstreunenden, herrenlosen Hunde, und Eberhard hatte seine Freude daran. Allerdings war unser Proviant in meinem Picknickkorb fast aufgebraucht. Ich ärgerte mich über die ungebetenen Gäste, aber so war Mutter eben: Sie teilte einfach alles!

Ich versorgte meine beiden Lieben den ganzen Tag über und schob sie am späten Nachmittag wieder zurück zu unserer Unterkunft, einen nach dem anderen. Darüber klagte ich nicht, aber nach einigen Tagen war ich vollkommen erschöpft. Ich wollte etwas tun, aber es ging einfach nicht mehr. Die Tränen rannen mir über das Gesicht, und ich spürte, dass ich mich bis an meine Grenze verausgabt hatte.

Heute denke ich manchmal: Was für ein Unsinn, dass ich mir diesen Kraftakturlaub zugemutet habe! Andererseits: Allein hätte Mutter der Einladung nach Sizilien niemals folgen können, und ich bin im Nachhinein sehr froh darüber, dass ich ihr die Reise noch ermöglichen konnte.

Es war ihr nicht entgangen, dass ich mich schon seit Monaten überfordert fühlte. Praktisch, wie sie war, hatte sie daraus ihre Konsequenzen gezogen und beschlossen, ins Alten- und Pflegeheim zu gehen.

Unglücklicherweise kam ausgerechnet während unseres lang ersehnten Sizilien-Urlaubs die Nachricht, dass in dem Heim, in dem sie sich angemeldet hatte, ein Platz frei geworden war. Wollte sie ihn haben, musste sie sofort alle Formalitäten erledigen, denn es gab eine lange Warteliste.

Mutter entschied sich, auf der Stelle nach Hamburg zurückzufliegen. Eigentlich hatten wir noch zehn Tage Urlaub vor uns. So trat sie ihre Reise allein an. Am Hamburger Flughafen ließ sie sich von meiner Tochter Claudia abholen – das hatte sie mit ihr am Telefon geregelt. All das entsprach ihrer Art. Immer tatkräftig, immer zupackend, und Probleme waren dazu da, aus dem Weg geräumt zu werden.

Diese Entschiedenheit bewunderte ich an ihr. Am liebsten hätte ich sie darin sogar noch übertrumpft. Aber dazu fehlte mir die innere Kraft.

Von der Seite meines Vaters hatte ich ein Erbe übernommen, das nicht immer angenehm war: Ich trug seine Ungeduld und seinen Jähzorn in mir. In meinem Leben gab es viele Situationen, in denen ich äußerlich ganz ruhig schien. Aber in meinem Innersten kochte es schon lange. Dann konnte ein schräger Blick oder ein falsches Wort das berühmte Fass zum Überlaufen bringen.

Wenn ich ausraste, ist das wie ein Vulkanausbruch. Auch dabei kann man leicht an Sizilien denken: Meine Kinder haben mir schon früh den Spitznamen »Etna« gegeben, natürlich mit »E«, von »Erika«, und außerdem schreiben es die Italiener ja auch so. Wenn mein Vulkan ausbrach, half den anderen nur noch, sich durch Flucht in Sicherheit zu bringen, um nicht von seiner heißen Lava überrollt zu werden.

So ist das mit dem Familienerbe: Man kann es sich nicht aussuchen. Der Jähzorn schießt immer noch häufig in mir hoch, aber heute verliere ich nur in ganz besonderen Situationen die Beherrschung. Ich weiß um diese Erblast schon seit meiner Kindheit. Mein gesamtes Leben habe ich dagegen angekämpft. Nicht immer ist es mir gelungen, sie zu beherrschen, und nicht nur meine Kinder können davon ein Lied singen.

Zum Glück habe ich aber von meiner Mutter ein Gegenmittel geerbt: ihren Humor. Sie besaß eine ganz besondere Art, Witze zu reißen, immer ein bisschen hintersinnig.

Als sie schon im Heim lebte, beschwerte sie sich eines Tages darüber, dass sie bestohlen worden sei. Daraufhin wollte man ihr eine kleine Demenz unterstellen, denn schließlich war sie ja schon über neunzig. Ich wusste natürlich, dass Mutter noch völlig klar im Kopf war, aber meine Stimme allein überzeugte die Heimleitung nicht. Also ließ ich von einem unabhängigen Arzt ein Gutachten erstellen.

Wie erwartet, stellte er bei ihr einen völlig normalen geistigen Zustand fest. Keinerlei Anzeichen von altersbedingter Verwirrung. Also rief er die Schwestern zusammen, um ihnen eine Standpauke zu halten. Mit »Diagnosen« wie Demenz ist ja nicht zu spaßen. Die Frauen taten nun wiederum meiner Mutter leid. Sie nahm den Arzt beiseite und sagte: »Nun schimpfen Sie mal nicht so, die Armen haben doch nur die Porzellankrankheit.« Was das denn sei, wollte der Doktor wissen, davon habe er noch nie etwas gehört. »Na«, sagte Mutter fröhlich und verschmitzt: »Die haben nicht alle Tassen im Schrank!« Die »Porzellankrankheit« geistert noch heute im Pflegeheim herum.

Für mich war Mutter immer das Vorbild, stets stand sie für mich auf einem unsichtbaren Sockel. Als sie aus dem Westen kam, um mich im Gefängnis zu sehen, setzte sie dafür ihre eigene Freiheit aufs Spiel.

Wenn ich daran denke, mache ich mir leise Vorwürfe, dass ich ihr im Stillen hin und wieder Ungerechtigkeit vorgeworfen habe.

Da war die strahlende Schwester Inge, neben der ich mich als Aschenputtel fühlte. Mutter schien es immer als selbstverständlich anzusehen, dass ich für sie da war. Wenn Inge sich um sie kümmerte, gab es ein großes Trara. Doch sicher war das nicht böse gemeint. Denn eines ist klar: Ihre Kinder waren für sie das Allerwichtigste im Leben. Sie war mit Körper, Geist und Seele Mutter, da galt nicht die geringste Einschränkung.

Als ich »Die Schleife an Stalins Bart« geschrieben hatte, las sie aufmerksam und erschüttert das Manuskript. Für Mutter fand sich in dem Buch viel Neues. Viele meiner Lagererlebnisse kannte sie bis dahin allenfalls von flüchtigen Erzählungen, aber nicht im Detail.

Das Erscheinen des Buches, meine ersten Fernsehauftritte und die Reaktionen der Leser erlebte sie nicht mehr mit. Doch sie war froh, dass ich über diese Zeit geschrieben hatte. Ihr knapper Kommentar: »Ich glaube, du hast das Richtige getan, auch für deine Kinder.«

Mit einem Satz sprach sie den für mich wichtigsten Gedanken zu meinem Buch aus. »Weißt du, Erika«, sagte sie, nachdem sie das Manuskript aus der Hand gelegt hatte, »die Hauptsache ist doch, dass du nicht voller Hass über all die schlimmen Dinge geschrieben hast.« Wir führten ein langes Gespräch über das Thema »Hass erzeugt Hass« und erinnerten uns an Zeiten, in denen wir selbst gehasst hatten – sie, wenn es um ihren geschiedenen Mann ging, ich, als ich aus dem Gefängnis gekommen war. Und nun saßen wir hier, einig in der Überzeugung, dass es grundfalsch sei, Gleiches mit Gleichem zu vergelten. Dass ich keinen Hass mehr spürte, hatte mich dazu angeregt und es mir ermöglicht, das Buch zu schreiben.

Der Moment des Abschieds von ihr kam für mich unerwartet. Ihre geistige Klarheit hielt bis zu ihrer letzten Stunde an. Sie hatte schon anderthalb Jahre lang kaum noch das Bett verlassen, als es so weit war. Ich besuchte sie oft und regelmäßig, und zwischendurch wurde ich auch immer wieder zu ihr gerufen.

So geschah es auch am 1. Juli 2002. Mutter wollte unbedingt angezogen und spazieren gefahren werden. Das konnte das Heimpersonal nicht leisten. Als sie trotzdem darauf bestand, bat man mich, zu kommen. Etwas unwirsch fuhr ich vom Campingplatz in Großenbrode zurück nach Hamburg. Wahrscheinlich will sie mich wie üblich bloß auf Trab halten, dachte ich.

Jedenfalls kam ich ziemlich gereizt an. Das Gejammere der Schwestern ging mir auf die Nerven, und ich raunzte sie an: »Wenn meine Mutter angezogen werden will, dann wird sie auch angezogen!«

Die Schwestern spürten wohl, dass der Vulkan wieder einmal kurz vor dem Ausbruch stand. Sie kleideten Mutter an und setzten sie in ihren Rollstuhl, und schon ging es hinaus in den Park.

Ich wunderte mich über ihren klaren Willen. Für mich war er ein Zeichen, dass sie wieder zu Kräften kam. Während unseres Spaziergangs sprach sie viel von der Vergangenheit. Geduldig hörte ich mir all die vertrauten, alten Geschichten noch einmal an. Auch als sie dann wieder in ihrem Bett lag, hörte sie nicht auf zu erzählen. Zum Abschluss sagte sie: »Ach Erika, du brauchst mich ja nun nicht mehr. Du sitzt gut im Sattel, aber Peter und Inge warten auf mich.«

Ich hatte damals nicht das Gefühl, dass dies Mutters Abschied war. Ein bisschen burschikos erwiderte ich: »Mutti, Peter und Inge können noch etwas warten. Dir geht es doch gerade so gut.«

Ihre Worte berührten mich, aber ich schob das Gefühl innerlich sofort beiseite. Sie hatte doch noch Kondition, schien überhaupt nicht müde zu werden. Trotz des Ankleidens und des Spazierengehens an der frischen Luft war sie offenbar zu weiteren Unternehmungen aufgelegt. Plötzlich sagte sie: »Erika, ich habe solche Lust auf Klöße mit Rotkraut!«

Ich war froh, endlich wieder aufbrechen zu können, und versprach: »Ich koche dir deine Klöße mit Rotkraut. Richtige Thüringer Klöße, wie es sich gehört. Und wenn ich morgen wiederkomme, bringe ich sie dir mit.«

Zu Hause angekommen, machte ich mich gleich ans Kartoffelnschälen.

Am nächsten Morgen bestand Mutter wieder darauf, angezogen zu werden. Sie wollte im Speisesaal frühstücken. Da die Schwestern meinen Aufmarsch am Vortag noch gut in Erinnerung hatten, diskutierten sie auch gar nicht lange. Mutter wurde angekleidet und gekämmt. Dann schob eine Schwester sie an ihren Platz. Sie grüßte die anderen Heimbewohner, winkte ihnen zu und lächelte. Die Schwester ging in die Küche, um ihre Frühstücksplatte zu holen.

Als sie zurückkam, war Mutter bereits sanft eingeschlafen.

Die Klöße mit Rotkraut hat sie nicht mehr genießen können. Ich stand gerade am Herd und bereitete sie zu, als ich die Nachricht von ihrem Tod erhielt. Plötzlich begriff ich, dass sie sich bereits am Tag zuvor von mir verabschiedet hatte. Sie starb bewusst, und sie starb in Zufriedenheit. Das machte mir den Abschied leichter.

Im Heim veranstaltete ich dann eine kleine Gedenkfeier. Mutters Abschiedsvorstellung war allen in guter Erinnerung, das letzte Lächeln, das Winken. Es schien mir ein bisschen so wie nach einer gelungenen Nummer am Trapez: Applaus, Verbeugung, Tusch – das war's.

Streicheleinheiten

Mutter hat mich geprägt. Diese weiche und gleichzeitig harte Frau hat mir so viel gegeben. Trotzdem war ich manchmal unzufrieden und fühlte mich ungerecht behandelt.

Zu Kinderzeiten gab es immer zwei Parteien: Meine Schwester Ingeburg – sie war zwei Jahre jünger als ich – und Bruder Martin bildeten die eine, Peter und ich die andere.

Als ich dann endlich wieder zu Hause war, begriff ich eine ganze Weile nicht, dass allein meine Abwesenheit Auswirkungen auf das Verhältnis meiner Mutter zu ihren Kindern gehabt hatte. Nachdem Peter ausgebüchst war und sich in der Weltgeschichte herumtrieb, blieben nur noch Inge und der kleine Martin übrig, an die sie sich klammern konnte. Nach meiner Rückkehr fühlte ich mich manchmal zurückgesetzt.

Heute weiß ich es besser. Es fehlten uns einfach die Jahre, die nicht nur mir, sondern uns beiden gestohlen worden waren. Gerade wenn ein junges Mädchen erwachsen wird, ist es doch so ungeheuer wichtig, mit der Mutter über das Leben zu reden. Plötzlich öffnet sich eine Tür. Niemand weiß, was sich dahinter verbirgt, aber es ist klar, dass man durch diese Tür hindurch den Schritt ins eigene Leben gehen muss, das Leben einer Frau. Wie sehr hätte ich da manchmal Mutters »Erika, das ist doch ganz normal« oder auch nur ein »Mach dir keine Sorgen, das wird schon werden« gebraucht. Ich musste ohne Hilfe und Trost auskommen.

Manches haben meine Haftkameradinnen übernommen, aber die Mutter konnten sie nicht ersetzen. In der Hölle sind alle gleich. Ob man ein paar Jahre älter oder jünger ist, spielt da keine Rolle.

Später habe ich mich manches Mal selbst gescholten, weil ich Mutter im Stillen Ungerechtigkeit und auch Schwäche vorgeworfen hatte. Sie verhielt sich immer so, wie sie es konnte, immer so, wie sie glaubte, sich verhalten zu müssen. Meine Hoffnung, die Streicheleinheiten, die mir als fünfzehn-, sechzehnjährigem Mädchen versagt geblieben waren, Jahre später nachträglich zu bekommen, erwies sich als Irrtum.

Auch kann ich mich nicht daran erinnern, dass mir als Kind öfter mal über den Kopf gestrichen wurde. Im Gegenteil: Wenn Oma und Opa nicht gewesen wären, hätte ich wohl überhaupt keine Zärtlichkeiten erfahren.

Mein Lieblingsspielplatz in Mühlhausen lag an der Stadtmauer.

Ich teilte ihn mit meinem Schulfreund Willi. Willi und ich waren wie Pech und Schwefel. Die Stadtmauer war unser Revier.

Dort, ganz in der Nähe, wuchsen auch die wilden Stachelbeeren. Sie waren die beste Munition für mein selbstgebautes Blasrohr. Solche Blasrohre machte ich aus einem geraden Stück Holunder, aus dem ich das weiße Mark herauspulte. Holunder und wilde Stachelbeeren waren eine ideale Kombination. Ist die Munition nicht zu groß und nicht zu klein, zwiebelt es richtig schön beim Schießen.

Mein Vater dürfte es schon gemerkt haben, als ich ihn heimlich von hinten beschoss. Immer wieder schlug er sich ins Genick, als wolle er einer lästigen Fliege ein vorzeitiges Ende bereiten. Dann begriff er, woher die Attacke kam. Wenig später erhielt ich dann zu Hause die Quittung: mit seinem Latschen. Das tat gar nicht so weh. Es klatschte, und der Hintern wurde warm. Aber Schläge vom Vater sind eben Schläge vom Vater: Sie treffen eigentlich nicht den Hosenboden, sondern das Herz.

Ich wurde oft von Vater geschlagen. Nicht immer ging es so glimpflich ab wie mit dem Latschen. Er war jähzornig. Geriet er in Wut – da reichte manchmal eine Kleinigkeit aus –, konnte er sich nicht beherrschen. »Das Mensch soll herkommen!«, schrie er dann oft, und damit meinte er mich, die wieder irgendetwas »verbrochen« hatte. Auch Mutter war in solchen Situationen hilflos. Ich glaube, sie hat niemals mit Vater über seine »Erziehungsmethoden« gesprochen. Er war der Herr im Haus, das genügte.

Meine Eltern sprachen über viele Dinge nicht. Vielleicht, weil sie es nicht konnten. Sie waren sicher ohne große Vorbereitung und Erfahrung ins gemeinsame Leben gestolpert, überzeugt, es würde sich schon alles Weitere von selbst ergeben. Dann überfiel sie der Alltag mit all seinen Problemen. Die Kinder kamen, wie sie kamen. Und das Leben »draußen« wurde, je länger der Krieg dauerte, immer härter und bedrohlicher.

Eigentlich hatte Vater Glück. Als Polsterer und Tapezierer galt er lange Zeit als »uk« – unabkömmlich. Er stellte damals Tornister und andere Ausrüstungsgegenstände für die Wehrmacht her. Das ging bis 1943 oder 1944, erst dann wurde er doch noch eingezogen.

Vater war ein fleißiger Mann: Nach Feierabend arbeitete er noch unter der Hand für verschiedene Leute. Er machte Sattlerarbeiten, Mutter nähte die Stoffe für die Bezüge. Sie kämpften um jeden Groschen.

Vielleicht blieb ihre Liebe dadurch schon frühzeitig auf der Strecke. Nie habe ich erlebt, dass meine Eltern mal kuschelten, irgendeine zärtliche Geste austauschten oder sich gar küssten.

Ich spüre recht genau, was ich als Kind vermisst habe. Aber ich weiß nicht, warum es so war. Vielleicht lag es an Vaters Ungerechtigkeit mir und meiner Schwester Inge gegenüber. Die kleine Inge war sein ausgesprochener Liebling. Zwei Jahre jünger als ich, durfte sie sich alles erlauben. Wenn es dann wieder einmal krachte, bekam ich den Segen ab. Die unausgesprochene simple Regel lautete schlicht: Erika ist immer schuld.

Mein Freund Willi wohnte hinter der Mauer in einer schmalen Gasse. Wenn dort die Kohlen kamen, wurden sie einfach auf die Straße gekippt. Es waren ja Kriegszeiten, die Männer an der Front, Arbeitskräfte überall rar. Dass nach der Kohlelieferung die ganze Straße blockiert war, interessierte niemanden. Wer fuhr dort schon entlang? Die Leute mussten selbst zusehen, wie sie ihr Heizmaterial in den Keller schafften.

Diese Zustände wollten wir ausnutzen. Eines Tages lief ich in Willis Schule, zu seinem Klassenlehrer. Ich tat tüchtig aufgeregt und so, als sei ich völlig außer Puste: »Herr Lehrer, der Willi, der Willi muss unbedingt nach Hause kommen! Die Kohlen liegen auf der Straße, ein Riesenberg. Niemand kann vorbei.«

Der Trick klappte. Willi wurde zur kriegswichtigen Tätigkeit des Brikettstapelns vom Unterricht befreit. Wir konnten miteinander spielen, denn in Wirklichkeit waren natürlich gar keine Kohlen gekommen.

Ich habe mich diebisch über meine erfolgreiche List gefreut. Doch gerade solche Streiche waren es, für die ich von Vater meist irgendwann Dresche bezog. Die kleinen Kindergeheimnisse bleiben ja nicht verborgen. Und Inge wusste auch ganz genau, wie sie mich anschwärzen konnte.

Vater führte ein strenges Regiment. Beim Essen hatten wir gerade auf unseren Stühlen zu sitzen, Bauch rein, Brust raus, und die Hände durften keine Sekunde unter dem Tisch verschwinden. Vor jedem Essen wurden die Fingernägel kontrolliert. Beim geringsten Trauerrand hieß es: Ab, Hände schrubben!

Dabei spielte nicht einmal Inge eine Sonderrolle. Dennoch wusste sie ganz genau, wie sie sich bei Vater einschmeicheln konnte. Und sie scheute sich auch nicht, mich einfach wegzudrängeln.

Ich erinnere mich an einen Abend. Vater saß auf der Chaiselongue, und wir beiden Mädchen belagerten ihn. Hinter seinem Rücken schubste mich Inge immer wieder zur Seite. Ich wurde wütend. Irgendwoher war mir eine ziemlich dicke Stopfnadel in die Finger geraten. So etwas lag bei uns ja überall herum, denn Vater arbeitete damit. Ich nahm die Nadel und stieß sie meiner Schwester entschlossen in den Hintern.

Das gab natürlich riesiges Geschrei, und wie immer bekam ich die Dresche ab. In dem Fall war es ja vielleicht sogar berechtigt. Ungerecht behandelt fühlte ich mich trotzdem. Heute weiß ich: Es war die pure Eifersucht, die mich zu der Attacke trieb.

Vater fand nie einen Ausweg aus seinem Jähzorn. Im Gegenteil. Je älter er wurde, umso öfter platzte ihm der Kragen. Er konnte seine Wut nicht mit Worten ausdrücken und hob stattdessen die Hand. Auch gegen meine Mutter. Sie klagte nie darüber, und wir sprachen auch nie davon. »Wärst du doch bloß schon verreckt!«, schrie er sie einmal an in einer Zeit, als sie an Tuberkulose erkrankt war. In seinen cholerischen Anfällen schmiss er auch mit Tellern nach ihr. Ich hatte Angst, mir mein Bild von der heilen Familie kaputt zu machen. Und Mutter war die große Dulderin, die ihm immer wieder verzieh, bereit, alles zu tun, um die Ehe zu retten.

Obwohl ich immer darunter litt, dass Vater Inge so vorzog, liebte ich meine Schwester. Ein knisterndes Feuer war das allerdings nicht, eher eine Sparflamme, die Art von Zuneigung eben, wie sie Geschwister füreinander empfinden. Die Jahre im Gefängnis haben dann auch unser bisschen Gemeinsamkeit zerstört. Als ich 1954 zurückkam, haben mich Inge und Martin nicht mehr erkannt und ich sie auch nicht.

Für mich war es ganz selbstverständlich, dass ich in den Kreis der Familie zurückkehrte. Wo sollte ich auch sonst hin als in die Sechzehn-Quadratmeter-Wohnung in der Hamburger Hein-Hoyer-Straße, wo wir zeitweise zu sechst lebten? Was Mutter in jenen Jahren still und bescheiden geleistet hat, kann sich heutzutage wohl niemand mehr vorstellen.

Sie tat ja auch alles dafür, dass Inge sich ihren Wunsch erfüllen und Tänzerin werden konnte. Meine Schwester schaffte in der Freiheit das, was mir durch die Jahre im Gefängnis ein Leben lang verwehrt blieb. Ich habe das manches Mal als Ungerechtigkeit empfunden. Warum hatte gerade ich solch ein Pech im Leben gehabt? Ein kleiner Stachel Neid bohrt deshalb bis heute in mir.

Opa Max und Oma Pauline

Von den Grabes zu erzählen, ohne die Hinsches zu erwähnen, geht gar nicht. Schließlich verdanken wir Opa Max und Oma Pauline, den Eltern meiner Mutter Grete, dass wir überhaupt Mühlhäuser geworden sind.

Und das kam so: Opa Max arbeitete in Helmstedt als Bergmann im Braunkohletagebau. Doch auch in seinen Adern floss Zirkusblut, und er fand keine Ruhe. Mit seinen drei Söhnen und seiner Tochter hatte er schon vor dem Krieg eine einfache Trapez-nummer entwickelt.

Eines Tages baute er unseren Pferdewagen um. Er setzte eine kleine Hütte darauf und begann, mit der ganzen Familie über die umliegenden Dörfer zu ziehen, wo sie ihre Künste vorführten. Meine Mutter war noch ein junges Mädchen, und Oma Pauline ging das Gauklerleben gegen den Strich. Sie zogen bis nach Thü-ringen hinunter. In Mühlhausen sagte Oma dann in ihrer resolu-ten Art: »So, das reicht jetzt!«

So wurde die Familie in Mühlhausen sesshaft. Später fuhr Großvater mit seinem Pferdewagen in der Stadt Kohlen aus.

Für mich war das Haus der Großeltern schon immer ein Fluchtpunkt gewesen, eine sichere Nische, in der ich mich vor den Ungerechtigkeiten des Lebens verbergen konnte. Eines Tages – ich war dreizehn, vielleicht schon vierzehn – hatte ich mein Aschenputteldasein endgültig satt, und ich beschloss, mich ihm zu entziehen. Das Ziel war klar: die Großeltern. Sie würden mich verstehen.

»Wenn du gehen willst, kannste gehen«, sagte Vater kühl, als ich mich eines Tages traute, meinen Wunsch zu äußern. Er stellte mir einen Koffer hin. »Da – pack mal!«, sagte er. Doch als ich damit begann, ging es ihm wohl zu langsam. Er bot an, selbst meine sie-ben Sachen zusammenzusuchen und im Koffer zu verstauen. Mir war das recht, ich kümmerte mich derweil um andere Dinge.

Als der Koffer voll war, konnte ich ihn kaum heben, geschweige denn tragen. Trotzdem zerrte ich ihn auf die Straße und dann Stückchen für Stückchen voran. Der Weg in die Wallstraße schien kein Ende zu nehmen. Meine Eltern hatten ein Kissen ins Fenster gelegt und schauten mir nach. Zum Glück kam dann zufällig ein Soldat vorbei, der mir half, den Koffer zu schleppen.

Bei Max und Pauline angekommen, öffnete Opa den Koffer. Ihm purzelten Steine, alte Schuhe fürs Gartenhaus und ähnlicher ebenso unnützer wie schwerer Kram entgegen. Er lief rot an. Oma konnte gerade noch: »Max, mach keine Dummheiten!« rufen, da hatte er schon meine Hand ergriffen. Mit riesigen Schritten ging es zurück zum Haus meiner Eltern. Opa stürmte hinein, packte Vater am Schlips und schüttelte ihn. Wutschnaubend stieß er hervor: »Lass dich nie wieder bei uns blicken. Erika bleibt bei uns!« Und so geschah es.

Über meinen Vater habe ich mir im Laufe meines Lebens viele Gedanken gemacht. Er muss mich gehasst haben, obwohl ich ihn liebte und stets um seine Liebe buhlte. Auch meine Mutter verstand ich nicht. Warum hatte sie sich ihm gefügt und zugelassen, dass er mich wie einen Hund behandelte? Später im Gefängnis habe ich mich das oft gefragt. Eine Antwort fand ich nicht.

Für mich brach nach dem Umzug eine friedliche und schöne Zeit an. In dem kleinen Fachwerkhäuschen bei Opa Max und Oma Pauline fühlte ich mich geborgen.

Opa Max war die Ruhe selbst und von nichts so leicht aus der Fassung zu bringen. Einmal, das war zu Silvester, lagen Opa Max und Oma Pauline gemeinsam auf einem Kissen im Fenster, und Opa rief fröhlich: »Prosit Neujahr, Alte!« Zufällig zogen gerade in dem Moment Soldaten am Fenster vorbei. Mein Gott, war Oma sauer. Sie fühlte sich öffentlich beleidigt, und noch ein paar Tage nach Neujahr hingen düstere Gewitterwolken über dem Haus. Opa Max ließ sich dadurch nicht die Laune verderben.

Für mich blieben solch kleine Querelen unerheblich. Ich fühlte mich wohl bei Max und Pauline. Erst, als mein Vater eingezogen wurde, kehrte ich zu Mutter zurück.

Opa Max war seinem Schwiegersohn wegen der Geschichte mit dem Koffer so böse, dass er mir verbieten wollte, zur Bahn zu gehen, als Vater abreiste. Ich ging trotzdem hin, um ihm Lebewohl zu sagen.

Er ist dann noch einmal auf Urlaub gekommen. Natürlich unangemeldet und überraschend. Ich war gerade damit beschäftigt, die Verdunklungsrahmen aus dem Fenster zu nehmen, als draußen plötzlich ein Soldat stand, der ziemlich mager und ausgemergelt aussah. Als ich Vater erkannte, rannte ich barfuß im Nachthemd nach draußen und schlang meine Arme um seinen Hals.

Trotz allem liebte ich ihn. Auch in meinen Briefen aus der Gefangenschaft erkundigte ich mich immer nach Vater. Mutters Auskünfte blieben vage, oft ging sie auf meine Fragen nicht ein. Erst als ich mich wieder halbwegs frei in dem mir fremd gewordenen Deutschland bewegen konnte, erfuhr ich von der Scheidung. Sie war endgültig. Mutter hatte mit dem Mann völlig abgeschlossen. Vater war für sie tot.

Als ich mich später einmal mit ihm treffen wollte, hat sie uns von weitem beobachtet, um zu sehen, ob wir uns überhaupt erkennen würden. Als ich auf Vater zuging, zog sie sich zurück. Später sagte sie, sie hätte eingegriffen, wenn ich ihn nicht erkannt hätte. Ob das stimmt? Ich weiß es nicht.

Nach dem Tod von Ingeburg wollte ich Vater darüber informieren. »Das kommt gar nicht in Frage!«, erklärte Mutter. Ich schrieb ihm trotzdem, und Vater kam auch zur Beerdigung. Er brachte einen großen Rosenstrauß mit. Mutter wollte ihm den Zugang zur Trauerfeier in der Kapelle verwehren, doch ich ließ mich nicht beirren und nahm Vater mit hinein. Zwischen den beiden gab es keine Verständigung mehr. Mutter machte mir lange Zeit Vorwürfe, weil ich ihn benachrichtigt hatte.

Nach meiner Entlassung aus dem Gefängnis klopfte ich endlich, bis tief ins Innere gedemütigt und erschöpft, an die Tür von Opa Max und Oma Pauline – und musste mich doch schon bald darauf wieder von ihnen trennen. Der Abschied von ihnen war kurz und schmerzlich. All die Jahre waren meine Briefe an Mutter über die Großeltern gelaufen, denn wir durften ja nicht in den Westen schreiben. Als ich schließlich nach Mühlhausen entlassen wurde und in meiner Heimatstadt eintraf, fand ich die beiden krank und schwach vor. Natürlich wollte ich mindestens so lange bei ihnen bleiben, bis sie wieder auf den Beinen waren. Aber dann überschlugen sich die Ereignisse. Ich musste bei Nacht und Nebel fliehen. Mich berührte das kaum. Das Gefängnis hatte mich kaltschnäuzig und hart gemacht. Ich brauchte Jahre, um die Gefühlskälte zu überwinden, die sich in mir ausgebreitet hatte. Manchmal nagt sie noch heute in mir.

Bald nach meinem Aufbruch in das andere Deutschland starb Oma Pauline. Wir holten Opa Max nach Hamburg, wo er noch ein paar Jahre mit uns verbrachte. Voller Entdeckungslust beteiligte er sich zunächst an all unseren Unternehmungen. Wenn wir übers Wochenende Richtung Wittenberge an die Elbe fuhren, war er dabei und kroch abends auf allen vieren ins Zelt zum Schlafen. Dass wir den Fluss nicht überqueren konnten, tat uns weh. Unsere Welt war an der Elbe zu Ende.

Kurz vor seinem Tod bescherte uns Opa Max eine letzte Überraschung. Mutter und auch ich kannten ihn nur kahlköpfig. Als dann mein Sohn Matthias die Welt zu erforschen begann, fiel dem Jungen auf, dass auf der Glatze des Urgroßvaters immer noch etliche Haare wuchsen – er rasierte sie nur immer wieder ab. Eines Tages sagte Matthias: »Opa, warum lässt du deine Haare nicht einfach mal wachsen?« Seinem geliebten Urenkel konnte er Wünsche ebenso wenig abschlagen wie Jahre zuvor mir. Also sprossen die Haare, und ein prächtiger weißer Schopf kam zum Vorschein.

Und so, mit voller Haarpracht, starb Opa dann auch. Ich habe ihn sehr geliebt.

Opa Max und Oma Pauline hatten einen ganz großen Einfluss auf mein Leben. Sie waren für mich das Sinnbild der heilen Familie, die ich mir immer gewünscht hatte.

Alte Freunde, neue Freunde und die Bürokraten

Wer einmal lügt

Hin und wieder bin ich sehr erschöpft, aber auch zufrieden. Mein Buch und die vielen Foren, Gespräche und Diskussionsrunden danach haben viel dazu beigetragen, dass die Mauer zwischen mir und der Welt immer kleiner und durchlässiger wurde. Sie ist noch da, aber längst nicht mehr so bedrohlich.

Ähnlich ergeht es auch meinen Haftkameradinnen und -kameraden mit ihren eigenen Mauern. Aber es sterben immer mehr Menschen, die das Grauen in den Lagern der Nachkriegsjahre in Deutschland überlebt haben. Anders gesagt: Wir werden immer weniger. Und das heißt, wir sollten zusammenhalten.

Doch was geschah? Eine Mitinsassin und langjährige Bekannte von mir versuchte, mein Buch »Die Schleife an Stalins Bart« öffentlich zu verunglimpfen.

Ich nenne ihren Namen nicht, obwohl ich ihn manchmal gern wütend in die Welt hinausgeschrien hätte. Aber ich weiß doch selbst, dass Zorn und Wut keine geeigneten Mittel sind, um Probleme zu lösen. Doch ich will auch nicht die Milde des Schweigens über den Vorfall breiten, der mich innerlich und äußerlich zum Zittern brachte und auch so manche Träne kostete.

Die Geschichte begann bei einer Lesung im vornehmen Hamburg-Blankenese, irgendwann mitten im Jahr 2002. Plötzlich erhob sie sich und verteilte vorbereitete Handzettel. Darauf stand, man solle mein Buch nicht kaufen, weil darin Dinge aus der Haftzeit falsch dargestellt seien und sogar Lügen verbreitet würden.

Ich war wie vor den Kopf geschlagen. Schließlich hatte ich doch alles nach bestem Wissen und Gewissen aufgeschrieben. Und nun das! Noch dazu: Es war ja nicht irgendwer, der mich da der Lüge bezichtigte, sondern eine Haftkameradin.

Dass bewusstes Lügen mit dem Ziel, sich Vorteile zu verschaffen, eine unverzeihliche Sünde ist, hatte ich schon im Gefängnis erfahren. Wie mich eine eigentlich harmlose Geschichte plötzlich in Lebensgefahr brachte, habe ich in »Die Schleife an Stalins Bart« erzählt.

Als Lügnerin dazustehen ist im Gefängnis schlimmer als Schläge. Bei Schlägen dauert es nicht lange, bis der Schmerz nachlässt. Man kann sie aushalten, und ich musste sie aushalten. Aber wer als Lügnerin beschimpft wird, verliert die Achtung und die Liebe der Kameradinnen, ohne die man nicht überleben kann.

Lügen im Gefängnis heißt, ein ehernes Gesetz zu verletzen. Zwischen uns darf es nur die Wahrheit und nichts als die Wahrheit geben. Nur direkter Verrat – eigentlich auch nichts anderes als eine besondere Form der Lüge – ist noch schlimmer. Auf solche Delikte steht die Höchststrafe.

Damals rettete mich Maria. Mit ihrer Mütterlichkeit erklärte sie den anderen, weshalb ich gelogen hatte, dass mir gar nichts anderes übrig geblieben war, als zu lügen. Ich selbst habe mich nicht verteidigt, denn ich kannte ja die Gesetze.

Und nun das. Getreu dem alten Spruch: »Wer einmal lügt, dem glaubt man nicht, auch wenn er doch die Wahrheit spricht.« Wieder stand ich als Lügnerin in der Öffentlichkeit. Es war das Jahr 2002, fast fünfzig Jahre nach der Entlassung aus dem Gefängnis, und niemand hätte mich für ein falsches Wort umgebracht. Aber ich fühlte mich tief gekränkt. Ich hatte doch alles so erzählt, wie es mir widerfahren war. Manches hatte der Lektor des Verlages sogar nachrecherchiert und jedes Mal die Auskunft erhalten: Ja, es war so, wie Frau Riemann es geschrieben hat. Und nun?

Genau wie damals in Hoheneck saß ich auch jetzt wieder stumm da, konnte mich nicht verteidigen. Ich verstand mich selbst nicht. Warum konnte ich nicht aufstehen, meiner Kameradin gerade ins Gesicht sehen und ihr entgegenhalten: »Es mag ja sein, dass du recht hast, aber auch ich habe nichts als die Wahrheit gesagt!« Stimme und Beine versagten mir, bis aus einer unerwarteten Richtung Rettung kam: Die Journalisten schlugen sich auf meine Seite. Sie bestanden darauf, dass meine ehemalige Weggefährtin die Lesung verließ. Immerhin sei es ja *mein* Buch, das vorgestellt werde, nicht ihres.

Mir zeigte diese ganze Geschichte vor allem, wie wichtig es ist, dass die wenigen, die noch aus eigener Anschauung wissen, was in den Jahren des Unrechts geschah, auch davon erzählen. Die Situation in der Buchhandlung machte mir wieder einmal klar, wie tief ich noch in der Vergangenheit steckte. Warum konnte ich mich nicht verteidigen? Weshalb versagte mir vor Angst die Stimme? Wieso entsteht in mir immer gleich das Gefühl, nicht ich, sondern die anderen haben recht? Ich bin wie versteinert, ärgere mich über meine Unsicherheit und bin schließlich froh, wenn alles vorüber ist.

Nach der Lesung in Blankenese war es noch längst nicht vorüber. Meine einstige Haftkameradin intrigierte weiter. Sie wandte sich sogar an den Verlag und verlangte einen sofortigen Druckstopp.

Experten prüften noch einmal die »strittigen Punkte«, und es wurde weiter gedruckt. Aber mich belasteten die Anschuldigungen schwer.

Zuerst dachte ich an mich. Gut, die Verarbeitung meiner Vergangenheit ist ein Lernprozess, und der hört nie auf. Es kommt auch vor, dass Erlebnisse ein Eigenleben gewinnen, wenn man sie immer und immer wieder erzählen muss. Bei mir wecken sie jedes Mal aufs Neue Angst. Diese Angst löst manchmal Panik aus. Dann stehe ich da und begreife mein Denken und Verhalten selbst nicht mehr. Warum das geschieht, weiß ich bis heute nicht. Vieles ist einfach zu tief vergraben.

So erging es sicher auch meiner Haftkameradin. Heute tut sie mir leid, weil immer noch so viel Hass in ihr war, den sie mir gegenüber versprühen musste. Er bewies eigentlich nur, dass sie weiterhin in ihrem inneren Gefängnis saß und keinen Schlüssel hatte, um herauszukommen. Hass öffnet keine Türen, und Schranken im Kopf baut er schon gar nicht ab. Mit ihrem Angriff auf mich tat sie nur das, was wir alle jahrelang getan haben: Sie hat sich selbst gequält. Allerdings brauchte ich eine Weile, bis ich zu dieser Einsicht kam. Danach gab es für mich nur eine mögliche Reaktion: Ich musste ihr helfen. Aber ich konnte auch nicht leichtfüßig über meinen Schatten springen.

Eine gute Gelegenheit ergab sich, als wir beide gemeinsam als Ehrengäste zu einer Veranstaltung nach Sachsenhausen eingeladen wurden. Wie immer war ich etwas früher da und sah auf den reservierten Stühlen nebeneinander unsere Namensschilder. Sofort schoss es wieder in mir hoch: Es war ein Gefühl, als würde ich innerlich rot. Aber ich beherrschte mich und bat meinen Begleiter lediglich, mein Namensschild einzustecken. Ich hatte so etwas wie eine Vorahnung. Vielleicht würde sie einen kleinen Skandal inszenieren, wenn wir nebeneinandersäßen. Und ich weiß nicht, ob ich mich dann beherrscht hätte. Der Vulkan kochte ja schon in mir. Also setzte ich mich in eine Reihe weiter hinten.

Nach den offiziellen Reden ging ich zu ihr und sprach sie an: »Ich freue mich, dass du nach deiner schweren Krankheit wieder auf dem Damm bist.« Sie grummelte noch ein wenig, aber ich merkte, dass ich auf dem richtigen Weg war. Zum Abschied gaben wir uns die Hand.

Wenige Wochen später starb die Kameradin. Viel zu früh. Ich

konnte sie beweinen und war so froh, dass wir mit einer Geste des Friedens voneinander geschieden waren. Es gibt nichts Schlimmeres, als im Streit auseinanderzugehen. Wir haben uns, ohne es zu wissen, bei letzter Gelegenheit versöhnt, und heute denke ich, vielleicht trug der Streit sogar ein wenig dazu bei, wieder ein Stückchen Vergangenheit zu bewältigen. Alles Böse muss doch auch seine guten Seiten haben!

Fluchtpunkt und Paradies

Immer wenn mir solche oder andere Probleme im Kopf herumschwirren, fahre ich gern auf meinen Campingplatz in Großenbrode an der Ostsee. Längst ist mein Wohnwagen dort zu meinem kleinen Paradies geworden, aber er ist für mich auch so etwas wie ein Rückzugsort. Dann wird mein Wagen zur Burg, in der ich mich verschanze.

Sie ist fast uneinnehmbar, nur wenn es draußen blitzt und kracht, wird mir mulmig. Das wissen inzwischen alle auf dem Platz, und dafür habe ich selbst gesorgt, wieder einmal völlig unabsichtlich.

Es liegt schon ein paar Jahre zurück. Ein mächtiges Sommergewitter entlud sich über Großenbrode. Ich saß allein in meinem Wagen. Ringsum krachte es, der Regen prasselte aufs Dach. Ich habe eine Heidenangst vor Gewitter, doch mein Licht brannte, und so schlotterte ich in meiner Schlafkoje vor mich hin. Es würde schon nichts passieren – dachte ich. Plötzlich ein gewaltiges Krachen über mir! Das Licht flackerte ein-, zweimal auf, dann war es dunkel. Mir drückte die Panik die Luft ab. Ich sprang aus dem Bett, splitternackt. Hektisch suchte ich mein Nachthemd, aber es war wie vom Erdboden verschluckt. Dann der nächste Donnerschlag – ich hielt es nicht mehr aus.

Tür auf und raus aus dem Wagen. Draußen stand ich sofort bis zu den Knöcheln im Wasser. Wie von Furien gehetzt, rannte ich zu meiner Nachbarin, die auch meine Freundin ist. Bei ihr kroch ich unter die Decke, bis das Inferno vorüber war.

Natürlich blieb meine Flucht nicht unbemerkt. Es muss ein tolles Bild gewesen sein: der peitschende Regen, die grellen Blitze mit ihrem weißlichen Licht, dazwischen das dröhnende Grollen, und mittendrin huscht eine nackte Frau über den Campingplatz. So ungefähr dürfte das Ende der Welt aussehen. Später haben wir alle herzlich darüber gelacht.

Angefangen hat das Camperdasein vor fast zehn Jahren. Damals lebte mein Mann Eberhard noch. Es ging ihm schlecht, aber er wollte gern noch einmal raus aus Hamburg, an die frische Luft. In Ungarn hatten wir mal einen Campingurlaub gemacht, und der war uns in guter Erinnerung geblieben. Also wollten wir wieder mit dem Zelt los, denn da lebt man von früh bis abends draußen.

Eine richtige Campingausrüstung hatten wir nicht. Deshalb borgten wir uns das Zelt von Claudia. Sie hatte es zum Abitur bekommen. Damit tauchten wir zum ersten Mal in Großenbrode auf.

Wir bauten das Zelt auf und wunderten uns, dass es nach dem ersten Regen durch die Nähte tropfte. Als unerfahrene Camper wussten wir nicht, dass man ein eingelagertes Zelt nach dem Aufbauen erst einmal mit Wasser besprühen muss, damit die Nähte aufquellen und sich alles wieder wetterfest zuzieht. Jedenfalls war es früher so, als die Zelte noch nicht aus Nylon und so leicht wie heute waren. Unserem Spaß tat das bisschen Nässe keinen Abbruch, aber etwas bequemer und trockener hätte es schon sein können.

Dann schob ich eines Tages Eberhard in seinem Rollstuhl über den Campingplatz. Plötzlich sahen wir einen Wohnwagen. Er stand zum Verkauf, sollte dreitausend Mark kosten.

Als wir das Gefährt sahen, waren wir uns sofort einig: So ein festes Dach über dem Kopf ist genau das Richtige für uns!

Ich machte mich ans Kalkulieren. Dreitausend Mark waren

eine Menge Geld, aber andererseits planten wir auch eine Reise nach Ungarn und hatten dafür gespart. Nach dem Urlaub wäre das Geld weg gewesen. Kauften wir dagegen den Wagen, konnten wir ihn auch in den nächsten Jahren nutzen.

Also gingen wir kurzerhand zu den Leuten, die ihren Camper verkaufen wollten. Er sah im Innern nicht gerade gut gepflegt aus, aber das konnte man ja ändern. Was ich allerdings nicht verstand, waren die Zeichen von Eberhard. Er saß im Hintergrund und schüttelte ganz leicht den Kopf. Dann zog er die Nasenflügel ein wenig hoch. Aha, dachte ich, wahrscheinlich riecht es hier nach Zigarettenrauch. Mit gründlichem Lüften werden wir das schon in den Griff bekommen. So kümmerte ich mich nicht weiter um Eberhards Mimik, und wir wurden handelseinig.

Am nächsten Tag sah ich dann die Bescherung. Der Wagen war verdreckt, muffig und roch modrig. Offenbar hatte auch ein Hund darin gehaust – mit gründlichem Lüften kam man da nicht weit. Ich begann mit einer resoluten Entrümpelungsaktion. Da kam schon allerhand zusammen. In den Bettkästen stand das Wasser, aber zum Glück war das Holz noch nicht angefault. Wir verheizten eine ganze Gasflasche, um den Wagen auszutrocknen. Dann behandelte ich die Innenflächen mit Sagrotan, um die Keime abzutöten. Jeden Tag acht Stunden lang. Die kleinen Lüftungsschlitze bearbeitete ich mit der Zahnbürste. Eine Riesenschweinerei.

Nach zehn Tagen tauchten die ersten Nachbarn auf. Sie fragten, ob sie mal gucken könnten. »Bitte schön, warum denn nicht!« Als sie sahen, was ich inzwischen aus der verlotterten Kiste gemacht hatte, war das Staunen groß. Die Leute hielten damit nicht hinterm Berg. »Wir dachten schon: Was müssen das für abgebrannte Typen sein, die sich solch einen Wagen kaufen«, hieß es.

Von dem Tag an bekam ich von allen Hilfe und Unterstützung. Eine Nachbarin nähte für uns Gardinen, und meine Freundin Traudel aus Karlsruhe reiste extra an, um uns tatkräftig zu unterstützen. Sie mähte den Rasen und installierte einen Windfang.

Natürlich flossen auch reichlich gute Ratschläge. Zum Beispiel hätte ich das Lüftungsgitter, das ich so mühsam mit der Zahnbürste geputzt hatte, auch für eins fünfzig im Laden neu kaufen können. Wir waren eben doch noch keine echten Camper.

Aber wir wollten es unbedingt werden. Deshalb wurde die Einweihung auch zünftig gefeiert. Eberhard war auf strenge Diät gesetzt, doch zur Feier des Tages genehmigte er sich eine Ausnahme und verschlang er einen halben Ring Fleischwurst. Nachts folgte dann die Quittung: Magenkrämpfe, Erbrechen, Durchfall – wir mussten den Notarzt rufen.

Über dem Campingplatz lag dichter Nebel. Man sah die Hand vor Augen nicht. Um keine Zeit zu verlieren, fuhren wir dem Notarzt entgegen. Schließlich sahen wir das Blaulicht des Ambulanzwagens auf uns zukommen, und Eberhard wurde umgeladen. Für ihn endete das Fest mit drei Wochen Aufenthalt im Krankenhaus Oldenburg. Aber er erholte sich wieder, und uns blieben noch einige Wochen, um unsere neue »kleine Freiheit« am Meer zu genießen.

Für mich hieß unser alter Wagen nur »Villa Duck-dich«, weil das Kinderzimmer sehr niedrig war. Fast wie eine Höhle. Wohl deshalb fühlte ich mich dort so wohl. Ohne mir dessen bewusst zu sein, hatte ich mir eine Rückzugsnische geschaffen, in der ich mich verstecken konnte. In der »Villa Duck-dich« fing ich an, mein erstes Buch zu schreiben. Ich war in ihr geborgen und dachte: Wenn ich nicht will, dann bleiben eben all die Geschichten mit mir in diesem kleinen Ei. Das hat mir den Anfang erleichtert.

Als Eberhard gestorben war, dachte ich zunächst: Was soll ich nun noch allein da draußen in Großenbrode! Doch inzwischen war das schon lange kein anonymer Urlaubsort mehr, sondern eine zweite Heimat. Dort lebten Freunde und Bekannte, dort fühlte ich mich frei.

Trotzdem renovierte ich den alten Wagen, um ihn zu verkaufen. Da hatte ich allerdings die Rechnung ohne meine Camping-freunde gemacht: »Das kommt gar nicht in Frage, dass du dich einfach aus dem Staub machst. Du kannst uns doch hier nicht allein lassen. Ohne dich ist es für uns hier auch nicht mehr so schön.« So redeten sie auf mich ein, bis mir der Kopf brummte.

Und dann wurde ich eines Tages vor vollendete Tatsachen gestellt. Als ich wieder einmal auf den Campingplatz kam, fand ich meinen Wagen nicht mehr. Die anderen taten geheimnisvoll. Es stellte sich heraus: Diese Schlitzohren hatten meinen alten Wagen an eine viel bessere Stelle umgesetzt!

Damit war alles entschieden, und so bin ich bis heute gern in meinem Paradies an der Ostsee. Als das erste Geld für mein Buch einging, konnte ich mir dann meinen großen Traum erfüllen und einen nagelneuen Wohnwagen kaufen. Ein bisschen geräumiger sollte er sein, ein bisschen bequemer natürlich auch. Da gab es den Typ »Azur« von der Firma Knaus – der stach mir sofort ins Auge. Fünf Meter lang, das war schon ein kleines Wohnzimmer auf Rädern.

Der Verkäufer staunte nicht schlecht, als ich mich das erste Mal nach dem Wagen erkundigte. »Azur«, das klingt nach Saint-Tropez, Cannes, Nizza und Monaco, und der Mann im Autohaus wird sich wohl gedacht haben: »Was will denn die olle Oma am Mittelmeer?« Dass mir mein grünes Plätzchen in Großenbrode viel lieber als all der Trubel an der Côte d'Azur ist, konnte er ja nicht ahnen.

An der Ostsee warteten meine liebe Campingnachbarin und Otto auf mich. Und natürlich Katastrophen-Eddi. Die würden staunen, wenn ihre Erika plötzlich mit einem neuen Wagen auf den Platz rollt. Aber was heißt rollen? Ich wollte die Luxuskutsche natürlich liefern lassen. Ganz offiziell: »Ist es hier recht, Frau Riemann – oder doch noch ein Stückchen hier herüber?« Ich will ja nicht angeben, aber manchmal macht es mir eben Spaß, die feine Dame zu spielen. Meine Freunde nehmen mir das nicht übel. Die mochten mich auch, als ich noch arm wie eine Kirchenmaus war. Ich bin sicher, sie freuen sich mit mir, und Einweihung wird sowieso gemeinsam gefeiert.

Katastrophen-Eddi. Ganz klar, dass er mir den Strom anklemmen würde. Die Frage war nur, wann. Eddi macht alles, aber grundsätzlich nur dann, wenn er Lust dazu hat. Auf dem Campingplatz hat er die gesamte elektrische Anlage installiert. Und wenn der Sturm mal wieder ein paar Leitungen kappt, ist er auch zur Stelle. Deshalb heißt er ja auch Katastrophen-Eddi. Aber hetzen lässt er sich nicht. Wer bei ihm drängelt, hat schon verloren. Dann wird gemault und gegrollt. Ich habe drei Jahre gebraucht, bis ich das richtig begriff. Jetzt warte ich eben, bis er kommt. Dass er kommt, steht hundertprozentig fest. Er ist schon ein lieber Kerl.

Auf dem Campingplatz habe ich ein paar Freunde, die ich nicht missen möchte. Da ist zum Beispiel meine Campingnachbarin. Sie ist im Frühjahr 1999 Witwe geworden, ich im Sommer. Ihr verdanke ich es, dass ich den voreiligen Schritt, dem Campingplatz nach Eberhards Tod den Rücken zu kehren, schnell wieder vergaß. Sie ist für jeden auf dem Platz da, strickt für alle, hilft, wo sie kann, und handwerklich ist sie auch geschickt. Als ich Beistand brauchte, kümmerte sie sich so rührend um mich, dass ich sie im Stillen immer nur »Mutter Teresa« nannte.

Natürlich will »Mutter Teresa« nicht ständig gelobt werden. Das kann sie nicht ausstehen. »Ist doch klar« – mehr sagt sie nicht, wenn man sich für ihre Hilfsbereitschaft bedanken will. Bei mir hat sie den Himmel im Vorzelt angebaut. Das sieht jetzt aus wie ein Bungalow. Das neue Vorzelt hatte ich mir auch gleich mitbestellt. Graublau, sehr edel. Damit ist der neue Campingwagen inzwischen zu meinem kleinen, aber feinen Viersternehotel geworden: Küche im Vorzelt, Holzfußboden mit Teppich, warmes und kaltes Wasser, Fernsehen, Sitzecke – es ist alles da.

Bezahlt habe ich den Traum in bar, und das war ein gutes

Gefühl – so, als hätte ich im Spielcasino von Monte Carlo gesagt: Legen Sie mal den Tausender auf Rot, junger Mann! Am liebsten hätte ich den Verkäufer noch gebeten, den Wagen schön einzupacken und eine goldene Schleife drum herum zu binden.

Die Einweihung in Großenbrode konnte ich kaum erwarten. Besonders freute ich mich auf Otto, und das ist wieder ein Kapitel für sich. Otto ist neunundachtzig, kommt seit dreißig Jahren regelmäßig an die Ostsee und hat den Zeltplatz neben mir. Otto stammt aus der Uckermark, lebt aber seit über vierzig Jahren in Velbert bei Wuppertal und betrieb dort bis zum Ruhestand einen Lebensmittelladen. Niemand wusste, dass auch er viereinhalb Jahre seines Lebens hinter Gittern verbracht hatte. Die Russen hatten ihn abgeholt, und dann lief es wie so oft: Weil man ihm kein wirkliches Delikt nachweisen konnte, hieß es eben: Spionage. Dafür ist er dann auch gleich zum Tode verurteilt worden. Er war im Krieg Funker bei Stalingrad gewesen, das geriet ihm zum Verhängnis. Später wurde er zu fünfundzwanzig Jahren »begnadigt« und kam nach Bautzen.

Otto hat darüber nie gesprochen. Niemand auf dem Campingplatz kannte seine Geschichte. Erst als ich auftauchte, war schnell die Rede davon. Es muss wohl so sein, dass mir auf der Stirn geschrieben steht: »Ich bin eine Knastologin.« Jedenfalls fanden wir sofort einen Draht zueinander. Zuerst ahnte niemand, weshalb gerade wir uns so gut verstanden und so herzlich miteinander waren. Ottos »Harem« – die Damen, mit denen er immer gern spazieren ging und seinen Kaffee trank – war schon mächtig eifersüchtig. Bis er eines Tages anfing zu erzählen. Inzwischen kann er über die Zeit im Gefängnis reden. Darüber bin ich sehr froh. Ich weiß ja selbst, wie schwer das Reden ist, aber auch, wie sehr es hilft, mit der Vergangenheit klarzukommen. So konnte ich an Otto auch ein Stückchen von der Liebe und Geborgenheit weitergeben, die ich von allen Freunden auf dem Campingplatz in Großenbrode erfahren habe.

Für mich ist Otto inzwischen nicht nur ein angenehmer Partner in den vielen Plauderstunden, die wir miteinander verbringen, sondern auch meine »Lebensversicherung« bei Gewitter. Wenn es nun mal wieder kracht, brauche ich nicht mehr splitternackt wegzulaufen. Pünktlich wie ein Uhrwerk erscheint Otto dann bei mir im Wohnwagen und passt auf mich auf.

Natürlich hat Otto noch andere Bekanntschaften. Zum Beispiel Anne. Sie und ihr Mann Wolfgang arbeiten noch, aber sie verbringen jedes Jahr ihren Urlaub und die freien Tage in Großenbrode. Anne könnte meine Tochter sein. Sie ist sehr resolut und liebenswürdig und duldet keine Widerrede. Ihre Parzelle ist ein zentraler Treffpunkt. Und dort wird oft und viel gelacht. Anne ist eine große Familienglucke. Sie ist glücklich, wenn sie alle bemuttern und bekochen kann. Otto ist dort ständiger Kostgänger, und auch für mich fallen oft noch ein paar Kartoffeln ab, weil sie weiß, dass das mein Lieblingsessen ist. Muss am Wagen oder am Vorzelt etwas auf- oder abgebaut werden, ist Anne zur Stelle. Und wenn die Gardinen dreckig sind, kann es passieren, dass sie bei meinem nächsten Kommen frisch gewaschen am Fenster hängen.

So leben wir wie eine große Familie im Paradies zusammen. Es ist ein schönes Gefühl, nicht allein zu sein, und deshalb wird es mich sicher noch ein paar Jahre immer wieder zu meinen Freunden auf dem Campingplatz in Großenbrode ziehen.

Vierter Frühling

Nun habe ich diesen dämlichen Notizzettel wieder beiseitegelegt. Bestimmt schon zum zehnten Mal. »Zeitlich sind wir sehr beschäftigt. Schade!«, steht darauf und ein Datum aus dem Sommer 2004. Ganz harmlos – bis auf das »wir«. Natürlich weiß ich, weshalb ich das dorthingeschrieben habe. Von mir selbst rede ich ja nicht im majestätischen Plural. Außerdem ist auf die andere Seite gekritzelt: »Vielleicht lag es auch an mir. Ich habe anderes im Kopf gehabt. Dieter ist mir über den Weg gelaufen, und nichts lief mehr wie gewohnt und rund.«

Vor ein paar Jahren war ich noch einmal verliebt wie ein Schulmädchen. Mit Kribbeln im Bauch, Rotwerden und allem, was dazugehört. Und das mit vierundsiebzig. Dass mir das noch passieren musste! Ich war dreimal verheiratet, hatte Leidenschaft und Betrug, Liebe und Enttäuschung erlebt. Ein vierter Frühling war das Letzte, womit ich gerechnet hatte. Noch dazu mit einem Mann, der zwanzig Jahre jünger ist als ich.

Es ist immer das Gleiche: Hat ein Mann eine jüngere Freundin, ist das für alle Welt in Ordnung. Aber wehe, es läuft umgekehrt. Was will die Alte mit dem jungen Kerl, heißt es dann gleich, und der Verdacht, die Frau sei mannstoll, ist noch das harmloseste Gerücht.

So ein Unsinn. Die körperliche Liebe war für mich erledigt, als Eberhard dazu wegen seiner Krankheit nicht mehr fähig war. Erst mein dritter Ehemann hatte es verstanden, nach all den Verklemmungen aus dem Gefängnis überhaupt die Frau in mir zu wecken. Ich war damals überrascht und sehr glücklich darüber. Nachdem Eberhard 1986 einen schweren Schlaganfall erlitten hatte, dauerte es etwa zwei Jahre, bis ich mich damit abfand, dass mein Liebesleben nur ein kurzes Strohfeuer gewesen sein sollte. Und nun flackerte es nicht nur wieder auf, sondern brannte lichterloh!

Weder vor noch nach Eberhards Tod mangelte es mir an Avancen von Männern. Doch ich dachte nicht im Traum daran, mich darauf einzulassen. Immerhin war ich ja schon fast siebzig. Das ist so ein Widerspruch in unserer heutigen Welt: Ob in der Werbung oder im Fernsehen, in der Mode oder in Zeitungen und Zeitschriften, überall begegnet man der Sexualität. Es scheint, als seien die Tabus der Vergangenheit überwunden. Doch das stimmt nicht. Dass auch ältere Menschen noch das Bedürfnis nach körperlicher Zuneigung haben, kommt mir immer wie ein streng gehütetes

Geheimnis vor. Ich habe doch selbst gespürt, wie schwer es ist, überhaupt darüber zu reden. Wenn mir meine Enkelin sagt: »Oma, ich habe einen neuen Freund«, wünschen wir ihr alles Gute. Und jeder weiß, dass sie mit dem Freund nicht nur Händchen halten wird. Aber hätte ich damals erwidert: »Ich auch«, wäre das Erstaunen groß gewesen. Sicher hätte es hinter vorgehaltener Hand geheißen: »Jetzt ist Oma völlig durchgeknallt.« Wahrscheinlich hätte ich auch nichts anderes vermutet, wäre nicht ich, sondern eine meiner gleichaltrigen Bekannten frisch verliebt gewesen. Wir sind eben alle in unseren Vorurteilen gefangen.

Mich hat die späte Liebe zu Dieter sehr verändert, und deshalb erzähle ich davon. Die Gedanken, die mich damals bewegten, habe ich, zunächst nur für mich ganz allein, heimlich notiert.

Vorsichtshalber fing ich gleich mal mit dem Negativen an: *Dieter ist so ein Mensch, der meint, wenn Frauen im Gemeinderat das Sagen hätten, würden sie als Erstes das Rückwärtseinparken verbieten! Aber er hat mir auch nicht gezeigt, wie man es macht, obwohl wir schon fast ein halbes Jahr zusammen waren. Er kann keine Ratschläge vertragen. Und da ist er bei mir natürlich an der falschen Adresse. Ich weiß ja, ich sollte mir angewöhnen, Ratschläge nur zu geben, wenn er ausdrücklich darum bittet. Aber ich finde nicht den richtigen Weg.*

Wer, wenn nicht ich, könnte Dieter klarmachen, dass er an seine Fähigkeiten glauben und ihnen vertrauen muss. Manchmal fürchte ich, dass von unserer herzlichen Beziehung nichts mehr übrig ist, bevor dies geschieht!

Dabei will ich Dieter nicht vor den Kopf stoßen. Ich spüre an mir, wie aus dem hässlichen Entlein langsam wieder ein schöner, stolzer Schwan wird. Es ist alles so unbegreiflich. Ich werde auf der Straße erkannt und langsam deshalb auch eitel. Ungeschminkt gehe ich nicht mehr hinaus. Irgendwie habe ich auch wieder Freude daran, mich zu putzen. Ich weiß nur noch nicht, tue ich es für mich oder für ihn? Oder will ich nur den anderen gefallen?

Diesen wundervollen Zustand empfand ich als Entschädigung

für meine verpasste Jugend. Nach der Entlassung steigerte ich mich in eine platonische Liebe zu Georg hinein, einer flüchtigen Bekanntschaft in der Haft. Ich hatte mich hinter Gittern vom Kind in eine junge Frau verwandelt und glaubte, ein Mann gehöre nun einfach dazu. Wir wechselten Briefe, als er nach seiner Entlassung bei Mutter lebte, und taten so, als seien wir uns gegenseitig versprochen. Wie hilflos ich mich in jenen Jahren gefühlt haben muss, zeigt mein Brief vom 15. Januar 1951. Über unser »Verhältnis« schrieb ich ihm: »Nun, überlassen wir es der Zukunft, doch verlange ich keineswegs, dass Du auf mich wartest.« Mehr als anderthalb Jahre später, am 6. September 1952, hieß es dann: »Sei gewiss, dass ich Dich noch immer lieb habe, Dir aber nicht das Leben schwermachen wollte. Ich habe nicht geglaubt, dass Du so lange warten wirst. Ich wollte Dir eine eventuelle ›Notlüge‹ ersparen.«

Ich klammerte mich an eine Hoffnung, wie ich mich an alles klammerte, wenn es nur mit »draußen« zu tun hatte. Dass ich mich im Innersten noch gar nicht reif fühle, mich in feste Hände zu begeben, vertraute ich bereits im Sommer 1952 meiner Mutter an: »Und nach diesen Jahren der Entbehrung soll ich gleich heiraten, nein, Muttichen, das geht nicht! Ich glaube, Du verstehst mich. Ich bin doch noch so jung. Georg ist ein Kapitel für sich.«

Doch nun war alles ganz anders. Diese Geschichten lagen über fünfzig Jahre zurück, und ich fühlte mich so, als sei die Zeit stehengeblieben. Mir war bewusst, dass Dieter diesen Zustand ganz wesentlich mitverursacht hatte. Unsere freundschaftliche Beziehung nahm eine Wende – wir wurden ein Paar. Aus mir unerklärlichen Gründen hatten wir zusammengefunden und durchlebten die Liebe mit allen Höhen und Tiefen.

Ich hatte Schmetterlinge im Bauch, Gefühle, wie ich sie mir vorher nur bei jungen Leuten vorstellen konnte. So erfuhr ich im Alter, was mir in der Jugend nicht vergönnt war.

Ich konnte es nur sehr schwer begreifen, dass ein viel jüngerer Mann mich in die Arme nahm und liebkoste. Er hatte alle meine Hemmungen zerstreut, und dies auf eine sehr feinfühlige Art, die ich ihm nie zugetraut hätte. Mein Körper war mit vierundsiebzig bestimmt nicht mehr knackfrisch, doch sehen lassen konnte ich mich immer noch. Zum ersten Mal in meinem Leben nahm ich mich selbst an. Ich konnte nackt durch die Wohnung laufen, ohne mich zu schämen – ein Gefühl, das ich früher nicht gekannt hatte.

Am Anfang habe ich mir darüber keine Gedanken gemacht, doch je länger wir zusammen waren, desto mehr Zweifel kamen mir in den Sinn. War es nicht eine »Sünde«, in meinem Alter so glücklich zu sein? Dieter war ein zärtlicher und zauberhafter Liebhaber. Allen, die glauben, dass die körperliche Liebe im Alter nicht mehr so klappt wie in jungen Jahren, sei versichert: Es geht. Dieter gab mir das Gefühl, ganz Frau zu sein. Und wenn ich mal über Zweifel zu sprechen versuchte, sagte er: »Bitte zerrede nichts. Ich sehe nur dich und nicht dein Alter. Lass uns die Zeit genießen, die uns gegeben wurde. Greif zu, nur wer nimmt, kann auch geben.«

Inzwischen war die Urlaubszeit gekommen, und ich schmiedete mit Dieter Reisepläne. Eine kleine Rückversicherung holte ich mir aber zuvor bei meinem Sohn Matthias. Ich beschloss, ihm die ganze Geschichte zu beichten.

Damals ging in mir alles drunter und drüber. Einerseits zersprang ich fast vor Glück, andererseits fehlte mir der Mut, mit anderen darüber zu sprechen. Ich wollte Dieter auch nicht bloßstellen, denn ich hatte Angst, irgendjemand könnte die Nase über den gewaltigen Altersunterschied rümpfen. All die Heimlichkeiten waren zuerst aufregend, doch mit der Zeit gingen sie mir auf die Nerven. Dieter stand zu mir. Doch ein Gedanke quälte mich: Wie lange?

Eines Tages erzählte ich meinem Sohn, was mit mir los war. Das fiel mir sehr schwer. Doch auch er hatte längst eine Veränderung an mir festgestellt: Ich strahlte Glück und Freude aus. Er sagte es mir auf den Kopf zu: »Wenn ich nicht fest davon überzeugt gewesen wäre, dass so etwas bei dir unmöglich ist, hätte ich schon lange vermutet: Du bist verliebt!«

Dieser Satz löste mir die Zunge, und ich redete mir all meine Freude, aber auch alle meine Sorgen von der Seele. Ich schämte mich, aber Matthias lachte mich nicht aus, sondern machte mir Mut. Er gab mir den Rat, mein Leben zu genießen. Auch meine Bedenken, Dieter würde mich bei unserer geplanten Urlaubsreise im Ausland sitzenlassen, zerstreute er auf seine Weise. »Wenn irgendetwas passiert, setze ich mich ins Auto und hole dich ab, wo auch immer du gerade bist«, versprach er mir. Aber er sagte auch, dass er meine Angst für völlig unbegründet halte. Dieter sei sicher ein Lebenskünstler und er möge mich, meinte Matthias.

Wie schön kann die Welt doch sein. Unsere gemeinsame Reise sollte an die Côte d'Azur gehen, nach Cannes. Sie begann bei herrlichstem Wetter. Dieter hatte die Reiseroute zusammengestellt und die Finanzierung zu Papier gebracht.

Ich muss noch erwähnen, dass er Gelegenheitsarbeiter war und von der Hand in den Mund lebte. Durch eine Scheidung hatte er Haus und Familie verloren. Danach sah er in seiner Freiheit einen höheren Wert als im beruflichen Streben. Für wen sollte er sorgen, er hatte ja nur noch sich? Dieter scheute sich vor keiner Arbeit. Und er war zu stolz, um von der Fürsorge zu leben.

Ich habe Dieter nach einer Lesereise kennengelernt. Im Anschluss an die Veranstaltungen hatte ich mir ein paar Tage Erholung verordnet, und da traf ich ihn immer wieder »rein zufällig« im Kurpark. Er schien stets fröhlich und machte einen gepflegten Eindruck. Wir unterhielten uns, und ich merkte, dass er mir manch guten Ratschlag geben konnte. Dieter spielte mit dem Gedanken, eine Zeitlang nach Hamburg zu ziehen. Mir kam sofort die Idee, dass er mir dort vielleicht bei manchen Besorgungen helfen könnte – einkaufen, Behördengänge, chauffieren –, und so fragte ich ihn, ob er gegen ein Taschengeld das eine oder andere für mich erledigen würde. Er nahm sofort an. So waren wir uns nähergekommen.

Und nun wollten wir gemeinsam in den Süden fahren. Hotel- und Benzinkosten würde ich übernehmen, Essen und Trinken wollten wir teilen. So war es vereinbart.

Es war eine herrliche Fahrt. Wir scherzten ausgelassen miteinander, alberten herum, und dabei verging die Zeit wie im Fluge. Zuerst bestand ich noch darauf, zwei Einzelzimmer zu nehmen – wegen der Leute. Als wir dann aber in Frankreich ankamen, rechnete Dieter aus, wie viel Geld wir für dieses Versteckspiel aus dem Fenster werfen würden. Damit war das Thema abgehakt. Wir mieden die Hotels mit den vielen Sternen. Für die wenige Zeit, die wir uns im Zimmer aufhielten, genügte eine einfache Unterkunft mit WC, Dusche und Frühstück.

Mit Letzterem gab es ein kleines Problem. Ich bin Frühaufsteherin, während Dieter gern etwas länger schlief, wenn er nicht arbeiten musste. Aber ich fand eine Lösung: Ich ging frühstücken und ließ mir die zweite Portion als Picknick einpacken. Dann verbrachte ich den Vormittag am Strand, und nach 14.00 Uhr gingen wir gemeinsam auf Entdeckungstour. Dieter kannte die ganze Côte d'Azur, und so lernte ich mit seiner Hilfe zauberhafte Orte etwas weiter entfernt vom Meer kennen, die sonst wohl kaum ein Tourist sieht.

Dann war Dieter mit dem Bezahlen des Essens dran und meinte: »Ich muss dich warnen: Bei mir wird immer dem Geldbeutel angepasst gegessen.« Ich war mit allem einverstanden, denn Hunger hatte ich selten. Wir fuhren in ein kleines Dorf. Dieter holte zwei riesige Baguettes für uns, frisch belegt, und dazu kühles Wasser.

Am Abend nahmen wir uns dann eine Flasche Wein mit aufs Zimmer, kuschelten uns zusammen und planten glücklich und zufrieden den nächsten Tag. Es sollte nach Cannes gehen.

Dort fanden gerade die Filmfestspiele statt. Überall auf den Straßen und Plätzen tummelten sich die Stars und Sternchen, darunter die seltsamsten Paradiesvögel, begleitet von Fotografen, Journalisten und Bodyguards – und alle liefen mit irgendeinem Erkennungsschildchen herum. So einen Trubel hatte ich noch nicht erlebt. Ich trug ein normales, langes Sommerkleid, und Dieter war recht sportlich gekleidet. Plötzlich standen wir vor einer Absperrung. Nur Auserwählte durften durch. Dieter trug den Autoschlüssel an einem breiten Band, und ich hatte in meiner Handtasche noch ein Namensschildchen vom Bautzen-Forum. Das hängte ich mir kurzerhand um den Hals, und Dieter tat so, als sei er mein Leibwächter. Er ging vornweg und bat die Leute auf Englisch, mir den Weg frei zu machen. Es klappte perfekt. Dieters entschiedenes Auftreten und dazu mein arrogantes Gesicht öffneten uns Tür und Tor.

Langsam ging mir unser Treiben dann aber doch zu weit, und ich lief einfach davon. Ich hatte das Gefühl, mich mit fremden Federn zu schmücken, und das wollte ich nicht. Wieder einmal bekam ich Angst vor der eigenen Courage.

Plötzlich war mir der ganze Rummel zu viel, und wir verließen Cannes fluchtartig. Am liebsten wäre ich gleich weiter bis nach Hause gefahren, aber Dieter ließ sich nicht dazu bewegen.

Seit Monaten hatten wir zum ersten Mal Streit miteinander. In mir stieg plötzlich wieder die Angst auf: Ich konnte bei der ganzen Geschichte doch nur die Verliererin sein!

Ich lief zum Strand, wollte allein sein. In meinem Kopf drehte sich alles. Ich will nach Hause, ich will nach Hause, sagte die eine Stimme; wenn es am schönsten ist, soll man aufhören, die andere. Denn eines war doch sowieso klar: Eine Zukunft konnte es für uns nicht geben. War es da nicht besser, auf der Stelle Schluss zu machen und nicht erst darauf zu warten, bis Dieter mich verließ?

Ich brauchte Rat und Beistand. Matthias hatte mir Hilfe versprochen, deshalb rief ich ihn in meiner Not an. Ich weinte und erzählte ihm von meinem Kummer. Er tröstete mich. Das sei doch alles gar nicht so dramatisch, sagte er. Allerdings hatte ich nicht bemerkt, dass Dieter während des Telefonats hinter mir stand. Er hörte alles mit an – mein »Gejammer«, wie er es später nannte – und war schwer gekränkt. »Warum hast du so eine schlechte Meinung von mir?«, fragte er. »Vertraust du mir denn nicht?«

Es dauerte keine zehn Minuten, da hatte er mich überzeugt, und wir lagen uns wieder in den Armen.

Noch am selben Tag fuhren wir nach Monaco. Langsam erholte sich meine Seele, die Ruhe und die wunderschöne Aussicht legten sich wie Balsam auf sie. Weit unten glitzerte das Wasser einer herrlichen Bucht. Am Abend gingen wir in Monte Carlo in ein Casino, auf das Dieter zielstrebig zusteuerte – er kannte es von früher. Ich hatte erwartet, dort die ganz »große Welt« zu sehen, und war wieder einmal enttäuscht.

»Für die ganz große Welt reicht unser Geld wohl doch nicht«, sagte Dieter. Aber spielen wollte er. Ich verzichtete darauf, und es dauerte auch nur ein paar Minuten, da hatte er zweihundert Euro verzockt.

Zum ersten Mal während unserer Reise bat er mich nun um Geld. Ich gab ihm nichts; zum Verspielen war mir mein Geld zu schade. Dieter wollte das nicht einsehen und ließ mich einfach stehen. Verärgert stapfte er fünf Schritte vor mir her. Schließlich ging ich in ein Lokal. Ich wollte etwas essen, um mich wieder zu beruhigen.

Nach einer Weile tauchte auch Dieter dort auf, traurig und zerknirscht. »Meinen Geburtstag habe ich mir ein bisschen anders vorgestellt«, sagte er. Ach, du Schreck, dachte ich, heute ist ja der 17. Mai! Ich gab ihm zweihundert Euro als Geburtstagsgeschenk.

Wie Schmidts Katze flitzte er mit dem Geld sofort wieder ins Casino: »Heute ist mein Glückstag«, rief er zum Abschied. Ich blieb im Restaurant sitzen.

Nach anderthalb Stunden war Dieter wieder da. Er hatte neunhundert Euro gewonnen und gab mir die zweihundert zurück, obwohl ich sie ihm doch geschenkt hatte. Er wollte sogar seinen Gewinn mit mir teilen, aber ich nahm das Geld nicht an. Ich spürte, dass Monaco ein zu gefährliches Pflaster für ihn war. Deshalb bestand ich auf der sofortigen Weiterreise.

Nach zwei Tagen am Mont Blanc fuhren wir nonstop nach Hamburg zurück.

Die herrlichen Eindrücke unserer Reise beschäftigten mich noch eine ganze Weile, aber unter der Oberfläche brodelten meine Gefühle. Ich nahm eine Auszeit von acht Tagen, wollte Ruhe finden. Wieder dachte ich daran, mich von Dieter abzunabeln – wie sollte es sonst weitergehen?

Wenig später rief er an. Er bedankte sich für die Reise und sagte dann: »Vielleicht ist es jetzt der richtige Zeitpunkt, um einen Schlussstrich zu ziehen.« Er hatte recht, doch es tat mir auch weh. Wieder einmal flüchtete ich in meinen Wohnwagen in Großenbrode. Unsere schöne Zeit ging mir im Kopf herum, aber auf meinen langen Spaziergängen hämmerte ich mir auch immer wieder ein: Du musst vernünftig sein, du musst vernünftig sein … Irgendwie war es, als hätte ich sogar meinen Schmerz genossen.

Eine Woche später waren wir wieder ein Paar. Dieter stand eines Abends vor meiner Tür. Er sagte nur: »Unsere Zeit ist noch nicht vorbei.« Und ich glaubte es nur allzu gern.

So ging es noch ein paar Monate weiter. Wir machten gemeinsame Reisen, ich lernte Dieters Mutter und seine Schwester kennen. Ich bereue keine Minute. Aber ich hatte auch immer im Kopf, dass ich von mir Vernunft fordern müsse. Deshalb trennte ich mich eines Tages von ihm – endgültig.

Eine Zeitlang konnte ich keinen klaren Gedanken fassen. Natürlich fehlte er mir, aber es nützte ja alles nichts, das Leben musste weitergehen. Matthias brachte es auf den Punkt, als er sagte:

»Mama, dein ganzes Leben war ungewöhnlich, und auch dein Alter ist eben ungewöhnlich. Es ist doch schön, dass du das alles noch erleben konntest.«

Wenn ich heute über die Zeit mit Dieter nachdenke, fühle ich mich durchaus nicht als Verliererin. Ich erfreue mich an der Erinnerung, und wenn ich hin und wieder an meiner Einsamkeit leide, erfüllt sie mich mit positiven Gedanken. Ich glaube, das Wichtigste an dieser Liebesgeschichte ist: Damals habe ich endlich einmal nur für mich entschieden. Das bereue ich nicht. Unsere gemeinsamen Wochen machten mich neugierig, was ich in meinem Leben noch erleben würde. Alles andere, auch die Vergangenheit, trat in den Hintergrund.

Inzwischen ist Dieter ins Ausland gegangen. Er hat dort wohl eine Arbeit gefunden. Wir telefonieren öfters miteinander, und er hat mir versprochen, mich zu besuchen. Das zeigt mir, dass auch er unsere gemeinsame Zeit in guter Erinnerung hat, und das ist mir sehr wichtig.

So half mir mein »Vierter Frühling«, die Kraft zu finden, die ich brauche, um weiter durch die Lande zu ziehen. Die Aufklärungsarbeit ist mein Alltag geworden, und ich bin sehr froh, dass ich dabei auf offene Ohren stoße. Das war nämlich in den vergangenen fünfzig Jahren nicht immer so.

Bürokraten und Akten

Erinnern gehörte nicht gerade zu den Tugenden in der alten Bundesrepublik. Wer »von drüben« kam und als »Politischer« anerkannt wurde, bekam seinen »Flüchtlingsausweis C«. Damit hatte man Anspruch auf ein paar Starthilfen im Westen, und das war es dann auch schon. Als Deutschland 1990 wieder eins wurde, änderte sich alles.

Nun war das große Erinnern angesagt. Ich freute mich für die ehemaligen Haftkameraden und -kameradinnen im Osten. Jahrzehntelang hatten sie nicht über ihr Schicksal sprechen dürfen, und ich wusste aus eigener Erfahrung, wie tödlich das ist. Dass ihnen aber auch einiger Frust bevorstand, ahnten sie nicht. Zum Beispiel bei der Anerkennung von Haftschäden.

Ich musste achtundvierzig Jahre lang darum kämpfen.

Als ich am 18. Januar 1954 entlassen wurde, hatte ich keinen Geruchs- und Geschmackssinn mehr, eine verkapselte TBC und einen verheilten Schädelbasisbruch. Meine Augen waren so lichtempfindlich, dass ich die erste Zeit nur mit Sonnenbrille herumlaufen konnte. Ich bekam eine Schwerbeschädigung von dreißig Prozent zuerkannt.

Damit war ich zufrieden, denn im deutschen Recht heißt dreißig Prozent Schwerbeschädigung ja nicht, dass ich nur ein Drittel meiner Arbeitskraft besitze. Es ist das Maß dafür, wie stark ich bei der Teilnahme am allgemeinen gesellschaftlichen Leben eingeschränkt bin. Diese Einschränkung wird durch Ermäßigungen bei Eintritten, Fahrkarten und Ähnlichem ausgeglichen. Außerdem können Behinderte nicht so schnell entlassen werden, wenn sie denn überhaupt erst einmal eine Arbeit haben. Also waren dreißig Prozent für mich in Ordnung.

Zum Glück hat sich dann das Sehen verbessert. Natürlich fiel mir das sofort wieder auf die Füße. Bei einem der vielen Vorstellungstermine beim Versorgungsamt wurde ich ganz heimtückisch gefragt: »Na, Frau Riemann, geht es Ihnen wieder ein bisschen besser?« Ich dummes Huhn sagte »ja«, und schwupps, wurde ich auf fünfzehn Prozent Behinderung heruntergestuft. Das hilft dann gar nicht mehr; nicht einmal im Museum bekommt man eine Eintrittsermäßigung.

Ich war ganz schön sauer, denn schließlich hatte ich ja im wahrsten Sinne des Wortes nicht alle meine fünf Sinne beieinander. Geruch und Geschmack fehlten. Sie ergänzen sich, und wenn sie nicht vorhanden sind, merkt man nicht, ob man in eine saure

Gurke oder einen Schokoriegel beißt. Das ist kein sehr angenehmes Gefühl.

Jedenfalls bin ich deswegen immer wieder zum Versorgungsamt gegangen. Nach einer Weile kam wenigstens vorübergehend der Geruchssinn wieder, und ich konnte auch etwas schmecken. Das ging etwa zehn Jahre lang gut, bis mich eine schwere Bronchitis erwischte. Fieber, Schweißausbrüche – das volle Programm. Der Arzt wollte mir direkt in den Hals sehen, und ich musste einen Schlauch schlucken. Vorher gab es Valium, trotzdem wurde mir speiübel. Aber ich hatte ja schon eine Blinddarmoperation ohne jegliche Betäubung durchgestanden. Also nahm ich mich zusammen, und bald war die Bronchitis vergessen – aber auch Geschmack und Geruch hatten sich verflüchtigt.

Damals wusste ich mir nicht anders zu helfen, als gegen den Arzt wegen eines Kunstfehlers zu klagen. Ein Akt der Verzweiflung. Da hatte sich nach Jahren einmal etwas an meinem Zustand gebessert, und nun das! Jedenfalls stellte das Gericht fest, der Arzt habe sich keinen Kunstfehler zuschulden kommen lassen. Der Verlust meiner Sinne sei eine Spätfolge der Haft. Der Arzt war aus dem Schneider, und ich hatte das Nachsehen.

Also wieder Anträge stellen, auf Fluren sitzen, Termine in Ämtern wahrnehmen – ich hatte von dieser ganzen Bettelei die Nase gestrichen voll! Am liebsten hätte ich aufgegeben. Zum Glück stand mir dann mein Hausarzt in Wuppertal, Dr. Otto, zur Seite. Er leitete eine Überprüfung meines Falls in die Wege, half mir bei den entsprechenden Formularen, und so wurde schließlich nach etlichen Untersuchungen und langer Wartezeit ein Grad von fünfzig Prozent Schwerbeschädigung bestätigt.

Damit genoss ich nun zwar ein paar kleine Vorteile, aber meine Haftschäden waren immer noch nicht anerkannt. Über vierzig Jahre nach dem Gefängnis! Aber die Mühlen der Bürokraten mahlen langsam.

Das bestätigte sich auch beim nächsten Antrag. Nachdem ich ihn abgegeben hatte, dauerte es geschlagene anderthalb Jahre, bis man mich zur Untersuchung ins Versorgungsamt bestellte. Der 2. Mai 2004, herrliches Sonnenwetter, ich war vierundsiebzig und gerade frisch verliebt. Das habe ich der Ärztin natürlich nicht auf die Nase gebunden.

Ich war zu einer Lesung nach Stralsund gefahren und hatte mir danach ein paar Tage Urlaub auf Rügen gegönnt. Auf die Vorladung hin erschien ich braun gebrannt in einem orangefarbenen Kleid. Die Ärztin hinter ihrem Schreibtisch kippte fast vom Stuhl, als sie mich sah. Dann die obligatorische Frage: »Na, wie geht es Ihnen denn so?« Ich sagte ganz locker: »Wenn man das Schlechte nicht zählt, geht es mir gut.« Darauf sie: »Mein Gott, was soll ich bloß mit Ihnen machen. Sie sehen ja aus wie das blühende Leben. Ich hatte ein verhärmtes, altes Mütterchen erwartet, und nun das!«

Vollkommen hilflos blätterte sie in meinen Akten. Ich sah, dass auch mein Buch dabeilag. Die Frau Doktor hatte es sogar gelesen, und so entwickelte sich ein gutes Gespräch.

Ich schilderte ihr, wie schwer es mir fällt, in einer vollen Straßenbahn zu fahren. Wie ich Angst bekomme und an der nächsten Station aussteigen muss, wenn das Gedränge zu groß wird. Oder im Kaufhaus: Sobald jemand hinter mir steht, fängt es an zu kribbeln. Dann muss ich raus. Ins Theater gehe ich entweder ganz früh, wenn die Reihen noch unbesetzt sind, oder im Dunkeln, wenn mich keiner sieht. Ich erzählte von den Albträumen und wie es ist, mitten in der Nacht schweißgebadet aufzuwachen. Und ich sagte ihr auch, dass ich über viele meiner kleinen Macken schon gar nicht mehr reden mag. Zum Beispiel darüber, wie mir bis heute die Hände automatisch auf den Rücken wandern, wenn ich eines meiner Gefängnisse betrete – als Besucherin oder sogar Ehrengast.

Die Ärztin hört sich in Ruhe an, was ich ihr erzähle, und macht sich eifrig Notizen. Als ich dann sage: »Wissen Sie, Frau Doktor, das ist eben meine Knastmauke. Damit lebe ich seit fast fünfzig

Jahren«, blickt sie auf: »Frau Riemann, wenn das so ist – das sind Sachen, die kann man gar nicht simulieren!« Sie hebt mein Buch hoch. »Und wer nach so vielen Jahren alles so genau aufschreibt, der kann auch kein Simulant sein.«

Dann folgt wieder die unerfreuliche Diskussion über die Haftschäden. Die Ärztin meint, sie könne sie immer noch nicht anerkennen, weil sich ja zwischendurch Geschmack und Geruchssinn wieder eingestellt hätten. Erst mit der Bronchitis seien sie erneut verschwunden, und diese Krankheit habe mich ja lange nach der Haft ereilt.

Na, da war sie bei mir an der richtigen Adresse. Ich hatte es ja schwarz auf weiß aus dem Prozess, dass es sich um Haftschäden handelte und nicht um Behandlungsfehler. Aber ich ritt nicht weiter darauf herum. Wozu hatten wir einen Rechtsstaat, das ließ sich doch alles klären. Widerspruch, Berufung – ich war entschlossen zu kämpfen. Der Ärztin sagte ich stattdessen etwas ganz anderes.

»Ich bin heute für meine Leidensgenossinnen hier erschienen. Viele von ihnen kämpfen seit Jahrzehnten um eine kleine Rente. Von den Ämtern werden sie immer wieder verschaukelt. Monate vergehen, bevor Schreiben beantwortet werden, Termine gibt es nach jahrelanger Wartezeit!«

Die Ärztin schaute mich betroffen an. Ich machte weiter: »Noch vor zwei Jahren hätte ich Ihnen die Füße geküsst für die Anerkennung und Bewilligung einer Rente für die Haftschäden. Heute geht es mir nur noch um die Gerechtigkeit. Des Geldes wegen würde ich das alles nicht machen. Ich bin es leid – immer wieder die alte Leier!«

Ich legte noch ein paar Kohlen nach und ließ meiner Wut über diese Ämter und Bürokraten freien Lauf: »Entweder sie sind zu dumm oder zu faul für ihre Arbeit. Anders kann es ja gar nicht sein. Sonst würde es doch nicht immer so ewig dauern, bis sich mal etwas bewegt. Wahrscheinlich sind das alles Weltmeister im Beamten-Mikado – wer sich als Erster bewegt, hat verloren. Und die Regierung setzt anscheinend auf die biologische Lösung des Problems. Eines Tages sind wir alle tot. Dann braucht keiner von uns mehr eine Rente!«

Nachdem ich so meinem Herzen Luft gemacht hatte, fühlte ich mich erheblich wohler.

Dann kam der Termin für die Akteneinsicht bei der Stasi. Ich fuhr dazu extra nach Chemnitz. Eine gute Bekannte von der Friedrich-Ebert-Stiftung begleitete mich, denn ganz allein wollte ich mir das nicht antun.

Und es war auch gut, dass sie dabei war. Beim Lesen fuhren meine Gefühle Achterbahn. Alles war wieder da, als wäre es gestern gewesen. Da kamen Dinge zum Vorschein, die ich lange verdrängt oder sogar schon vergessen hatte. Dabei handelte es sich allerdings um Kleinigkeiten. Im Grunde bestätigten die Akten all das, was ich in meinem Buch »Die Schleife an Stalins Bart« geschrieben hatte. Darüber war ich froh, denn die Erinnerung spielt einem oft genug einen Streich. Jedenfalls staunte ich, wie vieles – besonders aus Hoheneck – festgehalten worden war. Offenbar hatten wir dort Tag und Nacht unter Beobachtung gestanden. In den Akten ist auch vermerkt, dass ich keinen Geschmacks- und Geruchssinn mehr habe. Allerdings wurde die Misshandlung als simpler »Unfall« deklariert. Das wunderte mich keine Sekunde. Wenn die Täter Protokoll über ihre Taten führen, versuchen sie natürlich, sich aus der Verantwortung zu ziehen.

Noch beim Lesen in Chemnitz kam wieder die Wut in mir hoch. Es ist eine Schande, wie die Behörden mit uns umgehen. Hier stand es doch unmissverständlich, dass meine Gesundheitsschäden in der Gefangenschaft entstanden waren!

Obwohl ich mich über den ganzen Vorgang eigentlich nicht mehr ärgern wollte, wurde ich doch noch einmal mit meiner Stasi-Akte beim Gesundheitsamt vorstellig – und zwar laut. »Ich werde in Berufung gehen, wenn dieses Theater nicht bald aufhört«, wetterte ich. »Das muss man sich doch mal vorstellen: Da kommt jemand nach acht oder noch mehr Jahren aus dem Knast, und die Herren und Damen Bürokraten überlegen lang und breit, ob er seine Haftschäden nicht einfach nur simuliert. Als ob ich freiwillig in Gefangenschaft gewesen wäre, um danach Rente zu kassieren.«

Am Ende wurde mir eine Schwerbeschädigung von achtzig Prozent zuerkannt. Das machte unterm Strich 245 Euro Rente aus. Nicht viel, aber ich bin zufrieden. Letztlich geht es doch nur um die Gerechtigkeit. Deshalb habe ich mich auch über die Ehrenpension von 250 Euro im Monat für die SED-Opfer gefreut. Unter meinen Kameradinnen und Kameraden aus der Gefangenschaft gab es einige, die sich über den geringen Betrag aufgeregt haben. Aber bei solchen Dingen geht es nicht ums Geld, sondern um eine Geste – darum, dass unser Leiden auch öffentlich anerkannt wird. Mit Geld sind die Wunden ohnehin nicht zu heilen, und vergangenes Unrecht lässt sich nicht ungeschehen machen. Aber wer über eine Opferrente redet, muss sich zwangsläufig vor Augen führen, dass es dieses Unrecht gab. Und genau darauf kommt es an: dass die Menschen sich dies heute bewusst machen.

In Schloss Bellevue

Über ein Thema wollte ich schon lange einmal mit dem Bundespräsidenten sprechen, und da nutzte ich dann bei meinem Besuch in Schloss Bellevue Anfang 2009 auch gleich die Gelegenheit. Ich finde nämlich, dass die Zeit des Unrechts nach 1945 viel zu wenig im Bewusstsein der Deutschen präsent ist. Bei all meinen Lesungen und Diskussionen spüre ich immer wieder das Erstaunen darüber, dass es so etwas überhaupt gegeben hat.

Die Unkenntnis hat ihre Ursachen: Im Osten war es den Betroffenen vierzig Jahre lang untersagt, über ihr Schicksal zu sprechen. Die Angst davor, erneut Repressalien ausgesetzt zu werden, hatte zur Folge, dass dieses Verbot auch eingehalten wurde. Im Westen blieb die Diskussion über das verübte Unrecht auf das kleine Grüppchen der Betroffenen beschränkt. Wir waren immer zu zersplittert und hatten nie die Möglichkeit, mit einer Stimme zu sprechen. So blieben wir, die in der Sowjetischen Besatzungszone inhaftierten Deutschen, ungehört.

Aber unser Schicksal sollte zur Kenntnis genommen werden und bei den Politikern Gehör finden. Es muss ja nicht viel sein, es soll nur ins öffentliche Bewusstsein dringen. Und so habe ich es auch Horst Köhler gesagt.

Seine Reaktion war diplomatisch. Die Zeit sei noch nicht gekommen, meinte er. Deshalb sei es wichtig, als Zeitzeuge darauf hinzuwirken. Dafür seien wir ja da, antwortete ich und fühlte mich darin bestärkt, weiter meine Pflicht zu tun.

Persönlich habe ich den Bundespräsidenten zum ersten Mal 2007 auf dem Bautzen-Forum getroffen. Das war eine Veranstaltung, bei der sich Politiker, Opfer der DDR-Diktatur und Schülerinnen und Schüler trafen, um miteinander zu reden. Diese jungen Leute haben die DDR ja nicht mehr aus eigener Anschauung kennengelernt. Sie wissen nicht, was Unfreiheit wirklich bedeutet. Und sie können es ja auch gar nicht wissen, da sie heute unter völlig anderen Verhältnissen leben.

Horst Köhler verzichtete auf eine lange Rede. Er forderte die Jugendlichen auf: »Fragen Sie! Nutzen Sie die Gelegenheit, Informationen aus erster Hand zu bekommen.«

Und die fast vierzig Mädchen und Jungen aus der Gruppe ließen sich nicht lange bitten. Der Präsident stellte mich vor und sagte, ich hätte für einen »Kinderstreich« acht Jahre meiner Jugend verloren. Da wurde es ganz still im Saal. Eine Schülerin fragte, ob ich auch sexuell belästigt worden sei. Ich antwortete: »Ich habe zwar meine Schneidezähne verloren, als ich mich eines zudringlichen sowjetischen Wächters erwehren musste, aber sonst ist in dieser Hinsicht nichts passiert.«

Das wollten die Zuhörer erst gar nicht glauben, aber so war es eben. Es ist wichtig, nur die Wahrheit zu berichten und nicht alles in Schwarz oder Weiß zu malen. Die Wahrheit ist grausam genug, jede Übertreibung wäre da nur unglaubwürdig.

Nach der Diskussion hatte ich Gelegenheit, mit Horst Köhler zu sprechen. Ich fragte ihn, ob er mein Buch schon gelesen habe, und er antwortete, er habe davon gehört. Natürlich bekam er dann von mir das Buch mit Widmung geschenkt. Horst Köhler versprach, es zu lesen.

Dass er sein Versprechen hielt, erfuhr ich etwa anderthalb Jahre später. Auf einigen Umwegen erreichte mich eine Einladung des Bundespräsidenten ins Schloss Bellevue in Berlin, seinen Amtssitz. Dort fand ein Empfang zur Ehrung all jener statt, die sich als Zeitzeugen für die Aufarbeitung politischen Unrechts in der SBZ und DDR besonders engagiert hatten.

Zuerst sprach Horst Köhler. In seiner Rede schien es ihm vor allem darum zu gehen, uns Zeitzeugen zum Weitermachen zu animieren. Viele von uns sind inzwischen schon recht betagt, und es fällt ihnen schwer, öffentlich aufzutreten. Andere haben resigniert, und manche möchten an die schlimmen Erfahrungen von früher gar nicht mehr erinnert werden. Auf mich wirkte der Appell des Bundespräsidenten sehr überzeugend. Er wurde unterstützt durch ein paar Filmausschnitte, die Horst Köhler bei Besuchen in verschiedenen Schulen zeigten. Aus den dort geführten Gesprächen ging hervor, wie wenig manche Jugendliche von den früheren Verhältnissen wissen. Für mich war das keine Neuigkeit, aber einigen der Eingeladenen konnte man ihre Verblüffung ansehen.

Wolf Biermann antwortete dann auf die Rede von Horst Köhler. Er begrüßte uns mit den Worten: »Herzlich willkommen in der Köhler-Höhle!« – das lockerte die Stimmung auf einen Schlag gewaltig. Er scherte sich auch nicht um die vorgegebene Redezeit von fünf Minuten, sondern sprach eine halbe Stunde. Das war interessant, aber die Probleme, die die Leute seiner Generation mit der DDR gehabt haben, waren ganz anderer Art als die Verhältnisse in der Nachkriegszeit, die Verurteilung durch die Russen und die reine Willkür, die damals herrschte.

Horst Köhler schien das gut zu verstehen. Nach dem offiziellen Teil kam ich bei einem kleinen Empfang ins Gespräch mit ihm und merkte, dass er mein Buch inzwischen gelesen hatte und sich darin offenbar gut auskannte. Es eigne sich gut für den Geschichtsunterricht, sagte er. Natürlich versprach ich ihm, weiter als Zeitzeugin zur Verfügung zu stehen. Aber ich sagte ihm auch, dass ich mich dabei oft wie ein einsamer Wolf fühle.

Ich war mit der Begegnung sehr zufrieden. Man spürte, dass alles, was gesagt wurde, auch so gemeint war. Das ist nicht immer der Fall. Bei Lesungen und Diskussionsrunden habe ich auch andere Politiker erlebt, denen nur Sprechblasen aus dem Mund quollen. Das geht mir jedes Mal gegen den Strich: Es muss ja niemand reden, wenn er nichts zu sagen hat. Und für Smalltalk sind unsere Geschichten ohnehin nicht geeignet.

Meine Kinder und ich

Matthias

Mein erstes Kind und ältester Sohn Matthias wurde 1955 geboren. Wenn ich mich daran erinnere, kann ich den Gedanken nicht ganz beiseiteschieben, dass sich meine Begeisterung darüber in Grenzen hielt.

Es war eine schreckliche Schwangerschaft, und nur mit Müh und Not haben wir sie beide überlebt. Immer wieder horchte ich in mich hinein. Dort, ganz aus dem Innersten, sollte das Glück doch kommen. Ich wartete vergeblich.

Die Freude kam erst, als ich mein kleines, schwächliches, rothaariges Bündel in den Armen hielt. Die Natur vergalt mir die Mühsal der Schwangerschaft: Ich konnte mein Baby acht Monate lang stillen. Das machte mich froh, und ich glaubte, alles andere komme nun von selbst.

Erst heute ahne ich, wie überfordert ich damals war. Während der acht Jahre meiner Gefangenschaft hatte ich von einer heilen Familie geträumt. Nun wollte ich diesen Traum endlich Wirklichkeit werden lassen. Dass man dafür Zeit und vor allem Geduld braucht, begriff ich nicht so schnell. Ich hatte doch gar keine Zeit, ich hatte doch gerade so viel versäumt. Ich trieb das Leben voran, wollte endlich Normalität. Oder das, was ich dafür hielt.

Zu meiner Unrast kam Helmuts Ungeduld. Auch er hatte im Gefängnis Jahre verloren und wollte nun das Leben genießen. Dazu gehörte für ihn natürlich auch eine Frau, die er sexuell besitzen konnte. Mir war das ja auch recht – aber doch erst, wenn wir mit Brief und Siegel verheiratet sein würden.

Eigentlich kannten wir uns kaum. Was wir für Liebe hielten, war nur die Laune des Schicksals, die uns auf ähnliche Lebenswege geschickt hatte. Wir hatten beide gesessen – uns schien das als Basis einer Beziehung zu reichen. Das war von Anfang an ein Irrtum.

Mutter litt unter unserem Egoismus, doch sie verbarg ihren Kummer vor uns. Wir verlangten von ihr nicht nur, uns die zur Hochzeit nötigen Papiere nach Glücksburg zu bringen – dort verbrachten wir gerade gemeinsam eine Kur –, sondern schämten uns auch nicht, sie dann kaltschnäuzig wieder nach Hause zu schicken. Das Hochzeitspaar wollte mit den geladenen Gästen – Haftkameradinnen und -kameraden – unter seinesgleichen bleiben. Außerdem durften Helmuts Eltern ja auch nicht aus der DDR anreisen. Ich war damals ein hartes Mädchen.

Wie weh ich damit meiner Mutter getan habe, weiß ich erst heute. Tieftraurig fuhr sie damals zurück nach Hamburg. Ihre Tränen habe ich nicht gesehen. Sie weinte nur in der Nacht. Und ich war mir nicht einmal bewusst, wie sehr ich sie gekränkt hatte.

Wie grausam Kinder zu ihren Eltern sein können, begriff ich erst viel später. Am eigenen Leib. Es ist wohl so, dass einem manches erst in der Konfrontation mit der nächsten Generation vergolten wird: Liebe ebenso wie Leid.

Während der Schwangerschaft bewegte mich ein Wechselbad von Glücksanspruch, Glücksmomenten und Verlustangst. Es war für mich eine widersprüchliche Situation: Manchmal war ich mir selbst böse, weil ich nicht die uneingeschränkte Freude empfinden konnte, die ich mir erhofft hatte. Und ich wusste nicht, warum. Was war mit mir los? Ich erwartete doch mein Kind – und dennoch gab es da immer diesen kleinen Stich.

Um die Liebe zu Matthias zu finden, musste ich mich erst von Helmut befreien. Es fiel mir nicht schwer, denn wir hatten keine tiefe innere Bindung.

Aber es lief wieder so, wie ich bisher das Leben kennengelernt hatte: als würde ich geprügelt, bis ich hilflos am Boden lag. Gedemütigt von Helmuts Lügen und seiner Schamlosigkeit. Diese Prügel wurden nicht mit der Faust oder dem Riemen ausgeteilt, wie ich es zur Genüge kannte. Es gab sie ohne jede Berührung, sie krochen in meine Gedanken, zerstörten meine Nächte. Wie immer erwachten auch dieses Mal meine Kräfte, als mich die Albträume ganz tief auf den Boden gedrückt hatten. Ich wollte kämpfen, und ich würde kämpfen. Es sollte nicht mehr dieses Nichts sein, in das ich vor den Russen fortlief, dieses Nichts, in dem man lief und lief und niemals ankam. Ich hatte doch nun mein Kind!

Erstaunt stellte ich eine Veränderung an mir fest: Bislang nie gekannte Gefühle wuchsen in mir. Es war, als hätten sie sich freigestrampelt – wie mein Matthias. Ich fing an, meinen Sohn zu lieben. Ich weinte und lachte über sein kleines Leben. Plötzlich fühlte ich mich überglücklich. Es war so etwas wie Menschsein, das sich in mir ausbreitete.

Matthias war in seinen ersten Lebensjahren – eigentlich bis zum Eintritt in die Schule – sehr oft krank. Dies war wohl auch die Folge meines fehlenden körperlichen und seelischen Gleichgewichts.

Wer Schlimmes erlitten hat, freut sich ganz besonders auf ein wenig Glück. Aber er hat auch besonders große Angst davor, dass ihm dieses Glück wieder aus den Händen gleitet.

Bei mir kam diese Angst mit jedem Albtraum wieder. Es waren stets dieselben Bilder: Ich renne, renne und renne und kann trotzdem meinen Verfolgern nicht entkommen. Es sind Uniformen ohne Gesichter, die mich bedrohen. Und nicht nur mich. Wenn mein Kind vor Hunger schreit, sind es diese Uniformen ohne Gesicht, vor denen ich es schützen muss. Ich schaffe es einfach nicht. Es ist immer wieder das Gleiche: Schweißnass und mit flatterndem Herzen wache ich auf und fühle: Hier ist die Mauer. Ich kann nicht über sie hinweg.

Meist ist tagelange Unzufriedenheit die Folge. Vielleicht hilft Matthias mir eines Tages über die Mauer. Ich wünsche es mir so sehr.

Glücklicherweise gedieh der Junge trotz seiner Krankheiten und des Eintritts ins Leben als Achtmonatskind. Allerdings bremste ich ihn oft ein wenig, wenn es ums Toben und Tollen ging. Auch die Ärzte hatten es mir so geraten.

Irgendwann einmal, es muss wohl in seinen ersten Schuljahren gewesen sein, beschloss ich, ihm doch mehr zuzutrauen. Er durfte Rad fahren und Fußball spielen. Das war eine Befreiung für uns beide. Wir dachten überhaupt nicht mehr an seine Krankheiten, und Matthias entwickelte sich zu dem, was er jetzt ist – zu einem stattlichen Mann.

In meinem Herzen ist er aber mein Kind geblieben. Das macht mir wiederum manchmal Probleme. Er ist längst selbst Vater von zwei Kindern, Katja und Jan. Aber es ist wohl sehr schwierig für Mütter und Großmütter, einfach zu akzeptieren, dass die Kinder erwachsen geworden sind. So sehr ich mir auch Mühe gebe und mein Verstand das auch begreift – mit dem Gefühl habe ich da bis heute meine Probleme.

Manchmal denke ich, ich habe immer um die Liebe meiner Kinder gebuhlt – so wie auch um die Liebe meines Vaters. Und bei Matthias war es oft besonders schwer. Er war ja der Älteste und schon in häusliche Pflichten eingebunden.

Der Junge hat nach der Schule seinen Weg gemacht. Als ich Mitte der siebziger Jahre nach Wuppertal zog, blieb er in der Wohnung in Hamburg. Er lernte dort Industriekaufmann und bildete sich auch danach weiter. Ich habe mich darüber gefreut, wie zielstrebig er seinen Weg gegangen ist. Von schwieriger Kindheit wollte er nichts wissen, ich durfte auch nie mit ihm darüber sprechen.

Anfang der achtziger Jahre verpflichtete er sich für vier Jahre bei der Bundeswehr. Es mussten unbedingt auch noch die Fallschirmspringer sein. Dabei hätte er gar nicht zum Bund gemusst, weil ich ja als politischer Flüchtling aus der DDR anerkannt war. Aber er wollte sich damit wohl etwas beweisen.

Für Matthias kam es überhaupt nicht in Frage, sich auf mich zu berufen, um die harte Zeit beim Bund zu umgehen. Er hatte von mir alle Papiere verlangt, auch die Bescheinigungen, die Auskunft über seine gesundheitlichen Probleme in der Kinderzeit gaben. Diese Atteste ließ er bei seiner Bewerbung kurzerhand unter den Tisch fallen.

Ich war sehr aufgeregt, als ich von seinen Soldatenplänen erfuhr. Um meinen Rat gefragt hatte er nicht – das musste er ja auch nicht tun. Welcher erwachsene Mann fragt schon die Mutter, was er tun soll! Jedenfalls habe ich mir große Sorgen gemacht, und natürlich blieb ich mit den Sorgen ganz allein. Wie immer. Das war ich gewohnt.

Aber ich habe ja die Kinder auch mit manchen Dingen allein gelassen. Von meiner Haft wusste Matthias. Aber er hatte es eher durch Zufall erfahren. Er war immer etwas verärgert, weil ich mich im Verband der Spätheimkehrer so oft um frühere Häftlinge kümmerte, für ihn und seine Geschwister aber immer wenig Zeit hatte. Eines Tages sagte dann der Vorsitzende unseres Vereins zu ihm: »Ja, weißt du denn nicht, dass deine Mutter auch von politischer Verfolgung betroffen war?«

Die Einzelheiten aber kannte er nicht. Ich war da immer hin- und hergerissen. Sollte ich darüber erzählen, konnte ich es überhaupt? Würde das alles meine Kinder nicht zu sehr belasten? Und was für ein Bild würden sie danach von ihrer Mutter haben? Wie schnell heißt es: Wer im Knast sitzt, ist doch irgendwie auch immer selbst daran schuld. Und dann?

Ich habe jedenfalls lieber geschwiegen. Auch wenn es vielleicht manchmal besser gewesen wäre, zu reden. Dass ich mir selbst damit geschadet habe, begriff ich erst viel später.

Matthias war schon als Junge sehr wissbegierig. Vor der Umschulung ins Gymnasium war er der Einzige in seiner Klasse, der die gerade errichtete Mauer aus eigener Anschauung kannte. Ich habe ihn mit nach Berlin genommen und ihm einiges erklärt, und er begleitete mich natürlich auch bei den Besuchen in Thüringen, wo ich ihm in Mühlhausen die Schule zeigte, in der alles begonnen hatte. Ich band Matthias früh in meine Geschichte ein. Unbewusst. Ich wollte ihn damit nicht belasten. Aber ich brauchte jemanden, der wenigstens Bescheid wusste. Niemals hätte ich mich bei ihm ausgeweint.

Nach meiner Scheidung von meinem zweiten Mann Franz nahm Matthias fast automatisch die Rolle des Ersatzfamilienvorstands ein. Er war eben der Große. Ich habe das nicht gewollt oder gar befördert – es hat sich so ergeben.

Natürlich richtete Matthias seine unsichtbaren Schutzwälle gegen mich auf. Ich habe bis heute nie ganz hinter sie schauen können.

Auf der einen Seite ist er sehr hart zu mir. Da kommen dann schon mal Worte wie: »Nun jammere mir nicht die Ohren voll und reiß dich zusammen. So haben wir es schließlich von dir gelernt.« Dass diese Härte manchmal sehr verletzend wirkt – immer dann, wenn meine Haut besonders dünn ist –, scheint er nicht zu bemerken. Auch nicht, dass ich gerade in solchen Situationen immer eine Weile brauche, um Sprüche dieser Art richtig einzuordnen. Ich kann nicht so leicht über meinen Schatten springen. Und das will ich auch nicht. Wir sind uns dann meist ein bisschen böse, aber das vergeht.

Andererseits weiß ich ganz genau: Matthias würde mich nie im Stich lassen. Deshalb bin ich mit seiner Hilfe in die Wohnung neben seiner gezogen. Er bringt hin und wieder Essen, kommt auf eine Tasse Kaffee vorbei. Bitte ich ihn bei solcher Gelegenheit, eine Glühbirne zu wechseln, kommt wieder die Härte durch. »Hol doch den Hausmeister«, heißt es dann.

Dieses Harte neben dem Weichen. Schon bei meiner Mutter

bin ich so schwer damit klargekommen. Früher dachte ich, das eine schließt das andere aus, aber nach endlosen durchwachten Nächten bin ich inzwischen darauf gekommen, dass es sich um zwei Seiten einer Medaille handelt.

Matthias will nicht, dass ich mich gehen lasse. Deswegen setzt er seine Härte dagegen. Ich zweifle nicht daran, dass er im Fall eines Falles ohne Wenn und Aber für mich da wäre – aber es fällt mir so furchtbar schwer, dies nicht nur mit dem Kopf, sondern auch mit dem Gefühl zu begreifen. Das Gefühl sagt mir dann oft: Siehst du, du kommst nicht an ihn heran. Du schaffst es immer noch nicht, du wirst es nie schaffen. Da brauche ich oft eine Weile, bis mir klar wird: Es ist nicht böse gemeint.

Matthias hat eine Heidenangst davor, dass ich mich zu sehr an ihn klammere. Ich sage, ich könne das verstehen – aber in Wirklichkeit verstehe ich es vielleicht doch nicht. Das Klammern, das war es doch, was ich auch meiner Mutter vorgeworfen habe. Natürlich im Stillen, ohne ein Wort darüber zu verlieren.

Aber ich war oft verärgert über die Selbstverständlichkeit, mit der sie sich immer wieder in mein Leben schob. Andererseits mochte ich es auch nicht missen.

Ich erinnere mich an einen Nachmittag in der Wohnung am Kalenbarg. Unangemeldet tauchte Mutter auf, ein paar Freunde aus dem Heim hatte sie gleich mitgebracht. »Erika, es ist doch so ein schöner Tag. Wir wollen ein bisschen bei dir auf der Terrasse sitzen.« Noch ehe ich mich vom ersten Schreck erholt hatte, erklärte sie fröhlich und unbefangen, ein paar Leute würden noch kommen. Dann fuhr ein Taxi vor. Einer hatte sein Akkordeon mitgebracht, eine andere ihre Geige. Ich rannte zur Nachbarin, um wenigstens noch ein paar zusätzliche Kekse zu borgen. Derweil hatte es sich mein Seniorenclub auf der Terrasse gemütlich gemacht. Mutter sang Couplets, es wurde musiziert, geschäkert und gelacht. Dann kam die Abendbrotzeit heran. Inzwischen war auch noch Matthias erschienen, und keiner wollte gehen. Ich räumte meinen Kühlschrank aus, machte Schnittchen, und es war schon dunkel, bis schließlich wieder Ruhe einkehrte. Trotz des Überfalls hatten alle den Nachmittag in schöner Erinnerung.

Das ist ein Beispiel für das, was es mir heute mit Matthias manchmal so schwermacht: Er will nicht akzeptieren, dass ich mich einfach in sein Leben schiebe, wie meine Mutter es bei mir getan hat. Das ist auch richtig so, anders kann er gar nicht handeln. Andererseits spüre ich, dass er mich mag, dass er immer für mich da ist. Abstand und Nähe, hart und weich – es fällt mir manchmal schwer, diese beiden Seiten seiner Gefühle unter einen Hut zu bringen. Aber ich denke, es ist seine ganz persönliche Form der Liebe. Er möchte, dass ich selbständig bleibe. Und darin sind wir uns wiederum völlig einig.

Claudias Geschichte

Claudia war unser Wunschkind. Ich war 1960, sechs Jahre nach der Haft, innerlich endlich ein bisschen mehr zur Ruhe gekommen und träumte mit Franz den Traum einer heilen Familie. Dazu gehörten gemeinsame Kinder, und als ich wieder schwanger wurde, glaubte ich, nun alles nachholen zu können, was ich bei Matthias versäumt hatte.

Das Baby in meinem Bauch fühlte sich nicht so fremd an wie beim ersten Mal. Ich genoss das Wachsen des Kindes, und als Claudia 1961 geboren wurde, schien ich alle Zutaten für ein erfülltes Familienleben zusammenzuhaben.

Dass in meiner Ehe mit Franz damals schon der Spaltpilz wucherte, merkte ich nicht. Oder ich wollte es nicht merken, denn es war die Sexualität, unsere körperliche Beziehung, die von Anfang an nicht stimmte. Und darüber sprach man ja schließlich nicht. Dieses Schweigen über die natürlichsten Dinge der Welt machte Claudia schließlich zu einem Scheidungskind.

Damals wurde über die Probleme solcher Kinder auch noch nicht so viel nachgedacht wie heute. Trotzdem waren sie da.

Für mich stand an erster Stelle mein Schuldbewusstsein Franz gegenüber. Ich bot ihm im Bett nicht das, was er als Mann vermeintlich »brauchte«. Zuerst stand die Schwangerschaft im Wege, danach habe ich mich hinter meinem Baby versteckt. Erst heute kann ich darüber sprechen. Und erst heute stelle ich mir die Frage: War es wirklich nur meine Schuld?

Es war die Moral der damaligen Zeit. Die Frau hatte ihre »ehelichen Pflichten« zu erfüllen; im schlimmsten Fall konnte der Ehemann sie sogar einklagen! Gar nicht darüber zu sprechen bot sich für mich als der Weg des geringsten Widerstandes an. Das war verkehrt und für mein ohnehin angekratztes Selbstbewusstsein von Schaden. Als Franz fremdging, sah es für mich so aus, als hätte ich wieder einmal etwas nicht zu Ende gebracht. Als sei ich unfähig, das Leben in den Griff zu bekommen.

Das wirkte sich natürlich auf Claudia aus. Besonders als sie dann größer wurde. Nun spürte sie nämlich auch, dass für sie mit dem Verschwinden des Vaters ein sozialer Abstieg verbunden war. Auch wenn ich mich noch so sehr anstrengte, ich konnte als allein erziehende Mutter meinen beiden Kindern nicht den Lebensstandard bieten, den sie in einer alteingesessenen Hamburger Kaufmannsfamilie gehabt hätten. Dafür schämte ich mich manchmal.

Trotz glücklicher Kindheit spitzten sich unsere Probleme zu, als Claudia in die Pubertät kam. Es war das alte Phänomen: Eltern vergessen oft, was für ein Gefühlscocktail in den jungen Menschen brodelt. Obwohl sie es selbst erlebt haben. Da tut man anderen weh, ohne es zu wollen, aber es geht einfach nicht anders. Oder man ist todtraurig wegen irgendwelcher Pickel oder der Gleichgültigkeit eines heimlich ausgeguckten Schwarms – es ist eine Zeit mit Tausenden und Abertausenden von Problemen.

Und ich hatte erst vor wenigen Jahren diese schwere Zeit im

Gefängnis erlebt – ohne das Verständnis der Mutter oder die helfende Hand des Vaters. Ich hatte keinerlei Erfahrungen, die ich an meine Tochter hätte weitergeben können.

In ihrer Hilflosigkeit richtete sie ihren Hass gegen meinen neuen Mann Eberhard, den ich in Wuppertal geheiratet hatte. Mit ihm sollte sie nun auf einmal die Mutter teilen – das fand sie unzumutbar. Für Claudia schien es, als sei Eberhard in ihr Leben eingedrungen, um ihr etwas wegzunehmen.

Sie konnte nicht verstehen, dass ich als Frau in den besten Jahren das Bedürfnis hatte, einen Mann nicht nur an meiner Seite, sondern auch in meinem Bett zu haben. Ich stand zwischen Claudia und Eberhard und hatte das Gefühl, zwischen allen Stühlen zu sitzen. Ich liebte doch beide! Es musste einfach Zeit vergehen, und sie heilte schließlich die Wunden. Claudia lernte vor ihrem Studium der Betriebswirtschaft in der Anwaltskanzlei ihres Vaters, und als sie schließlich ihre eigene Liebe fand, waren unsere Kämpfe vergessen. Doch auch das ging nicht ohne Probleme ab.

Die Geschichte begann im Sommer 1978 am Plattensee in Ungarn. Wir machten dort Urlaub. Im Sommer gibt es am »ungarischen Meer« viel Sonne, das Wasser in dem flachen See, in den man weit hineinlaufen muss, um endlich schwimmen zu können, ist wunderbar warm, und preiswert war der Aufenthalt im Ostblock überdies.

Natürlich hatte ich längst bemerkt, dass meine Tochter mit ihren siebzehn Jahren die Blicke vieler Männer auf sich zog. Zu ihnen gehörte auch Ulli aus Erfurt. Ein Jahr älter als sie, gerade mit seiner Lehre als Goldschmied fertig. Ein hübscher Junge, ich mochte ihn.

Deshalb lud ich ihn auch zu unserem Abschiedsabend ein. Es war ja ohnehin klar, dass wir danach wieder auf der einen Seite des Eisernen Vorhangs verschwinden würden und er auf der anderen. Es gab Himbeerbowle, und die jungen Leute redeten die halbe Nacht miteinander. Sie mochten die gleiche Musik und musizierten auch selbst, beide interessierten sich für Kunst, und sie entdeckten noch viele andere Gemeinsamkeiten.

Der Abschied am nächsten Morgen war glücklicherweise nicht so dramatisch, wie ich befürchtet hatte. Aber sie versprachen, einander zu schreiben. Ich war fürs Erste einigermaßen beruhigt.

Aber nicht lange, denn dann trudelten tatsächlich die ersten Briefe ein. Natürlich wusste ich nicht genau, was drin stand, aber ich merkte, wie sich meine Tochter langsam veränderte.

Nun habe ich den Salat!, dachte ich. Da habe ich die ganze Geschichte mit angezettelt, obwohl ich doch wusste, dass es nicht gut gehen kann! Aber wie soll ich es Claudia sagen?, grübelte ich weiter. Meine Erfahrungen mit der DDR sind noch tief in meinem Innersten vergraben. Wenn ich sie jetzt heraushole, denkt Claudia zwangsläufig, ich will ihr nur den Freund miesmachen. Das geht nicht. Also hielt ich lieber den Mund und vergrub meine Sorgen.

Bald äußerte sie den Wunsch, Ulli in Erfurt zu besuchen. Anders herum ging es ja nicht. Für mich war das der nächste kritische Punkt: So locker aus dem Handgelenk konnte ich eine solche Reise nicht finanzieren. Um die hundertfünfzig Mark kostete die Fahrkarte, dazu kamen die fünfundzwanzig Mark Zwangsumtausch pro Tag. Also ging Claudia zu McDonald's arbeiten, und ich versuchte, die eine oder andere Mark abzuzweigen. Aus reiner Sorge beantragte ich selbst auch gleich die Einreise in die DDR. Man kann ja nie wissen, dachte ich im Stillen, und wenn etwas passiert, habe ich wenigstens die Papiere.

Die Reisen wurden häufiger. Alle sechs bis acht Wochen zog es Claudia nach Erfurt – wenn sie denn eine Genehmigung erhielt. Ich musste mir eingestehen, dass sie verliebt war, ob mir das nun gefiel oder nicht. Aber ich sah auch, dass da offenbar nicht nur ein Strohfeuer brannte. Die beiden tauschten ihre Gedanken in den Briefen aus, als ob sie miteinander sprächen.

Die Beziehung wurde immer enger. Und meine Sorgen wuchsen. Schließlich musste ja alles unter größtmöglicher Geheimhaltung geschehen. Die Briefe wanderten über die Adressen von Freunden und Bekannten vom Absender zum Empfänger. Vor der Zeit, als Claudia nach Erfurt zu reisen begann, hielt Ulli seine Liebe zu einem Mädchen aus dem Westen sogar vor seinen Eltern verborgen. Er wollte ihnen keine Schwierigkeiten bereiten. Das ging natürlich nicht mehr, als sie ihn zum ersten Mal besuchte. Jetzt war äußerste Vorsicht angesagt. Man wusste nie, welcher Nachbar besonders fleißig Augen und Ohren offenhielt. Geheimniskrämerei und Versteckspiel waren oberstes Gebot. Schon Händchenhalten konnte Verdacht erregen. Meist verließen die beiden die Stadt, um in Ruhe beisammensein zu können.

Ich zitterte derweil manche Nacht vor Angst um mein Mädchen. Schließlich wusste ich genau, wie schnell man im Osten in die Mühlen geraten konnte. Aber ich schwieg. Sonst hätte es doch nur wieder so ausgesehen, als wolle ich die beiden auseinanderbringen.

Unser Verhältnis stand wieder einmal nicht zum Besten. Erneut war ich zwischen alle Stühle gerutscht. Ich hatte auch kaum jemanden, mit dem ich über die Situation sprechen konnte, und fühlte mich mit all meinen Sorgen allein gelassen. Sicher heizte das die Differenzen mit Claudia noch weiter an – es war ein Teufelskreis.

Einmal fuhr ich mit nach Erfurt und sprach mit Ullis Eltern. Natürlich nützte das nichts – was hatte ich auch erwartet? Sie konnten ihrem Sohn die Liebe ebenso wenig verbieten wie ich meiner Tochter. Aber auch sie sahen die Probleme und spürten, wie sich die Wolken über ihrem Sohn zusammenzogen. Die Gefahr, Schwierigkeiten zu bekommen, war für sie als DDR-Bürger sicher noch größer als für mich, die ja aus dem Westen kam.

»Misch dich nicht in unsere Angelegenheiten ein!«, sagte meine Tochter. Diesen Satz bekommen Eltern immer in solchen Fällen zu hören. Aber darin lag ja gerade der Widerspruch. Nichts hätte ich lieber getan, als mich nicht einzumischen. Aber die unvermeidlichen Sorgen zwangen mich dazu. Man kann doch nicht sein eigenes Kind sehenden Auges gegen eine Wand laufen lassen. Ich brauchte lange, um zu begreifen, dass die jungen Leute ihre eigenen Erfahrungen machen müssen. Zwischen Claudia und Ulli spitzte sich schließlich die Lage zu. 1983, die beiden kannten sich jetzt seit vier Jahren, tauchte die Stasi bei Ulli auf. Ein Verhör in Sachen verbotene Liebe. Ulli berichtete später, die Geheimdienstleute hätten damals alles gewusst: vom ersten Abend am Plattensee über die heimlichen Treffen, die gemeinsamen Urlaube irgendwo in einem Ostblockland bis hin zu sämtlichen DDR-Reisen von Claudia und mir.

Die Stasi hielt offenbar die Zeit für gekommen, der Beziehung einen Riegel vorzuschieben. Natürlich spielte Ulli nicht mit. Er stand zu seiner Liebe und ließ sich »unehrenhaft« aus der Armee entlassen. Damit verlor er auch seinen Studienplatz in Sport und Biologie. Monatelang hörten wir nichts von ihm. Obwohl wir uns ja ausrechnen konnten, dass die Stasi die Briefe abfing, war es ihr doch gelungen, den Keim des Misstrauens zu säen.

Claudia machte sich schwere Vorwürfe. Nun glaubte sie, Ulli in diese Liebe hineingerissen und damit seine Zukunft zerstört zu haben. Andererseits war sie enttäuscht, weil kein Lebenszeichen von ihm kam. Laut verkündete sie, sie wolle die ganze Geschichte vergessen, neue Freunde kennenlernen und endlich wieder »normal« leben.

Und ich? Ich saß nun erst recht in der Schraubzwinge. Sollte ich mich hinstellen und lamentieren, ich hätte es ja schon immer gewusst? Das hätte überhaupt nicht geholfen. Andererseits konnte ich ihr wenig Tröstliches sagen, denn Ulli hatte ja wirklich unter den Repressionen zu leiden. Also wurde wieder einmal hauptsächlich geschwiegen.

Claudia schrieb weiter an ihn. Doch sie war nun befangen und beschränkte sich auf alltägliche Belanglosigkeiten. Ulli sah sich das eine Weile an, dann haute er auf den Tisch: Auf solche Plattitüden lege er keinen Wert!

Auch Claudia war mit ihren »Freunden zur Ablenkung« nicht

sonderlich glücklich. Im Grunde konnte sie ihren Ulli in Erfurt nicht vergessen. Die beiden vereinbarten ein Treffen in Bulgarien, am Goldstrand in Varna. Danach stand für beide fest: Wir bleiben zusammen.

Das war leichter gesagt als getan, denn es stand nun mal die Mauer dazwischen. Der einzige Weg, zueinanderzukommen, wäre eine Ehe gewesen, ein Gedanke, der mir Anlass zu neuen Sorgen gab. Jeder weiß doch, dass ein paar sonnige Urlaubstage das Kennenlernen im Alltag nicht ersetzen können. Der Reiz einer heimlichen Liebe ist das eine, das tagtägliche Zusammensein etwas völlig anderes. Was sollte ich tun? Sollte ich Claudia erzählen, wie meine beiden Ehen am Alltag gescheitert waren? Vielleicht all die hässlichen Nadelstiche noch einmal spüren, um ihr zu helfen? Und würde das den Keil nicht nur noch weiter zwischen uns treiben? Ich fühlte mich hilflos – ein mir nur allzu bekanntes Gefühl.

Claudia wollte Ulli nicht drängen. Sie meinte sicher zu Recht, sie wolle ihn nicht zu Entscheidungen nötigen, die er möglicherweise später bereuen würde. Ulli fiel es nicht leicht, seine thüringische Heimat zu verlassen. Auch konnte er sich kaum vorstellen, wie seine Zukunft im Westen aussähe. Schließlich kannte er die Verhältnisse bei uns nur vom Erzählen und aus dem Fernsehen. Dass auch bei uns nicht alles Gold war, was glänzte, mochte er ahnen, wissen konnte er es nicht.

Doch die beiden hatten sich entschlossen, gemeinsam durchs Leben zu gehen. Am Silvestertag 1985 verlobten sie sich heimlich in Budapest. Ulli hatte sich entschieden, einen »Antrag auf Eheschließung mit Wohnsitzwechsel ins Ausland« zu stellen.

Dafür waren rund zwanzig verschiedene Dokumente und Bescheinigungen nötig. Endlich konnte auch ich einmal behilflich sein, um die Papiere zu beschaffen, die wir beisteuern mussten. Hätte auch nur ein Dokument gefehlt, wäre der Antrag nicht bearbeitet worden. Natürlich hätten uns die DDR-Behörden darüber wohl kaum informiert, sondern die Angelegenheit einfach unter den Tisch gekehrt. Aber mit den vollständigen Anträgen begann erst die Geduldsprobe. Als Ulli die Papiere am 1. Juli 1986 einreichte, hieß es nur: »Wenn Sie in den nächsten sechs Monaten keinen Bescheid bekommen, gilt der Antrag auf Heirat und Ausreise als abgelehnt.«

Während der folgenden Wochen und Monate waren unsere Nerven zum Zerreißen gespannt. Mehr als hundert Mal schauten wir vergebens in den Briefkasten, einen Zwischenbescheid gab es nicht, nur warten, warten, warten. Dann der erlösende Anruf am Heiligabend 1986: »Ihre Hochzeit findet am 29. Dezember statt.«

Zum Glück war Claudia gerade in Erfurt, sonst wäre der Termin auf dem Standesamt geplatzt. Eine »Aufenthaltsgenehmigung« so kurzfristig zu erlangen, und das über die Weihnachtsfeiertage, schien schier unmöglich.

Trotzdem habe ich es auch noch geschafft, dabei zu sein, denn wieder einmal hatte ich mir die Einreisegenehmigung vorsorglich beschafft. Mein Mann Eberhard war gerade am offenen Herzen operiert und lag im Krankenhaus Münster. Ich saß von Heiligabend bis zum zweiten Weihnachtstag an seinem Bett, damit er sich nicht so einsam fühlte. Dann übernahm Mutter diese Aufgabe, und ich konnte nach Erfurt fahren.

Eine entspannte Hochzeit war es nicht, denn für Ulli stand ja nun noch die Frage der Ausreise an. Trotz aller Vorbereitungen lief es fast so wie mit meiner Entlassung aus dem Gefängnis: Am 17. März 1987 erhielt er die Nachricht, dass er die DDR innerhalb von vierundzwanzig Stunden zu verlassen habe. Natürlich ließen sich die Funktionäre drüben noch eine Erklärung unterschreiben, mit der er endgültig auf alles Hab und Gut seiner Familie verzichtete, und überall persönlich abmelden musste er sich auch noch – sogar bei der Erfurter Müllabfuhr.

Um 21.40 Uhr war dann am 18. März die Odyssee beendet, die acht Jahre zuvor am Plattensee in Ungarn begonnen hatte. Claudia holte ihren Mann am Hamburger Hauptbahnhof ab.

Ulli fand rasch einen Job als Goldschmiedemeister. Heute ist er ein anerkannter Schmuckdesigner. Seine erste Arbeit war die Anfertigung von goldenen Eheringen für Claudia und sich. Am 3. Oktober 1987 heirateten die beiden noch einmal in der Nienstedtener Kirche an der Hamburger Elbchaussee.

In der DDR ließ das Regime Ullis Eltern seinen Unmut über den Verlust eines vermeintlichen »jungen Sozialisten« spüren. Sie durften nicht zur Hochzeit in den Westen kommen. Ich hatte alle nur möglichen Hebel in Bewegung gesetzt und sogar zweimal an Erich Honecker geschrieben. Aus Ost-Berlin kam jedoch nur eine Eingangsbestätigung. Im zweiten Brief hängte ich deshalb noch ein »PS« an mein Schreiben, in dem ich mich auf den Besuch des SED-Chefs in der Bundesrepublik bezog: »Als Sie in Wuppertal waren, habe ich Sie gesehen, wurde aber von der Polizei zurückgehalten. Ich wollte Ihnen meine Bitte persönlich vortragen. Man hat mir einen Termin bei Ihnen in Aussicht gestellt, ich glaube, das war gelogen und sollte mich nur beruhigen.« Auch wenn es nichts nützte, sollten diese Bonzen doch wenigstens erfahren, dass ich sie durchschaut hatte!

Schließlich wandte ich mich an Michail Gorbatschow in Moskau, auf den wir damals im Westen so große Hoffnungen setzten. Deshalb habe ich ihm auch gleich von meinem Schicksal berichtet. Ich schrieb:

»Wissen Sie eigentlich, woher ich den Mut nehme, an Sie zu schreiben, Genosse Gorbatschow, so redet man Sie doch an? Oder?

Ich war acht Jahre in russischer Gefangenschaft. Ich wurde von einem Tribunal zu zehn Jahren Zwangsarbeit in Sibirien verurteilt. Mein Verbrechen war: Im Alter von fünfzehn Jahren habe ich auf einem Bild Stalin ein Schleifchen an seinen Bart gemalt …

Vor Jahren hat man dann meiner Mutter in der DDR, es war 1957 in Mühlhausen in Thüringen, gesagt, was sie doch für eine schlaue Tochter hätte, die schon 1946 gewusst hat, dass Stalin ein Taugenichts war. Ich schwöre, ich habe damals überhaupt nicht gewusst, wer Stalin war. Heute weiß ich etwas mehr.

Nun habe ich in der Zeitung gelesen, dass Sie Wissenschaftler ehren, die von Stalin, offenbar zu Unrecht, hingerichtet worden sind. Eine kleine Wiedergutmachung. Daher mein Mut, bitte es nicht misszuverstehen, ich fühle mich auch zu Unrecht verurteilt, war ich doch noch ein Kind. Ich habe die Gefangenschaft überstanden, und mit dem Rest muss ich leben.«

Natürlich kam auch diesmal keine persönliche Antwort, nur ein Vierzeilenbrief von der sowjetischen Botschaft in Bonn, Bad Godesberg. Darin stand, dass »die Botschaft mit der Organisierung erwähnter Reisen nichts zu tun hat«. Auf die kurze Beschreibung meines Schicksals wurde mit keinem Wort eingegangen.

So kam es, dass wir am 3. Oktober ohne Ullis Eltern feiern mussten. Dass gerade einmal drei Jahre später Deutschland wieder ein Land sein würde, ahnten wir alle nicht.

Frank, mein verlorener Sohn

Frank sollte ein Kind der Versöhnung werden. Noch vor Ablauf des Trennungsjahres war mein zweiter Mann Franz zu mir zurückgekehrt, und wir wollten es noch einmal miteinander versuchen. Es misslang, aber 1966 kam unser Sohn zur Welt.

Er war ein reines Papa-Kind. Wenn der Vater aus der Wohnung verschwand, weinte Frank ihm hinterher. Kaum konnte er laufen, streckte er Franz die Ärmchen entgegen. Mich stieß er zurück, und manchmal blieb mir nur die Erinnerung, was für ein fröhliches Baby er gewesen war.

Als dann unsere Scheidung anstand, war der Junge noch keine vier Jahre alt. Ich kämpfte um ihn, denn ich wollte gern alle drei

Kinder behalten. Doch je mehr ich mich um Frank bemühte, umso mehr lehnte er mich ab. Seine Bezugsperson in der Familie wurde sein Bruder Matthias. Er zog ihn an, schnitt ihm die Stulle in mundgerechte Häppchen und ging mit ihm an die frische Luft.

Ich fühlte mich hilflos und alleingelassen. Es wurde immer schlimmer, und schließlich bekam Frank sogar tüchtiges Fieber. Nur wenn er mit seinem Vater telefonierte, verschwand das Fieber so plötzlich, wie es gekommen war.

In meiner Not suchte ich einen Arzt auf, zu dem ich besonders Vertrauen hatte, weil auch er in der DDR gefangen gehalten worden war. Er konnte sich dieses »medizinische Wunder« nicht vorstellen und bat mich, ihn unverzüglich zu rufen, wenn es wieder aufträte, ganz gleich, ob tagsüber oder mitten in der Nacht. Eines späten Abends war es dann so weit: Frank fieberte, und der Arzt kam. Wir legten eine kleine Matratze auf den Fußboden, daneben das Telefon. Nachdem Frank zehn Minuten lang mit seinem Vater gesprochen hatte, war das Fieber verschwunden.

Der Arzt konnte sich das nicht erklären. Er konsultierte einen Kollegen, und Frank kam sogar für ein paar Tage zur Beobachtung ins Kinderkrankenhaus. Festgestellt wurde nichts. Dann folgte ein ernstes Gespräch mit dem Arzt. Er sagte: »Frau Riemann, wenn Frank kein krankes Kind werden soll, muss er zum Vater!«

Neben den Krankheiten und seinem Weinen Tag und Nacht gab es auch psychische Auffälligkeiten. Ich erinnere mich zum Beispiel an einen Besuch meiner Tante aus Leipzig. Sie sollte auf Frank aufpassen. und als er deshalb im Kinderzimmer randalierte, sperrte sie ihn kurzerhand dort ein. Was machte das Kind? Frank nahm eine Keksdose, die dort auf dem Tisch stand und setzte sein großes Geschäft hinein! Dann drückte er den Deckel wieder drauf. Als ich den Kindern das nächste Mal etwas zum Knabbern anbot, war der Schreck natürlich groß.

Über solche Geschichten amüsiert sich heute die ganze Familie, aber im Kern waren es natürlich Alarmzeichen, die man nicht einfach ignorieren durfte. Das alles blieb weder unseren Scheidungsanwälten noch dem Familienrichter verborgen. Auch sie äußerten den nachdrücklichen Rat, das Kind zum Vater zu geben.

Ich saß in der Zwickmühle. Es war ja klar, dass ich als Mutter das Beste für mein Kind wollte. Aber wie war es zu erreichen? Ich wollte doch Frank auch bei mir behalten.

Zuerst besprach ich die Lage mit den beiden »Großen«, Matthias und Claudia. Von ihnen kam heftiger Gegenwind. »Wenn du Frank zu Daddy gibst, bist du eine Rabenmutter«, hieß es hart und gnadenlos.

Mir machte das die Entscheidung nicht leichter. Der Junge brüllte derweil nur noch.

Trotz des Widerstandes meiner beiden anderen Kinder entschloss ich mich schweren Herzens, Frank bei seinem Vater aufwachsen zu lassen. Nach nächtelangen Überlegungen und vielem Hin und Her war ich davon überzeugt, es wäre der richtige Weg, um ihm eine glückliche Kindheit zu ermöglichen. Ich hatte um meinen Jungen gekämpft, und ich hatte den Kampf verloren. Obwohl es natürlich regelmäßige Besuche gab und Frank auch in den Ferien zu uns kommen konnte, habe ich mit meiner Entscheidung meinen Sohn verloren. Dass sie aus Liebe zu ihm getroffen wurde, spielte dabei keine Rolle.

Bis heute quält mich die Frage, ob ich damals richtig gehandelt habe. Ich glaube, es war ein großer Fehler, Frank zum Vater zu geben. Auch Claudia und Matthias halten mir das immer noch vor. Das tut mir sehr weh. Ob sie damit recht haben, weiß ich nicht. Wie dem auch sei, es ist gelebtes Leben, und Was-wäre-wenn-Diskussionen nützen gar nichts. Klar scheint mir inzwischen, dass wir uns einen tiefen Riss durch meine Familie erspart hätten, wenn Frank bei uns geblieben wäre. Ob wir damit aber meinem Traum von einer heilen Familie näher gekommen wären, steht in den Sternen.

Seit Frank bei seinem geliebten Daddy lebte, verschärften sich unsere Probleme unaufhaltsam. Obwohl vom Gericht alles eindeutig geregelt war, hintertrieb die Stiefmutter beständig mein Umgangsrecht mit dem Jungen.

Ich habe das lange Zeit nicht gemerkt. Wenn Frank sich nach einem Besuch von mir verabschiedete, war er stets guter Dinge. Manchmal sagte er dann: »Ich habe es doch gut, ich habe zwei Muttis!«

Erst viel später geriet mir ein Brief in die Hände, in dem die Stiefmutter ihm den Aufenthalt bei mir, damals in Wuppertal, als Strafe androhte. Auch Sachen, die wir ihm kauften – einmal war es zum Beispiel ein Paar Mokassins –, flogen in Hamburg kurzerhand in den Mülleimer. Geld war ja genug da.

All diese Dinge haben meinen Jungen natürlich charakterlich geprägt. Über viele Jahre war ich der festen Überzeugung, ihm gehe es in der gediegenen, bürgerlichen Familie meines geschiedenen Mannes am besten von allen meinen drei Kindern. Heute sehe ich das kritischer: Er war kein glückliches Kind. Frank diente als Kitt für die Ehe meines früheren Mannes mit meiner Nachfolgerin. Wenn er nicht da gewesen wäre, hätte die Ehe nicht gehalten – davon bin ich heute überzeugt, und auch Frank sieht es so.

Franks Vater und die Stiefmutter gaben ihn recht früh in ein Internat. Natürlich war auch das ein nobler Laden: Marienau bei Lüneburg. Das ist eine reformpädagogische Schule, die sich »Lernen mit Kopf, Herz und Hand« zur Leitlinie gemacht hat. Sicher genoss Frank dort eine gute Schulbildung, was er selbst allerdings bestreitet. Aber er lernte wohl auch die soziale Abgrenzung.

Der Wohlstand, in dem Frank aufwuchs, täuschte mich lange Jahre über seine inneren Befindlichkeiten hinweg. Er sah viel von der Welt und schien alles zu haben, was sein Herz begehrte. Daraus schloss ich, er müsse auch glücklich sein. Sozusagen automatisch. Doch solch einen Automatismus gibt es nicht. Erst jetzt sehe ich die negativen Folgen des Wohlstandes: Mein Sohn kann nicht mit Geld umgehen, und er hat auch Beziehungsprobleme.

Das Haushalten hätte er bei mir garantiert gelernt. Schon deshalb, weil bei uns nie Überfluss herrschte. Da muss man einfach wirtschaften, ob man will oder nicht. Bei Frank stand immer sein Daddy im Hintergrund: Der würde es schon richten, wenn mal etwas schiefging.

Dass man besser auf eigenen Beinen steht, spürte Frank schon als Jugendlicher. Wie er mir Jahre später erzählte, hatte er irgendwann auch bemerkt, dass ihn seine Stiefmutter nicht liebte, sondern nur als Gegengewicht zu seinem übermächtigen Vater benutzte. Erst da wurde mir klar, weshalb sein Weggang aus dem Elternhaus so dramatisch verlaufen war.

Eines Tages war Frank, damals etwa siebzehn, achtzehn Jahre alt, verschwunden. Die Hamburger Polizei suchte ihn erfolglos, und auch wir waren alarmiert. Interpol wurde eingeschaltet. Man fand ihn schließlich auf Teneriffa. Zurück in Deutschland, zog er nach Berlin-Kreuzberg. Dort besuchten wir ihn dann in einer völlig verwahrlosten Wohnung: überall Müll, leere Flaschen, die Wäsche vergammelt, ein Mief zum Schneiden – es war grauenvoll. Er wohnte mit einem Mädchen zusammen, die er zuvor schon auf Teneriffa hatte heiraten wollen. Mir blieb gar nichts anderes übrig, als einzugreifen. Ich wandte mich an die Mutter des Mädchens, und wir beschlossen, dass die beiden eine neue Wohnung brauchten.

Sein Vater hatte den Umzug bezahlt und meinte, damit seine Pflicht erfüllt zu haben. So blieb alles wieder einmal an mir hängen.

Schließlich saß mein Junge im Dreck, und wer sollte ihm da raushelfen, wenn nicht ich! Mein Arm war gerade gebrochen und steckte im Gips, aber als wir den Teppichboden in der neuen Wohnung verlegten, konnte ich auch mit einer Hand helfen.

Dann kam das nächste Problem: Geld. Viel hatte ich ja auch nicht, aber ich schickte regelmäßig etwas. Doch ich ließ es ihm nicht direkt, sondern über meine Haftkameradin Fiete zukommen. Bei ihr holte sich Frank einmal in der Woche sein Geld ab, und Fiete konnte dabei unauffällig kontrollieren, ob er vernünftig aß. Zu meiner Beruhigung berichtete sie, dass mein mühsam abgespartes Geld anscheinend gut angelegt wurde.

Heute kann ich über diesen Versuch einer »Fern-Erziehung« lachen, doch damals schien es mir der richtige Weg zu sein, damit der Junge im wilden Berlin nicht ganz verkam. Mir war schon klar, dass er dorthin gegangen war, um sich und allen anderen zu beweisen, dass er auch ohne die schützende und helfende Hand des Vaters überleben konnte.

Und er schaffte es, machte sein Abitur, wurde Vermögensberater und baute sich nebenbei seine Tanzschule – der Tango ist Franks Passion – selbst auf. Natürlich gab es Finanzspritzen vom Vater, aber geschafft hat Frank es stets allein. Das wollte sein Vater nie richtig wahrhaben.

Leider ging dann irgendwann die Beziehung zu dem Mädchen in die Brüche. Weitere Beziehungen und Trennungen folgten, und das reißt in mir immer wieder die alten Wunden auf: Ich fühle mich dafür verantwortlich, dass Frank so beziehungsunfähig ist. Mein Innerstes sagt mir, dass ich das Gefühl, in dieser Frage versagt zu haben, wohl bis zu meinem Lebensende nicht mehr loswerde – trotz aller Einsichten und Gespräche. Ich schwanke hin und her, versuche die ganze Geschichte mit dem Kopf zu begreifen, doch der Bauch funkt mir jedes Mal dazwischen. Er sagt: Du warst nicht in der Lage, die Familie zusammenzuhalten. Du hast es nicht geschafft, deinem Sohn den Vater zu erhalten.

Gut, das sind die Fakten. Aber warum war das so? Meine erste Antwort auf diese Frage lautet: Es ist durch meine Art so gekommen, durch meinen Umgang mit Franz. Aber was steckt dahinter? Der Wunsch, eine heile Familie haben zu wollen? Es muss eine zweite Antwort hinter der ersten geben, und die verbirgt sich ganz tief im Intimen. Wieder einmal geht es um das, worüber »man« eigentlich nicht spricht.

Mein Mann und ich haben in der Sexualität nicht zueinandergefunden. Ich war – und bin es manchmal bis heute – so geprägt, dass ich die Gründe dafür ganz allein bei mir suche. Ich konnte meinem Mann nicht das bieten, was ihm zuzustehen schien. Ja, ich sage es so, wie ich es damals sah. Er hatte ein Recht auf Spaß im Bett, und ich hatte dafür zu sorgen, dass er diesen Spaß auch bekam. Das konnte ich nicht. Ich hatte es nirgendwo gelernt. Im Gegenteil: Sex war für mich während der Jahre im Gefängnis stets der Angriffspunkt, gegen den ich mich am wenigsten wehren konnte.

Hungern ist für mich dagegen nicht so schrecklich. Man leidet, wird schwächer, und im schlimmsten Fall stirbt man daran – na und? Bei der Sexualität ist es anders. Ich habe sie als Verbotenes und Schmutziges kennengelernt. Nicht als Ausdruck von Beziehungen zwischen zwei Menschen. Und dabei denke ich noch nicht einmal an innige Beziehungen, denn auch »draußen« gibt es Sex ohne Liebe. Nein, für mich war Sex nichts anderes als Unterwerfung, Unterworfenwerden, Ausübung von Macht mit Mitteln der Gewalt.

Ich bin nicht vergewaltigt worden. Ich musste keinen erzwungenen Sexualakt erdulden. Jedenfalls nicht im Gefängnis. Mir wurden »nur« die Schneidezähne ausgeschlagen. Als der russische Posten das tat, war Sexualität seine Triebfeder. Ich weigere mich innerlich bis heute, diesen Gewaltakt als Vergewaltigung anzusehen. Im Grunde war es eine, auch wenn die paar Minuten Körperkontakt fehlten.

Warum kann ich bis heute nicht mit anderen Menschen eng zusammenstehen? Warum denke ich bis heute, dass ich allein damals an der Scheidung schuld war, obwohl im Urteil stand: schuldlos geschieden? Vor vierzig Jahren glaubte ich, das Problem lösen zu können, indem ich über die Affären meines Mannes hinwegsah. Sollte er sich doch seine Geliebten halten – Hauptsache, es wurde nichts Festes daraus. So ging es ja auch eine Weile vermeintlich gut. Aber mir half das nicht im Geringsten.

Auch als ich später merkte, dass ich durchaus fähig war, im Bett eine Frau zu sein, reichte das nicht, meine Minderwertigkeitskomplexe und meine Schuldgefühle beiseitezuschieben. Ich weiß nicht, ob ich es überhaupt noch jemals schaffen werde. Aber eines ist mir gelungen: Ich habe dieses verfluchte Tabu des Schweigens darüber gebrochen.

Die Wurzeln all meiner Selbstvorwürfe, wenn ich an Frank denke, liegen in meinem verkorksten Liebesleben. Ich bemühe mich, sie verdorren zu lassen. Geschafft habe ich es bisher nicht.

Mein Gott, Frank ist längst ein erwachsener Mann, über vierzig Jahre alt. Er macht mir keine Vorwürfe, dass ich bei ihm etwas falsch gemacht hätte. Er bedauert, nicht mit seinen Geschwistern aufgewachsen zu sein, aber er gibt mir nicht die Schuld daran. Trotzdem hat er recht, denn es gibt nichts Schöneres, als wenn Geschwister gemeinsam groß werden können. Ich habe das immer schmerzlich vermisst.

Mein schlechtes Gewissen ihm gegenüber wird dadurch nicht geringer. Bis heute fühle ich mich für ihn verantwortlich, obwohl ich doch wissen müsste, dass ich es schon lange nicht mehr bin. Aber warum weine ich, wenn er wieder einmal eine Freundin verlassen hat? Ich muss doch endlich akzeptieren, dass er kein kleines Kind mehr ist. Vielleicht ist man bei einem verlorenen Sohn besonders hilflos und gleichzeitig besonders kritisch.

Bei den anderen Kindern beobachte ich meine früheren Erziehungsfehler nur noch an den Enkeln. Und dazu gibt es eine Menge zu erzählen.

Klammern und Schweigen

Nach der Scheidung von Franz wollte ich meinen beiden verbliebenen Kindern Matthias und Claudia das Gleiche bieten, was auch Frank genießen durfte. Dafür habe ich Tag und Nacht geschuftet. Äußerlich schien es auch oft so, als könnte ich dadurch manche Dinge kompensieren. Auch meine Kinder bekamen Klavierunterricht und konnten zum Reiten gehen. Doch der Preis lag auf der Hand: weniger Zeit für die beiden.

So dachte ich immer, sie hätten nichts entbehrt. Andererseits merkte ich: Sie fühlten sich gegenüber Frank zurückgesetzt, weil er in purem Luxus zu leben schien. Ich konnte diesen Widerspruch für mich lange Zeit nicht auflösen.

Heute weiß ich, dass ich bei der Kindererziehung einen grundsätzlichen Fehler gemacht habe: Ich habe stets versucht, mir die Zuneigung meiner Kinder zu erkaufen. Das führte immer wieder zu Konflikten. Für sich betrachtet, waren sie klein und unbedeutend, doch in der Summe schufen sie auf allen Seiten Verletzungen, die manchmal bis heute wirken, weil sie so tief sitzen.

Immer habe ich das Beste gewollt und dabei oft Wut und Enttäuschung geerntet. Mir widerstrebt es, diese Geschichte, die für mich das ganze Leben lang ein Phänomen war, als Problem des »sozialen Unterschieds« zu beschreiben. Im Kern geht es aber wohl darum. Das habe ich lange Zeit nicht begriffen, weil ich es gar nicht begreifen konnte.

Solange meine Welt als Kind noch heil war, spielten diese Unterschiede keine große Rolle. Mein Opa Max mit seinem Pferdewagen wurde in Mühlhausen ebenso geachtet wie der Kaufmann um die Ecke oder der Friseur, bei dem ich in die Lehre ging. Dann, in der Gefangenschaft, waren wir alle ganz unten. Die, die »über« uns standen, waren dort, weil sie den Mächtigen dienten – das war kein echtes Gefüge einer Gesellschaft. Danach spuckte mich das Gefängnis letztlich in die mir völlig fremde Welt im Westen aus. Ich stand mit fünfundzwanzig Jahren sozialen Anforderungen gegenüber, die ich mit der Lebenserfahrung einer Fünfzehnjährigen bewältigen musste. Das konnte nicht funktionieren, die bitteren Missgeschicke blieben nicht aus.

So gesehen, war es nicht verwunderlich, dass die Mutter meines zweiten Mannes mich instinktiv ablehnte. Um anders zu reagieren, hätte sie eine außerordentlich großherzige Frau sein müssen, doch das war sie nicht. So erschien ich ihr als doppelte Bedrohung: Ich nahm ihr den Sohn weg und kratzte gleichzeitig an ihrem sozialen Status. Schließlich kam ich aus dem Knast – ob unschuldig politisch verurteilt oder wegen eines kriminellen Deliktes, spielte für sie keine Rolle.

Und ich habe den Fehler gemacht, mich um jeden Preis anpassen zu wollen. Nicht im Traum fiel es mir ein, eigene familiäre Verhaltensweisen zu entwickeln und diese dann auch noch zu verteidigen und durchzusetzen. Viel wichtiger schien es mir, dass Franz bei mir nichts vermisste, was er aus seinem Elternhaus gewohnt war.

Ich besaß niemals genug Selbstbewusstsein, um sagen zu können: Nehmt mich so, wie ich bin, oder lasst es bleiben. Mein Weg war der Versuch, mich anzupassen. Deshalb habe ich mich ein Leben lang in einen aussichtslosen Wettlauf begeben. Für die Enkelkinder war ich stets die arme Oma; die verschiedenen Frauen meines zweiten Mannes, die nach mir kamen, begannen diesen Wettbewerb schon am Start als reiche Oma. Allein deshalb, weil sie einfach nur geheiratet hatten.

Vor diesem Hintergrund habe ich zuerst um die Gunst meiner Kinder gebuhlt. Besonders nach dem Tod von Eberhard. Ich hatte Angst, allein zu sein. Obwohl ich das »Klammern« meiner Mutter selbst verurteilt hatte, tat ich nichts anderes. Aber was ist das eigentlich? Ich habe viel darüber nachgedacht, schon als Matthias mir vorwarf, ich »klammere« zu sehr. Im Grunde hängt es damit zusammen, dass man über die Probleme nicht redet. Stattdessen kommentiert man sie stumm mit entsprechendem Verhalten, dem dazu passenden Gesicht und der ganzen Körpersprache. Es geht nach dem Motto: Die müssen doch merken, dass es mir ihretwegen nicht gut geht. Oft merken sie es aber nicht. Folge: Umso beleidigter wird das Gesicht. Es hat so etwas von: »Mutti wird sich ganz schön ärgern, wenn ich kalte Finger habe, weil sie mir nicht die Handschuhe eingepackt hat.« – Eigentlich völliger Blödsinn. Aber ich kann so schlecht heraus aus meiner Haut! Obwohl ich mich schon bemühe, mich anders als meine Mutter zu verhalten, übertrug sich dieses Buhlen um die Gunst nahtlos auf die Enkel.

Immer wieder versuchte ich, mir ihre Liebe durch Geschenke oder andere Zuwendungen zu erkaufen. Dabei gab es oft Reaktionen, die mir den Blick zusätzlich vernebelten. Als ich nach meinem ersten Buch ein bisschen Geld verdient hatte, konnte ich ganz ungeplant manchen Herzenswunsch erfüllen und riesige Freude auslösen. Ich habe es gern getan und bereue es auch jetzt nicht. Aber wer Liebe und Anerkennung immer nur dann zu bekommen glaubt, wenn er sich spendabel zeigt, landet in einer Sackgasse.

Heute sage ich: Der Versuch, sich Liebe und Achtung letztlich zu erkaufen, war ein Fehler. Ich muss mich abnabeln.

Manchmal glaube ich, ich hätte mich nun endlich von diesen falschen Verhaltensweisen getrennt. Ob das wirklich der Fall ist, sei dahingestellt, denn ein Problem greift wie immer ins andere.

Vor nicht allzu langer Zeit rief mich Claudia an und fragte, ob ihre Zwillinge nicht auf ein paar Tage zu mir in den Wohnwagen kommen könnten. Ich hatte gerade Handwerker, es kam mir ungelegen, und so sagte ich ab. Ich war stolz, den Rücken mal gerade gemacht zu haben, statt immer gleich zu springen, wenn die Kinder etwas von mir wollten. Das war so ein Tag, an dem ich Stein und Bein geschworen hätte, mich abgenabelt zu haben. Auch meine Freunde auf dem Campingplatz bestärkten mich in dieser Gewissheit: »Toll, Erika, endlich hast du mal ›nein‹ gesagt!«

Dann erfuhr ich, dass Claudia mit einem Nervenzusammenbruch im Krankenhaus lag. Sie brauchte Hilfe. Die Kinder mussten für ein paar Tage untergebracht werden. Aber sie hat nichts davon gesagt! Das war dann wieder einmal die Quittung für einen weiteren Erziehungsfehler, den ich gemacht hatte; Probleme kamen nicht auf den Tisch, über unangenehme Dinge wurde nicht gesprochen.

Natürlich brannte in mir sofort das schlechte Gewissen. Warum hatte mir Claudia ihren Zustand verschwiegen? Ich kämpfte dagegen an, darin gleich wieder ein Zeichen von mangelndem Vertrauen zu sehen, und doch verletzte es mich tief, und sicher war auch sie beleidigt – schließlich hatte ich ja nicht geholfen.

Und alles wegen dieser verdammten Angewohnheit, nicht rechtzeitig miteinander zu reden! Kommt das aus der Familie oder daher, dass ich jahrelang mit meiner Mutter auf der anderen Seite der Gefängnisgitter nicht reden konnte? Ich weiß es nicht.

Ich weiß aber, dass damit Schluss sein muss. Das ist die Erfahrung aus fast achtzig Jahren Leben. Ich hatte gehofft, dass solch ein Schlussstrich wie ein Schnitt wirkt – und dass danach alles anders sein würde. Doch so funktioniert es leider nicht.

Auch nachdem ich mit dem Buch »Die Schleife an Stalins Bart« das lange Schweigen über mein Schicksal gebrochen hatte, waren die in Jahrzehnten aufgehäuften Probleme zwischen mir und meinen Kindern nicht mit einem Schlag aus der Welt geschafft. Aber ein Prozess setzte ein, den ich mit großer Freude und Genugtuung sehe: Wir kommen uns wieder näher. Vielleicht war es die letzte Chance, gewissermaßen die Notbremse, die ich unbewusst gezogen habe – auf jeden Fall sind wir Schritt für Schritt zu einem besseren gegenseitigen Verständnis gelangt.

Mir geht es dabei wieder einmal um den Traum von der heilen Familie. Ich bin immer noch dabei, mir klarzumachen, dass gelebtes Leben nicht wiederholbar oder gar veränderbar ist. Aber Träume sollten sich in die Zukunft richten – unabhängig vom Lebensrhythmus der Generationen. Man kann an jedem x-beliebigen Punkt anfangen, um für sie zu kämpfen. Genau das wollte ich tun. Dass weder ich noch meine Kinder oder Enkel hier ans Ziel aller Wünsche gelangen werden, steht auf einem ganz anderen Blatt. Mich schreckt das nicht ab.

Russland

»Nicht ohne mein Fresstäschchen …«

Natürlich haben sie mich wieder mal ausgelacht. Im Flugzeug gibt es genug zu essen, haben sie gesagt, aber Oma Etna kann ja auf ihr Fresstäschchen nicht verzichten.

Will ich auch nicht. Angst vorm Hungern habe ich seit dem Gefängnis. Die sitzt tief in mir drin, auch wenn ich überall die dicken Leute um mich herum sehe. Deshalb nehme ich immer etwas zu essen und zu trinken mit, wenn ich auf Reisen gehe. Ganz egal, wohin. Ein Leberwurstbrot, ein hartes Ei.

Und jetzt ist das Ziel immerhin Russland.

Die Geschichte begann 2004 mit einer E-Mail. Zum Glück hat mir mein Sohn Matthias geholfen, sie vom Computer aufs Papier zu bringen. Ich habe mit dieser modernen Technik meine Schwierigkeiten.

Die Nachricht kam aus der Universitätsbibliothek in Petropawlowsk – mit herzlichen Grüßen aus Sibirien! Um Gottes willen, wer sollte mich aus Sibirien grüßen! Ich hatte überhaupt keine Vorstellung davon, wo diese Stadt liegt. Als ich sie dann endlich im Atlas fand, war ich doch etwas erschrocken. Petropawlowsk ist die Hauptstadt der Region Kamtschatka – ich fror schon, wenn ich nur daran dachte.

Oder war das die Angst, die plötzlich wieder in mir hochkroch? Zehn Jahre Sibirien hieß damals mein Urteil, verkündet von einem sowjetischen Militärtribunal. Viele Haftkameraden mussten diesen Weg antreten. Und ich sollte jetzt freiwillig dahin! – nein danke.

Natürlich habe ich die Mail erst einmal mit ganz spitzen Fingern angefasst. Aber dann klang das alles doch ganz freundlich. Absenderin war eine Frau Ludmila Sadownikowa, wissenschaftliche Mitarbeiterin an der Universitätsbibliothek in Petropawlowsk und Begleiterin deutscher Reisegruppen. Ein Tourist hatte ihr mein Buch »Die Schleife an Stalins Bart« gegeben. Sie hatte es mit ihren Studenten besprochen. Alle waren so begeistert davon, dass sie den Text ins Russische übersetzten. Daraus entstand der Wunsch, mich persönlich kennenzulernen. Deshalb luden sie mich nun ein. Einen Terminvorschlag hätten sie auch schon: die Feierlichkeiten zum sechzigsten Jahrestag des Sieges im Großen Vaterländischen Krieg.

Die Russen spinnen!, dachte ich. Ausgerechnet ich soll nach Sibirien kommen und mit ihnen ihren Sieg über Hitler feiern! Da sitzen dann ihre Helden mit klappernden Orden an der Jacke und trinken darauf, wie sie die Nazis ausgerottet haben. Eine solche Heldentat war ja wohl auch meine Verurteilung – obwohl ich damals gerade erst vierzehn war.

Doch dann stand da in der Mail etwas, das mich aufhorchen ließ. Ludmila Sadownikowa entschuldigte sich dafür, was mir die Russen angetan hatten! Als ob man sich für acht Jahre Gefängnis so einfach entschuldigen kann! Tut uns leid, Erika, ist damals dumm gelaufen …

Trotzdem: Es klang ehrlich, und es berührte mich.

Sofort meldet sich das Teufelchen, die Stimme, die aus dem Bauch kommt: »Kannst ja mal gucken.« – »Quatsch«, sagt der Kopf. »Du bist über siebzig. Da legt man die Beine hoch und schaut fern.« – »Aber immerhin Sibirien«, meint das Teufelchen. »Ist doch besser jetzt mit dem Flugzeug als damals mit dem Viehwagen!« Und so ging das hin und her.

Als ich Ludmila antwortete – wir waren dann schnell beim

»du« –, hatte das Teufelchen aus dem Bauch längst gewonnen. Ich bin eben neugierig und abenteuerlustig.

Also fliege ich in das Land, das einst der Diktator Stalin regierte. Mein Sohn Matthias begleitet mich. Für ihn ist das eine willkommene Abwechslung. Ein Stückchen von der Welt ansehen, so wie die Adria oder die Pyramiden. Und für mich ist er ein Stückchen Heimat, das mir zur Seite steht. Meine Krücke. Er wird schon dafür sorgen, dass ich wieder heil nach Hause komme. Ganz ist die Angst vor den Russen eben doch noch nicht verschwunden!

Die ganze Familie hat uns zum Flughafen gebracht, und nun schnattern alle durcheinander. Nur ich bin still. In Gedanken bin ich schon auf Reisen. Vielleicht steht ja irgendwo noch ein Stalin-Denkmal herum. Stalin, »der Stählerne«. Damals hieß er auch: der Generalissimus.

In der Maschine bläst eisige Luft aus den Düsen. Mein Fresstäschchen habe ich im Fach über dem Sitz verstaut. Griffbereit, man kann ja nie wissen.

Die Lufthansa-Boeing zieht steil in den Himmel. Dann liegt die Maschine wie ein Brett in der Luft. Weiße Wolken unter uns, manchmal sieht man durch ein Loch die Landschaft. Auch Matthias schaut aus dem Fenster. Die Ostsee, dann wieder Land unter uns. Früher war das alles mal Deutschland. Pommern, Ostpreußen. Hier unten sind sie dahingezogen, die Trecks aus dem Osten. Zwölf Millionen Menschen, viele sind da einfach irgendwo liegen geblieben.

Die Maschine brummt gleichmäßig. Das Geräusch wirkt einschläfernd und beruhigend. Auf den Sitzen nebenan dösen sie vor sich hin. Unten endlose Weite, ganz selten mal ein Dorf. Vielleicht ist das die Ukraine. Riesige Wälder überall. Birken.

Hier sind sie durch, die Deutschen, auf breiter Front. Weihnachten feiern wir in Moskau. Wir haben das alle geglaubt. Zu Fuß nach Moskau. Und zurück. Bis zu den Knien im Schlamm. »General Schlamm« hieß das in der UFA-Wochenschau. Und »General Winter«. Wir haben uns keine Gedanken darüber gemacht, ob der Führer und seine Generäle nicht vorher hätten wissen müssen, dass der Winter in Russland kalt und das Frühjahr nass ist.

Dieser verdammte Krieg. Er hat auch die Familie meiner Eltern zerstört. Ich weiß wenig darüber. Vielleicht hat Vater im Krieg eine Freundin gehabt? Irgendetwas muss passiert sein, damals. Nach dem Krieg genügte ihm die Ehe mit Mutter nicht mehr. Der Krieg hatte ihm eben ein Stück Leben genommen, und nun versuchte er es nachzuholen. Das richtete sich gar nicht einmal gegen seine Frau. Es war einfach der Lebenshunger, der ihn glauben ließ, etwas versäumt zu haben.

Ich hatte eigentlich immer gedacht, er hätte nicht allzu viel zu leiden gehabt. Er wurde spät eingezogen, kam zur Flak nach Delmenhorst bei Bremen. Später verpflichtete man ihn dann zur Waffen-SS. Er ging nicht freiwillig, konnte aber auch nichts dagegen tun. Dort hatte er ein furchtbares Erlebnis, von dem er mir einmal erzählte. Die Soldaten mussten gegen Ende des Krieges noch einen Transport abfertigen. Er ging von Berlin-Lichterfelde an einen Ort, wo die Deportierten getötet werden sollten. Unter ihnen war ein kleiner Junge. Mein Vater schenkte ihm seine Mundharmonika – mehr konnte er nicht für ihn tun. Darunter litt er den Rest seines Lebens.

Unten zieht die Landschaft vorbei. Wie viel Blut mag hier geflossen sein? Früher war das alles die Sowjetunion. Russland, die baltischen Staaten, Weißrussland, die Ukraine – Stalin hatte alles, was er wollte. Und dann auch noch ein Drittel von dem, was von Deutschland übrig geblieben war.

»Kaffee oder Saft?« Die Stewardess lächelt mich an.

»Wodka«, denke ich, »sto gramm.« Eigentlich müsste ich jetzt hundert Gramm Wodka trinken, so wie die Russen. Stattdessen deute ich ganz gesittet auf den Pappkarton mit den Orangen und bekomme einen Saft.

Die Maschine befindet sich im Sinkflug. Unten ein riesiges Häusermeer, stark befahrene Straßen. Der Flughafen Moskau Scheremetjewo kommt in Sicht. Es drückt etwas in den Ohren.

Ob es mehr als fünfzig Jahre nach dem Tod des Sowjet-Diktators Stalin in Russland immer noch Spuren von ihm gibt? Im Stillen hoffe ich, dass sich inzwischen auch hier die Menschen vom Konfrontationskurs abwenden. Vielleicht habe ich ja gerade deshalb meine Jugend im Gefängnis verbracht, damit die Menschen lernen, irgendwann einmal friedlich miteinander auszukommen. Es kann doch nicht alles umsonst gewesen sein. Eines meiner Hirngespinste: ausgleichende Gerechtigkeit.

Die Boeing setzt mit einem kleinen Hüpfer auf. Trotz der Anschnallgurte drücken uns die starken Bremsen nach vorn, die Triebwerke jaulen auf.

In mir steigt die Angst auf. Wie wird mich Russland empfangen? Wie wird es sein, wieder vor Männern in russischen Uniformen zu stehen?

Zunächst müssen wir auf unseren Plätzen sitzen bleiben. Der Wall uniformierter Männer um mich herum – es ist fast wie damals. Krampfhaft überlege ich, weshalb ich überhaupt hier bin. Sollten wir nicht doch lieber umkehren? Noch geht es vielleicht, noch sind wir nicht in Sibirien …

Wir müssen von einem anderen Flugplatz weiterfliegen. Meine Beine laufen automatisch. Würden wir jetzt hier irgendwo an einer Rampe mit Viehwaggons ankommen, gewundert hätte es mich kaum. Noch so ein Hirngespinst.

Aber vor uns erstrecken sich nur schnurgerade, endlos lange Gänge mit Laufbändern zwischen Glas und Beton. Ich glaube den metallenen Geruch der Uniformen wahrzunehmen, obwohl ich doch nichts riechen kann. In gewisser Weise beruhigt es mich sogar ein wenig: Was soll mir passieren? Ich kenne das doch alles!

»Werden wir leben, werden wir sehen«, sagen die Russen. Das hat mir ein guter Freund erzählt. Sozusagen als Empfehlung für die Reise. Bei uns heißt das Sprichwort »Abwarten und Tee trinken.« Ich brauche eine Weile, um meine ersten Eindrücke zu verdauen. Natürlich fliegen wir weiter. Das wäre doch gelacht! Vielleicht sitzen wir ja bald mit Ludmila um einen Samowar und können über alles reden. Einen kleinen Imbiss hätte ich aus meinem Fresstäschchen noch anzubieten – ich habe es tatsächlich bisher nicht gebraucht.

Stalins Bart ist ab

Mit dem Taxi lassen wir uns zum Inlandsflughafen Domodedowo bringen. Fünfzig Euro fordert der Fahrer in seinem klapprigen Mercedes auf Englisch für die Tour. An Rubel ist er nicht interessiert.

Nach wenigen Minuten Fahrt hält das Taxi am Inlandsterminal. Ungerührt kassiert der Ganove den vereinbarten Betrag für eine Strecke von sechs Kilometern. Donnerwetter, die haben den Kapitalismus hier aber schnell gelernt! Stalins Bart ist ab.

Bei der Reisevorbereitung dagegen hatte ich noch den alten sozialistischen Trott gespürt. Ludmila schrieb, dass sie und ihre Studenten mein Buch in Petropawlowsk im Rahmen der offiziellen Feierlichkeiten zum sechzigsten Jahrestag des Sieges vorstellen wollten. Alles Weitere später. Das war für mich in Ordnung. Wenn sich die Russen heute bei ihrer Siegesfeier auch Gedanken über das Unrecht machen, das sie vielen Deutschen angetan haben, und nicht nur umgekehrt, dann ist das zumindest ein richtiger Weg. Dabei will ich helfen, und das muss ich wohl auch tun.

Aber dann wieherte erst mal der Amtsschimmel: offizielle Einladungen, Bescheinigungen, »Propusk« – alles war im Detail vorgeschrieben. Diese Gängelei ärgerte mich, aber sollte ich deshalb absagen? Anders war die Reise nach Sibirien eben nicht zu haben.

Jetzt stehen wir vor dem nächsten Nadelöhr: Domodedowo.

Sprachgewirr schlägt uns entgegen, zerknülltes Papier liegt auf dem Boden, dicke Machorka-Schwaden hängen in der Luft. Hier sollen wir nun fünf Stunden Wartezeit verbringen! Es gibt nicht einmal genügend Sitzplätze.

Wir staunen über die bunt gemischte Gesellschaft, die sich auf dem Flugplatz versammelt hat. Ganze Familien sitzen da mit Sack und Pack, mit lebenden Hühnern und Ferkeln und riesigen Proviantkörben. Die Bilder erinnern mich an die Flüchtlinge, die im mecklenburgischen Ludwigslust an mir vorüberzogen. Damals, als Stalin hier der Herrscher über Leben und Tod war.

Zum Glück entdeckt Matthias einen Warteraum mit ein paar freien Stühlen an eingedeckten Tischen. Überall stehen »Schampanskoje«-Flaschen herum. Zuerst trinken sie den Wodka noch aus Gläsern. Aber nach einer Stunde ist die Etikette vergessen: Die Flasche kreist von einem zum anderen, jeder nimmt eine Daumenbreite. Danach isst man einen Happen Brot oder auch ein Stück Speck. Der »Schampanskoje« ist die Brause für den Durst zwischendurch.

Meine Stimmung sinkt auf den Nullpunkt. Mir knurrt der Magen, und dann ist die Gefahr groß, dass die ganze Frau knurrig wird. Matthias kennt das von zu Hause. Eine warme Mahlzeit am Tag muss sein.

Also bestellen wir etwas zu essen. Das bisschen Fleisch und Gemüse liegt recht übersichtlich auf dem Teller, Matthias trinkt ein Bier und ich ein Wasser. Dafür müssen wir zweitausend Rubel hinblättern, umgerechnet sechzig Euro! Unser umgetauschtes Geld ist schon fast verbraucht, weil sie einen hier ausnehmen wie eine Weihnachtsgans.

Ich bin so wütend, dass ich mir erst einmal die Füße vertreten muss. Dabei bin ich ja selbst schuld, schließlich habe ich doch genügend von der Russenmafia gehört. Jetzt brauche ich mich eigentlich auch nicht zu wundern! Zum Glück macht mich das Laufen wieder etwas ruhiger. Andere Länder, andere Sitten – immerhin bin ich ja freiwillig hier. Vor sechzig Jahren hätte das ganz anders ausgesehen.

Am anderen Ende der Halle entdecke ich eine endlose Menschenschlange. Sie stehen an, um ihre Gepäckstücke in Plastikfolie einschweißen zu lassen. Was soll das nun wieder? Ich sage Matthias Bescheid, damit er sich erkundigt. In der Zwischenzeit bewache ich unsere Koffer.

Matthias erfährt, dass es hier Pflicht ist, das Gepäck einschweißen zu lassen. Aus Sicherheitsgründen, sonst würde es nicht verladen. Einer spricht sogar deutsch und sagt: »Halt hundert Rubel hin und halt's Maul!« Mein Sohn ist sichtlich entsetzt über die ruppige Ausdrucksweise. Natürlich will er wissen, warum er das Maul halten soll. Ganz einfach: Sonst würden wir als Touristen erkannt und müssten mindestens das Dreifache zahlen! So kommen wir schließlich mit hundertfünfzig Rubeln für unsere beiden Gepäckstücke davon.

Ich leide derweil unter den dicken Zigarettenrauchschwaden. Hunger habe ich außerdem weiterhin. Aber hier noch einmal etwas bestellen kommt nicht in Frage. Zum Glück habe ich ja mein Fresstäschchen. Matthias ist das Lachen darüber längst vergangen. Dankbar beißt er in unsere Stullen.

Abends, kurz nach zehn Moskauer Zeit, geht es dann endlich los. Ab nach Osten, nach Sibirien! Stolze dreizehn Stunden Flug liegen vor uns – weiter als von Hamburg über den Atlantik.

Die Iljuschin 96 ist eine riesige Maschine. Rund dreihundert Leute passen hinein. In der Zeitung habe ich gelesen, dass Präsident Putin sogar zwei dieser vierstrahligen Maschinen als Staatsflugzeuge nutzt. Natürlich Sonderanfertigungen mit Salonabteil.

Bei uns geht es bescheidener zu. Das Flugzeug ist gut besetzt. Die Leute haben aber auch alle eine Menge Handgepäck dabei. Offenbar gibt es in Moskau vieles zu kaufen, wovon man in der Provinz nur träumen kann.

Draußen ist es stockfinster. Irgendwo da unten wird es eine

Bahnlinie geben. Vielleicht sind sie gerade hier entlanggefahren, die Haftkameraden aus Sachsenhausen, Bautzen oder Hoheneck. Immer weiter nach Osten, Sibirien. Schienenstoß für Schienenstoß. Si-bi-ri-en, Si-bi-ri-en, Si-bi-ri-en … Was haben wir damals schon von Sibirien gewusst! Dass es dort kalt ist und das Leben hart.

Im Fernen Osten

Mit einem mächtigen Rauschen landet der Vogel. Wir sind in Kamtschatka. Der Flugplatz am anderen Ende der Welt macht keinen einladenden Eindruck. Windböen treiben Staub über die Piste.

Die anderen steigen aus, nur wir beide müssen im Flugzeug sitzen bleiben. Wieder tauchen Uniformierte auf, kontrollieren umständlich unsere Papiere. Und wieder steigt Angst in mir auf. Die lassen uns hier nicht raus, denke ich. Auch Matthias wird unruhig. Doch dann dürfen auch wir die Maschine verlassen.

Zu Hause habe ich mich im Reiseführer ein bisschen informiert: Die Durchschnittstemperatur im Mai liegt hier im Fernen Osten gerade mal bei zwei Grad. Dalnij Wostok, Ferner Osten, heißt diese Region im Russischen.

Der Flugplatz ist von moderner Technik weit entfernt. Ein Empfangsgebäude mit Tower, Aussichtsterrasse und Glasfassade ist weit und breit nicht zu sehen.

In Hamburg wäre es jetzt acht Uhr morgens; dort würde ich in diesen Minuten gerade aus dem Bett kriechen. Hier ist es schon acht Uhr abends. Zwölf Stunden später als zu Hause, mit der Sommerzeit sogar dreizehn. Da bin ich ja sozusagen ganz nebenbei einen halben Tag jünger geworden.

Eine unwirtliche Gegend. Im Reiseführer stand, dass die kahlen Felsen einen natürlichen Hafen bilden. Deshalb wurde die Stadt

Petropawlowsk hier überhaupt gegründet. Das war vor zweihundertfünfzig Jahren, inzwischen leben rund zweihunderttausend Menschen hier. Europäisches Gedränge gibt es trotzdem nicht: Sie verteilen sich auf vierhundert Quadratkilometer.

Es müssen fromme Leute gewesen sein, die sich in dieser Gegend niedergelassen haben. Jedenfalls haben sie ihren Hafen nach den Aposteln Petrus und Paulus genannt.

In weiter Ferne sehen wir die Horde aus dem Flugzeug, die zu einer Art Baracke strömt. Wir folgen ihr. Irgendwo muss es ja unsere Koffer geben.

Im Flugplatzgebäude erwartet uns eine kleine Delegation: Ludmila von der Universitätsbibliothek, mit der ich die vielen Mails gewechselt habe. Dazu die Dolmetscherin Irina Borodina und zwei junge Männer. Sie überreichen mir rote Nelken.

Obwohl wir uns alle zum ersten Mal sehen, ist die Begrüßung herzlich. Erstaunt sind Matthias und ich über die vielen Goldzähne in Ludmilas Mund. Aber in Russland ist das ein Zeichen von Wohlstand. Andere Länder, andere Sitten!

Ich merke, wie Matthias und Ludmila miteinander flirten.

Das Empfangskomitee lässt es sich natürlich nicht nehmen, uns zum Drei-Sterne-Hotel »Petropawlowsk« zu bringen.

Nach dem langen Flug sind wir wie gerädert.

Nun machen wir unsere ersten Erfahrungen mit sibirischen Straßenverhältnissen: ein Schlagloch nach dem anderen. Draußen wirkt alles grau, außerdem herrscht eine Eiseskälte. Gut – dass wir am Ende der Welt landen würden, haben wir ja gewusst. Natürlich gibt es in Petropawlowsk auch den obligatorischen Lenin-Platz – der Gründer der Sowjetunion mit wehendem Mantel auf dem Sockel.

Die Adresse des Hotels klingt nobel: Karl-Marx-Allee. Die drei Sterne im ersten Haus am Platze haben sich die Betreiber wohl selbst verliehen: einen für die Dusche, einen für das Waschbecken und einen für den Schwenkhahn, der beide mit Wasser versorgt.

Wieder so ein Stückchen Erinnerung an den Sozialismus. Die Stromleitungen waren so abenteuerlich über Putz verlegt, dass ich es mit der Angst bekam.

Von Ludmila erfahre ich, dass all das für die Leute hier ein großer Fortschritt ist: Vor wenigen Jahren haben sie ihre Lampen noch mit Waltran betrieben.

Im fernen Deutschland galt früher die Armut als Unterentwicklung, und Hitler versuchte, »Minderrassige« zu Sklaven zu machen. Das haben sie bis heute nicht vergessen. Wie werden die Menschen hier reagieren, wenn wir uns als Deutsche zu erkennen geben? Aber »werden wir leben, werden wir sehen«!

Unseren ersten Termin haben wir erst am Nachmittag: ein Veteranentreffen, auf dem auch mein Buch vorgestellt werden soll. So haben wir noch ein paar Stunden zur Entspannung und gehen in ein nahegelegenes Thermalbad. Wie auf Island sprudeln in Russlands Fernem Osten heiße Quellen aus der Erde. Da treffen sich zwei verwandte Elemente: ein vulkanisches Land und Etna, und die lässt sich von ihm nach Herzenslust verwöhnen. Die Stunden im warmen Sprudelwasser hätten noch ewig währen können, aber wir sind ja nicht zur Kur hier.

Zuerst ging es bei dem Veteranentreffen ziemlich steif zu. Das Übliche: Reden, Orden, Heldengedichte, wieder Reden, Kampflieder. Doch zum Glück floss auch hier die russische Universalmedizin namens Wodka. Die Leute tranken und aßen, der Geräuschpegel wuchs, und schließlich schnatterte alles durcheinander.

Dann wurde es wieder still, und alle lauschten einem Vortrag über die Auflösung des Gulags. Die Abkürzung bedeutet »Glawnoje Uprawlenije Lagerej«, »Hauptverwaltung Lager«. Auch hier, in dieser unwirtlichen Gegend, hatte es einige der Gulags gegeben – selbst nach dem offiziellen Ende dieser Hauptverwaltung 1956.

Ich bin entsetzt, als ich erfahre, dass die Behörden im Fernen Osten sie in letzter Zeit wieder aufleben lassen: als Zwangsunterkunft für Rentner, die dort in Kälte und Armut die letzten Jahre ihres Lebens fristen.

Irina übersetzt flüsternd für mich und Matthias: Bis zu zweieinhalb Millionen Menschen waren zu Sowjetzeiten in solchen Lagern inhaftiert, fast vierzig Millionen Gulag-Tote gab es seit Anfang der dreißiger Jahre.

Mir läuft eine Gänsehaut über den Rücken. Haarscharf bin ich damals an diesem Schicksal vorbeigeschrammt. Ein Toter mehr oder weniger, was hätte das schon ausgemacht?

Ich verstehe ja nicht viel Russisch, aber das Wort »Gulag« höre ich aus dem Vortrag heraus. Irgendwann klingt es dann wie »Riemann« aus der Stadt »Gamburg« in »Germania«. Alle Blicke richten sich auf mich.

Entgeisterte und erstaunte Blicke. Betroffenheit. Mir wird richtig mulmig. Ich komme aus Deutschland, und Deutsche haben die Eltern und Geschwister dieser Veteranen umgebracht. Sie selbst haben gegen die Deutschen gekämpft, sind verwundet worden. Das kann man alles ebenso wenig vergessen, wie ich meine Gefängniszeit vergessen kann.

Ich blicke auf Matthias. Mit erstarrtem Gesicht verfolgt er das Geschehen. Auch wenn ich niemandem etwas getan habe: Wir waren es, die damals dieses Land überfallen haben, wir, wir, wir. Aber sie haben mich eingeladen. Und ihre Landsleute haben mir Unrecht angetan. Ich habe keine Rachegelüste und klage niemanden an. Aber auch ich habe ein Recht, von unserem Leid zu erzählen. Das lasse ich mir nicht nehmen, von niemandem auf der Welt.

Mit etwas wackeligen Beinen gehe ich auf die Bühne.

Es ist still im Saal, totenstill. Ich erzähle, weshalb ich mein Buch überhaupt geschrieben habe. Dass es eigentlich nur für meine Kinder bestimmt war. Aber dann ist es doch veröffentlicht worden. Um der Wahrheit willen. Prawda. Der Name der Zeitung, die sie jahrzehntelang belogen hat. Im Namen der Wahrheit.

Prawda: Die Wahrheit muss gesagt werden, sonst können wir alle diese Welt nicht mit einem guten Gewissen verlassen.

Die Übersetzung lässt meine Worte etwas holpern, aber sie gibt mir auch Zeit, meine Gedanken zu sammeln. Einige der Anwesenden nicken andächtig, eine alte Frau wischt sich eine Träne aus dem Augenwinkel. »Da, prawda nuschno«, scheint sie zu murmeln – Wahrheit muss sein. Ihre Orden klirren leise an der billigen Jacke.

Dann nehme ich all meinen Mut zusammen und straffe meinen Körper. »Ich stehe nicht für mich hier«, sage ich. »Ich stehe für viele Hunderte und Tausende meiner Kameraden hier. Für jene, die das gleiche oder ein ähnliches Schicksal wie mich getroffen hat.«

Ich suche nach meinen wenigen russischen Worten: »Nein, ich habe keinen Groll gegen das russische Volk. Ich bin sehr froh, dass ich heute hier sein darf, otschen rad, wirklich sehr froh.«

Eine der alten Frauen, die vorher von ihrem Leben erzählt haben, geht schüchtern, aber auch entschlossen auf die Dolmetscherin zu. Sie hat Tränen in den Augen. Irina Borodina fragt, ob mich die Russin umarmen dürfe. Natürlich. Sie nimmt mich in die Arme und weint. Sie entschuldigt sich persönlich dafür, was mir das Regime Stalins angetan hat, iswinitje. Auch ich drücke sie an die Brust. Sie gehört doch auch zu den Gequälten, zu den Unterdrückten des kommunistischen Terrors.

Dann richtet sich die Frau auf. Irina übersetzt ihre Worte. »Jetzt habe ich keine Angst mehr vor den Deutschen«, sagt sie. »Endlich ist auch für mich dieser verfluchte Krieg vorbei. Ich hätte nie geglaubt, bis heute nicht, dass es auch gute Deutsche gibt!«

Im Saal könnte man eine Stecknadel fallen hören. Die Dolmetscherin raunt mir zu, ich müsse jetzt etwas sagen. Mir fällt nicht viel ein. Dann sage ich langsam: »Ja ljublju tebja – Ich liebe dich«. Nun bricht plötzlich Applaus los. Er scheint gar nicht mehr enden zu wollen.

Die alte Frau drückt mich noch einmal und meint, sie sei glücklich, dass sie mich kennengelernt hat.

Auch ich bin den Tränen sehr nahe. Ja, es war richtig, hierherzukommen. Pfeif doch auf den Machorkagestank während der Reise, auf die schmerzenden Knochen und das miese, teure Essen. Menschen müssen sich begegnen, damit sie sich verstehen. Ich musste nach Russland, irgendwie habe ich es immer gespürt. Jetzt weiß ich, warum. Ich bin innerlich aufgewühlt. Vorurteile und Ängste kann man nur abbauen, wenn man einander zuhört. Und auch, wenn man sich manchmal nur ganz still in die Arme nimmt.

Draußen wartet schon ein Reporter vom örtlichen Fernsehsender. Ich soll ihm ein Interview geben. Natürlich mache ich das. Noch schwingt alles in mir. Viel lieber würde ich mit jedem Einzelnen da draußen sprechen. Aber ich glaube, die Menschen spüren, dass ich es ehrlich meine.

Am Abend gehen Matthias und ich in die Hotelbar. Wir können sowieso noch nicht schlafen. Der Zeitsprung war zu groß – zu Hause in Hamburg ist jetzt gerade Vormittag. Am Nachbartisch sitzen ein paar Touristen. Franzosen, die Ski fahren wollen. Wir kommen ins Gespräch. Auch einige Japaner sind da. Sie haben kräftig gezahlt, damit sie hier Bären jagen dürfen. Die Vorfreude ist ihnen anzusehen.

Wir sind empört. Für Geld kann man wohl mittlerweile in Russland alles bekommen. Jedenfalls für das richtige Geld. Die einheimischen Rubel sind nicht so begehrt. So etwas müsste verboten werden.

Vom Krieg spricht hier niemand. Warum auch? Ist doch sechzig Jahre her. Das Leben ist doch weitergegangen, wsjo normalno, alles normal.

Wir trollen uns ins Bett. Alles normal. Die Deschurnaja – die »Diensthabende« und somit die wichtigste Person im Hotel – nickt uns freundlich zu. Wenn wir noch Tee möchten … Spassibo, danke.

»Endlich ist dieser verfluchte Krieg zu Ende«, hat mir die alte Frau gesagt.

Auch für mich ist er endlich zu Ende. Deshalb bin ich hier, ja, genau deshalb.

Ein verhängnisvoller Irrtum

Heute, am 7. Mai, ist unser großer Tag! Die Russen feiern ihren »Djen Pobedy«, den Tag des Sieges, zwar erst am 9. Mai, aber bereits Tage vorher gibt es die verschiedensten Veranstaltungen, die dann auf diesen Höhepunkt hinsteuern. Am 9. Mai 1945 trat die bedingungslose Kapitulation Deutschlands in Kraft. In der DDR wurde bereits vierundzwanzig Stunden früher, am 8. Mai, der »Tag der Befreiung« begangen, bei uns im Westen dachte man offiziell nicht so gern an den »Zusammenbruch«.

Ludmila hat in der Universitätsbibliothek um elf Uhr eine Matinee organisiert. Sie steht unter dem Motto »Vorwärts und nicht vergessen ...«

Die Zeile stammt, das habe ich später nachgelesen, aus dem Solidaritätslied von Bertolt Brecht. Er hat es 1932 für den Film »Kuhle Wampe« geschrieben, Hanns Eisler komponierte die Musik dazu. Mit erhobenem Zeigefinger wurde den fortschrittlichen Kleingärtnern aus der Kolonie »Kuhle Wampe« mitgeteilt, »worin unsere Stärke besteht«, und schließlich die alles entscheidende Frage »Wessen Morgen ist der Morgen? / Wessen Welt ist die Welt?« gestellt. Aber was hat das mit Russland zu tun?

Ich mache mir so meinen Reim darauf: Die Russen haben ihre frühere Welt verloren, und viele von ihnen haben noch längst keinen Platz in der neuen Welt gefunden. Aber sie lieben Brecht, und so haben sie sich das »nicht vergessen« als Mahnung und Erinnerung aus der Liedzeile gepickt.

Ludmila erklärt uns, dass die Weiße Rose, das Schicksal der

Geschwister Scholl und ihrer Gefährten, während ihrer Gedenk-veranstaltung eine Rolle spielen soll. Und dann eben auch meine Geschichte.

Das ist für mich ein guter Rahmen, denn wenn nicht nur an den sowjetischen Sieg, sondern auch an den Widerstand gegen die Nazis und an das Leid und Unrecht nach dem Krieg gedacht wird, hilft das beim Verstehen, dass es niemals nur um Sieg oder Niederlage geht.

Die jungen Leute in der Universitätsbibliothek sind aufgeschlos-sen und interessiert. Ich staune, wie viele Details sie kennen. Viele haben auch mein Buch gelesen. Matthias und ich fühlen uns in diesem Kreis sehr wohl.

Plötzlich meldet sich ein junger Mann. Ob er uns mal eine Frage stellen dürfe. Ja, natürlich. Also: Woher hätte ich eigentlich schon 1946 gewusst, was für ein Verbrecher Stalin sei? Wortwört-lich hat er sogar gesagt, »was für ein Schwein Stalin sei«, doch un-serer Dolmetscherin Irina war das etwas zu drastisch, und so fiel ihre Übersetzung etwas milder aus. Trotzdem verstehe ich die Frage nicht.

Der Mann wiederholt sie: Ich sei doch erst vierzehn gewesen, eine Schülerin, und trotzdem hätte ich dem Diktator eine blut-rote Schlinge um den Hals gelegt – das könne doch nur bedeuten, dass man ihn am besten aufhängen sollte. Für ein so junges Mäd-chen sei das ein sehr, sehr mutiger Ausdruck von Widerstand ge-wesen!

In meinem Kopf rumort es. Wie kommt er auf die Schlinge? Ich habe mit meinem Lippenstift damals doch nur eine Schleife gemalt!

Irina versucht es zu erklären: Bant, petlja, bantik – die Verwir-rung ist groß. Das russische Wort für Schleife heißt »bant« und kommt vom deutschen »Band«. So wie viele Bezeichnungen aus oder über Deutschland gen Osten wanderten, besonders in der Sprache der Mode: »Halstuch« wurde zum russischen »galstuk«, was auch »Krawatte« bedeutet, »Büstenhalter« zu »bjustgalter«, »Rucksack« zu »rijuksak«. In der Umgangssprache lieben die Russen die Verkleinerungen. »Bant« wird zum »bantik«, dem Schleifchen, so wie sie die Schulmädchen an ihren Zöpfen tragen. Allenfalls beim »Schleifebinden«, »sawjasat bant«, ist »bant« gebräuchlich, sonst kann es in der Vorstellung des Gegenübers schnell dicker und fester werden. Dann steht es für »Schlinge«, die eigentlich »petlja« heißt.

Ich höre gebannt zu. Das hieße ja, dass meine Schleife, die den grimmigen Stalin nur etwas verschönern sollte, für die Russen wie eine Morddrohung wirkte. Oder zumindest wirken konnte. Jeder hört aus den Worten des anderen genau das heraus, was er hören will. Warum hätte ein russischer Besatzungsoffizier nach einem jahrelangen Krieg, nach dem Tod von zweiundzwanzig Millionen Bürgern seines Landes, glauben sollen, dass ich mit meinem »bant« den obersten Kriegsherrn nur etwas freundlicher aussehen lassen wollte? Die Schlinge um den Hals lag doch viel näher!

Ich spüre die Tränen in mir aufsteigen. Ein Irrtum, ein Missverständnis. Alles war nur ein Irrtum!

Mir fällt es plötzlich wie Schuppen von den Augen: Ja, natürlich, der erste Offizier in Ludwigslust hatte nach einiger Zeit begriffen, was ich meinte. Deshalb lachte er damals so dröhnend, bevor er sein »dawai, domoi«, ab nach Hause, befahl. Ab nach Hause. Wie denn, ohne Geld, ohne jemanden, der mir half? Deswegen saß ich ja wie ein Häufchen Unglück in Ludwigslust an der Straße.

Dann schnappte mich die Streife, und ich landete wieder in der Kommandantur. Und der Offizier, der mich diesmal verhörte, begriff nicht, worum es ging. Irgendetwas musste ich ja wohl verbrochen haben, sonst hätten mich seine Genossen nicht festgesetzt. Er hatte nur etwas von der Schlinge um den Hals des weisen »Vaters aller Werktätigen« gehört. Also machte er sich seinen Reim darauf – antistalinistische Propaganda hieß das dann.

Schließlich haben sie aus mir herausgepresst, was sie hören wollten. Ich hatte ja auch keine Ahnung, was ich da unterschreiben sollte.

Natürlich konnten sie sich denken, dass ich als vierzehnjähriges Mädchen keine Attentäterin war, die Stalin persönlich aufknüpfen wollte. Also wurde ich erst einmal um zwei Jahre älter gemacht. Ein Federstrich beim Geburtsdatum, und schon wirkte alles ein bisschen wahrscheinlicher. Und wer so dachte, wie ich es angeblich tat, konnte nur ein »Werwolf« sein. Und die mussten bekämpft werden. Ich wusste damals gar nicht, was dieses Wort bedeuten sollte. Erst in den Verhören hörte ich es immer wieder: »Du Werwolf, du Werwolf!«

Ich zittere am ganzen Körper. Alle reden aufgeregt durcheinander. Heute, am 7. Mai 2005, sechzig Jahre nach dem Krieg, klärt sich plötzlich, dass alles nur ein großes Missverständnis war.

Die Studenten sind betroffen, manche stumm vor Entsetzen. Ich nehme meine ganze Kraft zusammen und beantworte ihre Fragen so genau und klar, wie es mir möglich ist.

Später, im Hotel, kommen mir dann die Gedanken, die mich bis heute nicht loslassen. Ein Wort hat mein Schicksal bestimmt. Wegen eines Wortes saß ich acht Jahre im Gefängnis. Jetzt weiß ich es, und das tröstet mich gar nicht.

Doch soll ich jetzt in Tränen ersaufen oder vor Wut blind werden? Sicher, das ist tragisch, aber geschehen ist geschehen. Vom Leben unterkriegen lasse ich mich nicht, damals nicht und heute erst recht nicht. Die liebevolle Anteilnahme der russischen Studenten an meinem Schicksal gibt mir Kraft.

Ludmila und ihre Leute geben sich alle Mühe, uns den Aufenthalt angenehm zu machen. Fast scheint es mir, als fühlten sie sich in unserer Schuld. Doch ich hege nicht den geringsten Groll gegen sie.

Matthias und mir steckt immer noch der lange Flug in den Knochen, und der Wechsel vom Hamburger Frühling auf die immer kühle Halbinsel Kamtschatka hat sein Übriges getan. Wir sind beide erschöpft, aber russische Gastfreundschaft lässt sich dadurch nicht bremsen: Für den 8. Mai steht ein Ausflug in die Natur auf dem Programm.

Draußen sind es höchstens sechs Grad über Null, trotzdem ist ein Picknick geplant. Ein Picknick im Freien, wohlgemerkt, nicht etwa im warmen Auto. Aber eine heiße Quelle soll es dort geben.

Ludmila und ihre Mannschaft haben an alles gedacht: Fische und Gemüse für die Suppe, Schwarzbrot, Decken zum Unterlegen, natürlich fehlt auch die Wodkaflasche nicht – es ist eben Frühling in Kamtschatka, und sie wollen die »milde« Luft genießen.

Unsere Fahrt führt durch kahles Land. Die Bäume haben noch keine Blätter, auf den Berggipfeln liegt Schnee. Rundum kräuseln Wölkchen aus schlotförmigen Bergspitzen, manchmal pufft Asche heraus: Vulkane. Nun erfahren wir auch, weshalb Petropawlowsk einen grauen Schleier trägt: Es ist die Asche vom Awatscha-Vulkan, die in die Stadt weht.

Das Naturheilbad erweist sich als blubbernder Tümpel mit warmem Schlamm. Einfache Holzstege führen hinein, und ganze Familien suhlen sich wohlig darin. Es scheint riesigen Spaß zu machen. Das helle Lachen von Ludmila und Irina schallt zu uns herüber. Ich bin hundemüde von den letzten Tagen, und um Matthias mache ich mir inzwischen ernsthaft Sorgen. Er hustet und schnupft. Deshalb verzichten wir aufs Schlammbad und widmen uns ganz der köstlichen Fischsuppe. Am offenen Feuer gekocht, duftet sie appetitlich und wärmt von innen. Es ist schön, so friedlich beieinanderzusitzen.

Als wir abends um halb zehn wieder im Hotel ankommen, ist die Erkältung bei Matthias voll ausgebrochen. Ludmila und Irina haben sich viel Mühe gegeben, uns einen erholsamen Ausflug zu bereiten, aber Russlands Weiten und das Klima Kamtschatkas kosten viel Kraft. Nur noch Schlafen steht jetzt auf dem Programm, damit wir am nächsten Morgen wieder fit sind.

Natürlich ziehen wir unseren besten Zwirn an. Es ist der Tag des Sieges: Vor genau sechzig Jahren war der Krieg vorbei.

Die Russen feiern mit ihrer üblichen Parade, es gibt Kranzniederlegungen und weitere Veteranentreffen. Mich erinnert das alles an eine riesige Kirmes. Ein Foto von mir mit einem mit Orden behängten Veteranen-General wird geschossen, dann eines mit einem jungen Soldaten, der noch im Dienst ist. Alle lachen, die Stimmung ist ausgelassen. Es ist ihr Tag. Sind wir hier nicht doch nur die Verlierer? Mir passt das ganze Theater nicht. Alle tun so, als seien solche Begegnungen völlig normal. Ich suche die Blicke von Ludmila und Irina. Sie schauen mich ernst an.

Nein, hier geht es nicht darum, dass sich der eine über den anderen erhebt. Die Menschen sind froh, damals den Frieden zurückgewonnen zu haben. Sie haben dafür bezahlt, und wir haben dafür bezahlt. Deswegen gehören wir jetzt auch dazu.

Mir ist kalt, und Matthias sieht fiebrig aus. Trotzdem bleiben wir, bis es zur privaten Feier in Ludmilas Wohnung geht.

Das Appartement ist winzig, jedenfalls für unsere Verhältnisse. Bis heute frage ich mich, wie Ludmila es geschafft hat, in der klitzekleinen Küche solch ein Festmahl zu zaubern. Der Tisch biegt sich: Kaviar in rauen Mengen, Fleischberge, Fischfrikadellen, verschiedene Salate, Käse, Obst – es ist an alles gedacht.

Natürlich wird Matthias erst einmal verarztet, und dafür gibt es in Russland eine bewährte Medizin: Wodka. Diesmal mit rotem Pfeffer, Perzowka heißt das Gebräu, ein altes Hausmittel. Die Russen zweifeln keine Sekunde daran, dass es ihm hilft.

Uns wird warm und schläfrig. Der Junge muss ins Bett. Hoffentlich wird das nichts Ernstes! Auch Ludmila ist beunruhigt. Sie legt ihren Arm um Matthias, und ich denke: Hier entsteht wohl gerade eine echte deutsch-russische Freundschaft! Am liebsten hätte sie ihn ins Krankenhaus gebracht. Aber wir verschwinden lieber am frühen Abend ins Hotel.

Trotzdem gehen wir am nächsten Morgen noch mit Ludmila

auf den Fischmarkt. Einen Fischmarkt gibt es ja auch zu Hause in Hamburg, aber so einen wie diesen habe ich noch nie gesehen: eimerweise Kaviar, riesige Fische aus dem Eismeer, das Geschnatter der Verkäufer, sicher auch der Geruch von Salz und Wasser, den der Wind herüberträgt. Ein letztes großes Erlebnis.

Matthias geht es immer schlechter. Er soll sich am besten vor dem langen Flug noch einmal richtig ausschlafen. Auch ich fühle mich angeschlagen. Ein Wunder wäre es ja nicht, wenn ich nach den Anstrengungen der letzten Tage auch noch krank würde.

Vielleicht bedrückt mich aber auch der Abschied. Ludmila war so eine warmherzige, aufmerksame Gastgeberin. Immer hat sie für uns Gäste das Beste reserviert: ob es die Speisen an der üppigen Tafel waren oder die Plätze bei den Veranstaltungen.

Am Flugplatz halten wir uns lange im Arm. Wir sind uns gegenseitig ans Herz gewachsen. Nach alter russischer Sitte schweigen wir gemeinsam. Es ist alles gesagt. Ich denke: Do swidanija, Kamtschatka. Bestimmt werde ich nicht noch einmal in diese Gegend kommen, dafür reicht das Leben nicht mehr. Aber ich werde sie nie vergessen.

Erinnerungen

Mein Puppenhaus wird abgerissen

Diese vielen weißen Blätter. Da habe ich mir so einen schönen Titel für diesen Abschnitt ausgedacht, und nun sitze ich wieder davor und grüble. Kann man das wirklich so sagen: Mein Puppenhaus wird abgerissen? Punktum, einfach weg damit? Es hat mich doch mehr als zehn Jahre begleitet.

Mein Puppenhaus, das war ja für mich ein Stückchen Lebenstraum in den Jahren, als mich Eberhards Krankheit an die Wohnung fesselte. Es fiel mir schwer genug, danach wieder den Weg ins normale Leben zurückzufinden. Und dazu musste ich im übertragenen Sinne mein Puppenhaus abreißen.

In Wirklichkeit werde ich mich davor hüten! Die ganze Arbeit, die da drinsteckt! Und das Geld! Nein, das Puppenhaus gehört inzwischen zur Erbmasse. Nina soll es mal bekommen. Mein Kapitel werde ich trotzdem so nennen. Es ist eben symbolisch gemeint.

Angefangen hat die Puppenhausgeschichte mit Eberhards Krankheit. Solange er noch sprechen konnte, kamen hin und wieder Freunde und Bekannte zu uns. Manche holten sich Rat bei ihm, mit anderen saßen wir einfach gemütlich beisammen.

Dann lernte ich an Eberhard Seiten kennen, die mir völlig fremd waren: Er wurde plötzlich geizig und aggressiv. Bei allem, was unsere Familie betraf, hatte ich noch am ehesten Verständnis. Da kauften wir dann eben nicht mehr im Delikatessengeschäft ein, sondern bei Aldi. Aber wenn Gäste kamen, wurde es richtig peinlich. Ich erinnere mich an einen Nachmittag: Wir tranken Kaffee, und ein Freund nahm sich ein zweites Stück Torte. Da ging ein Gezeter los! Wir könnten uns das nicht leisten, alle zu füttern, ein Stück Torte reiche auch und so weiter und so fort – vor Scham wäre ich am liebsten im Boden versunken.

Auch mir machte Eberhard dauernd Vorhaltungen. Ich durfte nur noch die billigsten Sachen kaufen, bei jeder Strumpfhose gab es Zoff. Das war schwer erträglich, doch dann begann er, mich auch noch zu beschimpfen. Wenn ich erschöpft von der Arbeit nach Hause kam, hieß es: »Wo kommst du jetzt her? Du Luder hast dich wieder herumgetrieben« – Vorwürfe, die völlig aus der Luft gegriffen waren und mich sehr verletzten. Anfangs bemühte ich mich, sie zu ignorieren, später versuchte ich mich damit abzufinden. Doch langsam begann der Vulkan in meinem Innersten zu brodeln.

Eines Tages war es dann so weit: Schluss, aus, Feierabend. Ich packte ein paar Sachen, zog zu einer Arbeitskollegin und reichte die Scheidung ein.

Eberhard ließ von seinem Sohn die Wohnung ausräumen. Mir war alles egal, ich wollte nur noch weg. Meine Liebe zu Eberhard war längst erloschen, mein Vorrat an Sympathie aufgebraucht, und mein Pflichtbewusstsein ihm gegenüber hatte er so mit Füßen getreten, dass ich mich nicht mehr verantwortlich fühlte.

Dann folgte der nächste Donnerschlag. Als ich eines Tages von der Nachtschicht kam, erfuhr ich, dass mein Mann einen weiteren Schlaganfall erlitten hatte. Die Ärzte gaben ihn auf. Er konnte nicht mehr sprechen und sich auch nicht bewegen.

Wieder einmal saß ich in der Zwickmühle: Wer sollte Eberhard pflegen, wenn nicht ich? Andererseits hatte er so viel auf mir herumgetrampelt, dass es eigentlich auch keiner von mir verlangen konnte. Was sollte ich nur tun?

Den entscheidenden Ausschlag gab dann ein Gespräch mit meinem Scheidungsanwalt. Er sagte mir ganz unverblümt: »Frau

Riemann, in dieser Situation werden Sie nicht geschieden, das ist rausgeschmissenes Geld.« Und dann kam noch ein Argument. Er meinte, so wie Eberhard jetzt tickte, würde er auf dem Krankenbett aus lauter Bosheit die nächstbeste Pflegerin heiraten und so dafür sorgen, dass ich nicht einmal Rente bekäme.

Es fällt mir schwer, darüber zu berichten, aber es gibt im Leben auch Situationen, in denen man nicht der strahlende Held ist. Und jetzt stand ich vor einer fast makabren Entscheidung. Ich musste ja nur noch ein paar Monate aushalten, vielleicht ein halbes Jahr, und dann würde das Leben wieder in normalen Bahnen verlaufen.

Pustekuchen! Es wurden sechzehn Jahre, die ich meinen Mann Eberhard noch pflegte. Trotz aller Querelen am Anfang seiner Krankheit habe ich es gern getan, denn wir haben ein neues Verhältnis zueinander gefunden. Er nahm nach und nach seine Krankheit an und quälte mich nicht mehr. Ich brauchte eine Weile, um zu begreifen, was überhaupt geschehen war. Dabei half mir der Professor, der Eberhard behandelte. Er erklärte es mir so: Der Schlaganfall hatte das Gehirn meines Mannes wie ein Blitz getroffen und alles durcheinandergewirbelt. Im Innersten war er immer noch der liebe Mensch, den ich gekannt hatte, aber seine Liebenswürdigkeit fand nun nicht mehr den Weg über die Zunge nach draußen.

Diese Erklärung leuchtete mir ein. Zwischen uns entstand eine neue Art von Liebe. Meine Fürsorge wurde mir nicht nur Aufgabe, sondern auch Bedürfnis. Wenn Eberhard fror – und das war oft der Fall –, kroch ich abends zu ihm unter die Bettdecke. Bei dieser Art von innerlichem Frösteln hilft nur Körperwärme, das wusste ich aus dem Gefängnis. Zärtlichkeiten mit ihm austauschen konnte ich nicht mehr. Doch das tat unserer Liebe keinen Abbruch. Längst war der böse Gedanke, dass ich einfach nur seinen Tod abwarten musste, verschwunden. Inzwischen kämpften wir gemeinsam darum, noch viele schöne Tage zu zweit verleben zu dürfen.

Dafür akzeptierte ich auch, dass ich an die Wohnung gebunden blieb. Nur in meinem Unterbewusstsein nistete wohl noch der Gedanke, dass es außer der unsrigen auch noch eine andere Welt gab. Als ich dann eines Tages in einem Groschenroman eine Anzeige für ein Puppenhaus sah, bestellte ich mir die Baupläne.

Erst heute weiß ich, dass mich der Drang trieb, mir eine eigene, kleine Welt zu schaffen. Neben meinem streng geregelten Alltag und dem abendlichen Fernsehen als einziger Freizeitbeschäftigung sollte es noch etwas anderes geben. Etwas, wo meine Träume ungehindert spazieren gehen konnten.

Ich entschied mich für ein Bürgerhaus der Versandfirma Minimundus, einen Meter zwanzig breit und etwa einen Meter hoch. Das ist eine kleine Welt für sich, alles im Maßstab eins zu zwölf. Der Tischler in dem Krankenhaus, wo ich damals arbeitete, baute genau nach Plan das Haus. Dann begann das Einrichten. Ich stattete es mit allem aus, was man sich nur denken konnte: Ob Kronleuchter oder Stilmöbel, Parkettfußboden oder Seidentapete, Kamin oder ein kleiner Mörser für die Küche – am Ende hatte ich in meinem Haus sogar eine Mausefalle! Bis dahin war es aber ein weiter Weg.

Als Erstes kaufte ich mir den Bausatz für einen Biedermeiersekretär. Dann folgten Sofa und Sessel, und so ging es immer weiter. Die Sachen waren alle ziemlich teuer, und ich konnte mir nur dann und wann ein neues Stück leisten, wenn ich wieder einmal etwas Geld übrig hatte. Allein der Kronleuchter kostete damals fünfundneunzig Mark. Aber dafür war es auch ein Prachtexemplar.

In der ersten Zeit half Eberhard beim Basteln. Die Holzteile waren ja alle roh, mussten zusammengefügt, lackiert und poliert werden. Dazu gab es auch das entsprechende Werkzeug, und manchmal sah es in unserer Wohnung wie in einer kleinen Tischlerei aus.

Fünf Jahre brauchte ich, dann glänzte mein Puppenhaus mit

einer kompletten Einrichtung. Die vielen Nächte Arbeit hatten sich gelohnt, denn bis dahin war mir immer wieder gesagt worden, ich hätte zwei linke Hände. Das hatte ich so oft gehört, dass ich es schließlich schon selbst glaubte. Und nun hatte ich allen das Gegenteil bewiesen. Sogar meine Mutter sagte anerkennend: »Ich hätte nie geglaubt, dass du das kannst!« Das war sehr wichtig für mich.

Eberhard musste ich ständig im Auge behalten. Wenn ich an manchen Abenden in der Wohnung saß und darauf wartete, dass er irgendeine Hilfe von mir brauchte, wanderte ich im Geist durch die Zimmer meines Puppenhauses. Ich setzte mich auf einen Sessel oder werkelte in der Küche vor mich hin – es war wie ein Stückchen Rückkehr in unser früheres Leben.

Wir hatten immer viel Betrieb im Haus gehabt. Nicht nur Eberhards Beruf brachte ihm viele Bekanntschaften ein, sondern auch sein Faible für Pferde. Wir besaßen selbst Pferde, und zur Olympiade fuhr mein Mann den Viererzug. Ich saß in der Loge von Josef Neckermann. Somit hatte ich am eleganten bürgerlichen Leben teilgenommen, und nun blieb mir wenigstens noch mein Puppenhaus, in das in meiner Vorstellung all die Gäste kamen. Es war ja auch wirklich nobel eingerichtet!

Als Eberhard dann starb, war plötzlich eine große Leere um mich herum. Ich fühlte mich wie in einem Vakuum. Viele Freunde hatten sich im Laufe der Jahre zurückgezogen, und auch aus der Familie bekam ich kaum Unterstützung. Meine Kinder mochten meinen Mann nicht sonderlich. Das ging bis zu dem harten Vorwurf, ich sei ja selbst schuld daran, dass es mir die letzten Jahre so schlecht ging.

Ich sah das nicht so. Ich habe Eberhard gern gepflegt, besonders in der letzten Zeit, als er meine Hilfe auch dankbar annahm. Natürlich gab es hin und wieder Tage, an denen ich mein Schicksal verfluchte und wütend darüber war, ständig angebunden zu sein. Manchmal dachte ich sogar, wenn es denn einen lieben Gott gäbe, würde er mich jetzt bestrafen, weil ich in den ersten Jahren nach der Pflegezeit so biestig zu Eberhard war. Dennoch habe ich mein Schicksal nicht als Strafe gesehen. Eberhard war hilfsbedürftig, und das Leben hatte mir die Aufgabe zugewiesen, diese Hilfe zu leisten. Nun hatte mich der Lauf der Dinge von dieser Last, die ich auch aus Liebe trug, wieder befreit.

Es dauerte eine Weile, bis mir diese zwei Seiten der Medaille überhaupt bewusst wurden. Das tiefe Loch, in das ich gefallen war, war das eine, die Befreiung, die ich dadurch erfuhr, das andere.

Ich musste wieder einmal mein Leben umkrempeln. Meine Träume konnten das Puppenhaus verlassen, ich hatte jetzt ja wieder die Chance, sie in der »großen« Welt zu leben.

Als Erstes trennte ich mich von Eberhards Sachen. Die meiste Kleidung habe ich auf dem Campingplatz verschenkt. Seine rund fünfzig Fotoapparate und die Objektive – neben den Pferden war das Fotografieren sein zweites großes Hobby – wurden verkauft.

Inzwischen schrieb ich ja auch an meinem ersten Buch. Leider erlebte es Eberhard nicht mehr mit. Er war als Erster mit mir nach den vielen Jahren wieder in Sachsenhausen gewesen. Wir quartierten uns in einer Jugendherberge in Wandlitz ein. Dort erlebte ich nach dem Besuch im ehemaligen Lager nach fast fünfzig Jahren zum ersten Mal wieder eine Nacht, in der ich ruhig schlafen konnte. Ich musste nicht ängstlich unter seine Decke kriechen. Jahrelang hatte mich die Panik vor dem Schlafengehen beherrscht. Stets versuchte ich, den Körper in Spannung zu halten, denn ich konnte ja plötzlich zum Verhör abgeholt werden. Das war nun vorbei, und so bestärkte mich damals der Besuch in Sachsenhausen darin, mir endlich die Last von der Seele zu schreiben.

Ich habe Eberhard alles erzählt, auch, als er wegen seines Schlaganfalls nicht mehr antworten konnte. So war am Ende seines Lebens keine Rechnung mehr offen. Nun musste es eben ohne ihn weitergehen.

Ich brauchte Tapetenwechsel. Nachdem mein erstes Buch erschienen war, fuhr ich mit Matthias in die USA. Wenig später reiste ich allein noch einmal über den großen Teich, nach Kanada. Ein Cousin von mir lebt in der Nähe von Toronto in Ontario. Die ungeheure Weite der Natur und das beeindruckende Schauspiel der Niagarafälle brachten mir neue Bilder in den Kopf. Nach zwei Tagen kam dann ein Tornado und riss die Dächer von den Häusern. Die Leute halfen sich gegenseitig, und bald waren die Schäden beseitigt. Natürlich konnten sie sich dadurch nicht mehr so sehr um mich kümmern. Doch das machte mir nichts aus, denn ich wollte ja vor allem Abstand gewinnen.

Zurück in Deutschland, aktivierte ich alle meine Freundschaften und war viel unterwegs. Nach der Veröffentlichung meines Buches wurde ich zu vielen Lesungen eingeladen. Ich hatte wieder eine Aufgabe. Sie beschäftigt mich bis heute.

Nur ein kleines Problem konnte ich bis dahin noch nicht lösen: Ich fühlte mich ein wenig einsam in meiner Hamburger Wohnung am Kalenbarg. Also schrieb ich eines Tages einen Zettel und hängte ihn im Supermarkt aus: »Vermiete ein Zimmer.«

Meine Pflegekinder

Es dauerte nicht lange, da meldeten sich die Leute von DESY, dem »Deutschen Elektronen-Synchrotron« in Hamburg-Bahrenfeld. Wissenschaftler aus der ganzen Welt erforschen dort die Beschleunigung von Teilchen – das hat mit Materie und Energie zu tun, mit der Entstehung unseres Universums und etlichen anderen Dingen, die kein Mensch so richtig versteht.

Was ich jedoch verstand, war: Die Physiker, die meist für etwa ein Jahr als Gäste in Hamburg arbeiteten, mussten untergebracht werden. Und ich hatte ein Zimmer angeboten. Dann schickten mir die DESY-Leute Viktor. Einen Russen.

Ich habe keine Sekunde gezögert, den Physiker bei mir aufzunehmen. Sicher, die Russen, die ich bisher kennengelernt hatte, waren nicht besonders freundlich zu mir gewesen. Aber man kann ja nicht alle Menschen über einen Kamm scheren. Inzwischen herrschten andere Zeiten, und ich bin nicht nachtragend. Sollte er doch kommen.

Viktor, knapp fünfzig Jahre alt, war ein netter Kerl. Er sprach nicht viel Deutsch. Ich redete oft mit ihm, damit er die Umgangssprache lernte. Auch Vokabeln fragte ich ihn ab, aber die ernsteren Themen blieben natürlich unerwähnt.

Das war damals gerade die Zeit, als mein Buch »Die Schleife an Stalins Bart« erschien, und es war davon in der Presse und im Fernsehen viel die Rede. Das hatten auch die Leute bei DESY mitbekommen, und nun erkundigten sie sich bei Viktor nach mir. Er kaufte sich das Buch und ließ es sich übersetzen.

Eines Tages tauchte er dann ganz betroffen bei mir auf und fragte mich: »Muss ich jetzt ausziehen?«

Ich erwiderte: »Unsinn! Wenn Sie das interessiert, Viktor, dann kommen Sie mal mit einem Dolmetscher vorbei, und wir reden darüber.« So geschah es dann auch, und es wurde ein langes Gespräch. Viktor war entsetzt, als er erfuhr, dass seine Landsleute die Konzentrationslager der Nazis in der Besatzungszone einfach weiterbetrieben hatten. Das war für ihn völlig neu. Zwar wusste er von dem Unrecht unter Stalin in der Sowjetunion, den Erschießungen und den jahrelangen Verbannungen in den Gulag, aber dass in den Jahren nach dem Krieg auch in den eroberten Gebieten – die bis dahin für ihn immer »befreite Gebiete« gewesen waren – Willkür und Terror herrschte, hatte er nie gehört. Ich versicherte ihm, dass ich trotzdem nicht alle Russen hasste. Wir waren uns darüber einig: Es lag am Regime, und wir konnten alle zusammen froh sein, dass das endlich vorbei war.

Ärger bekam Viktor mit mir nicht wegen der Politik, sondern aus einem ganz anderen, viel banaleren Grund. Bei der Einweisung durch die DESY-Leute lief das so: Zuerst kamen die Gäste mit einem Dolmetscher, und dann wurde der Vertrag gemacht. Ich bestand auf vier Wochen Probezeit und sagte klipp und klar, dass ich einige Macken hätte. Die wichtigste sei: Mein Bad und meine Toilette müssten immer tipptopp sauber sein. Ein dreckiges WC wäre ein sofortiger Kündigungsgrund.

Natürlich erläuterte ich nicht noch groß und breit, weshalb ich es so haben wollte. Was gingen die Leute meine Knasterfahrungen an! Eine saubere Toilette war Bedingung – und basta.

Dann geschah es: Ich kam eines Tages unverhofft früher nach Hause als geplant. Und was sehe ich: Das Klo ist verdreckt! Da bin ich wie eine Furie in Viktors Zimmer, und trotz allen Jammerns und seines Versprechens, sofort sauber zu machen, blieb ich hart: Koffer packen und raus! Am nächsten Morgen hatte er verschwunden zu sein.

Dann riefen die DESY-Leute an und heulten mir die Ohren voll: Sie hätten kein Zimmer frei, ob ich nicht ein Auge zudrücken könne und so weiter. Schließlich ließ ich mich breitschlagen, und Viktor kam zurück.

Von Stund an gab es nie wieder die geringsten Probleme. Wir hatten das beste Verhältnis zueinander, das man sich denken konnte, er war wie ein Sohn im Haus. Als ich krank wurde, wirbelte er mit dem Staubsauger durch die Wohnung und brachte mir das Essen ans Bett. Später begleitete er mich dann ins Krankenhaus und benachrichtigte meine Kinder.

Das war eigentlich bei allen meinen russischen Pflegekindern – so kamen sie mir meist nach ein paar Wochen vor – sehr ähnlich.

Zum Beispiel Juri, den ich auch später in Moskau besuchte. Er aß immer mit einem Brettchen und einem kleinen Messer, ich mit Messer und Gabel. Eines Tages fragte er erstaunt: »Ist das überall in Deutschland so üblich?« Das bestätigte ich ihm, und ich zeigte ihm, wie es ging. Auch, wie man einen Tisch schön deckt, und alles andere, was so dazugehört. Später erfuhr ich dann, dass er unsere Sitten bei sich zu Hause eingeführt hat. Nachdem er zurück war, musste seine Frau erst einmal alles putzen. Sie hatten eine schöne Silberschale, die wurde blitzblank gewienert. Und dann hieß es immer: »Frau Riemann hat das aber so gemacht, oder so« – das ging so lange, bis seine Frau richtig sauer wurde. Einmal platzte ihr der Kragen, und sie keifte ihn an: »Dann geh doch zu deiner Frau Riemann, wenn dir hier alles nicht mehr passt!« Das war natürlich nicht ernst gemeint.

Ich musste später darüber lachen, war es doch der Beweis dafür, dass er auch eine Menge bei mir gelernt hatte. Eigentlich sollten die Gäste ihr Zimmer ja selbst sauber machen, aber ich habe das lieber übernommen, damit es auch ordentlich wurde.

Jeder hatte ein Fach in meinem Kühlschrank. Einmal packte mich die Neugier, und ich schaute hinein. Viel war nicht drin! Also lud ich ihn zum Abendbrot ein, und siehe da, mein Juri aß mit riesigem Appetit. Es stellte sich heraus, dass er sich schon eine ganze Weile nicht richtig satt gegessen hatte, weil er auf ein Fresspaket aus Moskau wartete. Von seinem Gehalt sparte er jeden Cent für zu Hause!

Natürlich half ich ihm auch, preiswert einzukaufen, als er in Urlaub fuhr. Für seine Frau gab ich ihm noch eine Pelzjacke von mir mit. Und vorher wurde zünftig Abschied gefeiert.

Wir gingen in eine Kneipe bei mir in der Nähe. Der Wirt sprach russisch und warnte Juri noch extra vor dem deutschen Bier. Es hat mehr Alkohol als viele Biere in Russland. Aber Juri vertrug ja auch eine ganze Menge! Zum Bier gab es immer noch einen Schnaps. Natürlich trank ich auch etwas, und als wir uns auf den Heimweg machten, hatte ich einen leicht ondulierten Gang. Plötzlich fing Juri an zu singen! Sehr laut, aber auch sehr schön – er hatte eine Stimme wie ein Opernsänger. Mir war das erst peinlich, denn überall in der Nachbarschaft gingen die Fenster auf! Doch statt zu schimpfen, applaudierten die Leute – ich hätte direkt mit dem Hut herumgehen können!

So endete Juris Aufenthalt in Hamburg. Zu meinen früheren Erlebnissen sagte er damals nicht viel. Auch für ihn war es ein Schock, davon zu erfahren. Erst zu Hause, in Russland, erzählte er seiner Verwandtschaft davon. Auch dort waren die Verbrechen Stalins bis in die Familien hinein tabu. Seine Mutter, die gut Deutsch sprach, ließ einmal durchblicken, dass sie etwas wusste, aber zum Schweigen verdonnert war.

Es gab auch noch ein paar andere Gäste, die über DESY kamen, aber nur mit meinen Russen entstanden echte Freundschaften.

Lustig war es allerdings auch mit Li, einem Chinesen. Ich hatte ihn zum Essen eingeladen, und er schlürfte so laut, dass es nicht zu überhören war und meine Enkelin zu einem Kommentar hinriss. Li erklärte uns daraufhin, in China sei das Schlürfen ein Zeichen, um dem Gastgeber zu zeigen, dass es besonders gut schmecke. Das war ein gefundenes Fressen für meine Enkel! Jedes Mal, wenn ich sie später einmal wegen Schlürfens ermahnte, hieß es prompt: »Wir sind eben in China!«

Ich weiß nicht, ob ich mit meinem Drang zu helfen, den anderen nicht auch mal auf die Nerven gehe. Aber so bin ich nun mal: Sehe ich irgendwo irgendwelches Elend, dann mache ich etwas dagegen. Und meinen Mund halte ich in solch einem Fall natürlich auch nicht!

Als ich auf Helgoland arbeitete, bin ich deshalb sogar noch zu einem Pflegesohn gekommen. Ich habe dort Mitte der sechziger Jahre die Gymnastik am Strand geleitet und abends im Restaurant »Störtebeker« gekellnert. Der Koch war ein junger Mann, den Matthias bereits von früher kannte. Er hieß Bertram, und mir fiel auf, dass er offenbar Probleme hatte. Ihm fehlte der Halt einer Familie. Deshalb boten wir ihm »Familienanschluss« an. Das haben wir gern getan, obwohl Bertram nicht ganz einfach war.

Nach dem gemeinsamen Sommer auf Helgoland half ich ihm bei einer für ihn schwierigen Angelegenheit. Damals brauchte er einen Job in einem renommierten Hotel, um beruflich weiterzu-kommen. Volljährig war man aber erst mit einundzwanzig, und so durfte er den Vertrag mit dem Hotel »Bellevue« in Hamburg noch nicht allein unterschreiben. Was sollte er tun? Ich hatte eine Idee und setzte kurzerhand meine Unterschrift anstelle von Bertrams Mutter aufs Papier. Dass das eigentlich Urkundenfälschung war, sah ich nicht so dramatisch.

Jedenfalls galt ich ab diesem Zeitpunkt als Bertrams Mutter. Meine Kinder sprechen von ihm nur als Bruder. Sie haben ihn voll akzeptiert, wie ich bei Claudias Hochzeit erlebte. Die Tradition verlangt ja, dass die Geschwister den Schleier kaufen, und Bertram wollte sich unbedingt beteiligen. Das war für die anderen gar kein Problem. »Du bist doch auch unser Bruder«, hieß es.

Wie nachhaltig meine Erziehung war, merke ich bis heute. Natürlich habe ich ihm beigebracht, dass Essen nicht in die Mülltonne fliegen darf. Das praktiziert er jetzt auch bei mir! Kocht er für mich, und ich esse nicht auf, muss ich ihm das Essen bezahlen! Das habe ich nun davon, aber es ist in Ordnung! Sein Essen schmeckt nicht nur, es sind immer auch riesige Portionen, und da haben wir dann immer unser kleines Tauziehen.

Jedenfalls ist mein Pflegesohn Bertram für mich ein Beispiel dafür, wie wichtig es ist, in einer Familie verankert zu sein. Das habe ich immer gespürt, und ich habe auch immer versucht, einen engen Kontakt zur Familie zu pflegen – sogar in den Jahren im Gefängnis. In meinen Briefen ist davon zu lesen.

Drei Millimeter hohe Schönschrift

Mutter hat alle meine Briefe aus dem Gefängnis aufgehoben. Dann erbte ich sie wieder von ihr, und sie verschwanden irgendwo in einer Schublade. Ganz unten.

Erst als ich Material für dieses Buch sammelte, nahm ich sie wieder in die Hand. Es war ein komisches Gefühl, und sofort stiegen die Bilder wieder in mir auf. Ich weiß noch von jedem einzelnen Brief, wie ich ihn geschrieben habe. Mal auf den Knien, mal am rohen Holztisch, zwischendurch auch im Liegen in einem Bett der Krankenstation. Immer in meiner besten Schönschrift. Nicht Mutters wegen, sondern weil die Briefe ja zensiert wurden, mussten sie »gut leserlich« verfasst werden.

Ich halte die rauen Bögen in den Händen, es ist fast, als könne man sich einen Splitter daran einziehen. Auch die Umschläge sind dabei, säuberlich abgeheftet. Von den meisten Briefmarken schaut ernst und würdevoll Wilhelm Pieck, der erste und einzige Präsident der DDR. Er sieht wie ein guter Opa aus, der seinen Kindern und Enkeln gern einmal über den Kopf streicht.

Mich hatte das Regime, dem er vorstand, ausgespuckt. Obwohl ich auch noch ein Kind war, strich mir niemand über den Kopf. Im Gefängnis waren wir für Wilhelm Piecks »Volkspolizisten« wohl eine einzige graue Masse, ganz egal, ob die eine noch ein Kind, die andere schon eine junge Frau und eine dritte schon eine Matrone war. Wir waren eben Gefangene, die nach militärischer Zucht und Ordnung gehalten wurden.

Dazu gehörte die Erlaubnis, einmal im Monat einen Brief zu schreiben, eine Seite lang. In den ersten Jahren habe ich so winzig geschrieben, dass es gerade noch lesbar war. Meine Buchstaben waren etwa drei Millimeter hoch. Ich dachte, so würde mehr auf die vorgegebenen Linien des Bogens passen. Später wachsen die Buchstaben. Sie sind auch nicht mehr ganz so rund und gefällig. Ich weiß nicht, woher das kommt. Vielleicht ist meine Hand im Laufe der Jahre schwerer geworden.

Ganz stolz bin ich heute noch darauf, dass es in meinen Briefen kaum einen Fehler gibt. Ich hatte ja bis zu meiner Verhaftung wahrlich nicht viel Schulbildung genossen.

Wie gern wäre ich damals statt im Gefängnis in der Schule gewesen. Der Traum vom Lernen zieht sich durch viele Briefe. Doch dahinter steht immer wieder die Sehnsucht, recht bald wieder frei zu sein. Sie wurde allzu oft enttäuscht.

So schreibe ich am 28. September 1950 an meine Mutter: »Ich hoffe doch, dass das bald sein wird. Denn mit fünfzehn Jahren wurde ich eingesperrt und bin doch nun bald zwanzig.«

Ich erinnere mich bis heute daran, denn in der Jugend wiegen die Jahre schwerer. Fast fünf Jahre, das war annähernd ein Viertel meines damaligen Lebens, das ich bereits hinter Gittern verbracht hatte. Ich brauchte lange, ehe ich überhaupt begriff, was das Strafmaß »zehn Jahre« eigentlich bedeutete. Frühmorgens, abends, immer wieder ging es mir durch den Kopf: zehn Jahre, zehn Jahre. Da ich ja noch so jung war, schien es mir, als hätte ich nun mein ganzes Leben in der Gefangenschaft zu verbringen. Und trotzdem musste ich auch noch Mutter trösten, wie am 17. November 1950: »Kleine tapfere liebe Mutti. Auch ich bin tapfer und hoffe, dass ich das Schlimmste überstanden habe.«

Ihre Aktivitäten beunruhigten mich: Schließlich wollte sie sogar bis zu Wilhelm Pieck vordringen, um für mich um Gnade zu bitten. Ich fürchtete, dass das schädliche Folgen haben könnte, und warnte sie im gleichen Brief: »Mutti soll sich nicht so auf Berlin versteifen – nicht gut!«

Da hatte ich aber die Sturheit meiner Mutter unterschätzt! Ihr erster Versuch, den Ostpräsidenten zu sprechen, war zwar gescheitert, doch das hieß noch lange nicht, dass sie sich geschlagen gab.

Damals wollte auch die DDR noch die Einheit Deutschlands, natürlich unter »sozialistischen« Vorzeichen. Die entsprechende Propagandakampagne hieß »Deutsche an einen Tisch«, und wer aus dem Westen zu Besuch kam, wurde von der Stadtverwaltung zu einem Gespräch eingeladen.

So passierte es auch Mutter in Mühlhausen. Der Bürgermeister empfing sie und fragte als Erstes, warum sie aus dem Arbeiter- und Bauern-Paradies weggegangen sei. Mutter nahm wie immer kein Blatt vor den Mund: Sie habe keine Lust, für eine Tafel Schokolade acht Mark zu zahlen, und Butter gebe es auch nicht genug. Außerdem habe dieser angebliche Staat ihre Tochter für nichts und wieder nichts eingesperrt, und sie dürfe sie nicht einmal besuchen!

Das saß. Der Bürgermeister ließ erst einmal die Kapelle lauter spielen, die er extra für die Westbesucher bestellt hatte. Man wusste ja drüben nicht, wer heimlich mithörte. Dann versprach er meiner Mutter leise, ihr bei der Beschaffung einer Besuchserlaubnis behilflich zu sein.

Sie fuhr dann auch noch einmal mit einer vermeintlichen Freundin nach Berlin. Die arbeitete wahrscheinlich für die Stasi, aber davon ahnten wir damals nichts. Nach dem Besuch in Wilhelm Piecks Amtssitz erhielt Mutter tatsächlich die Besuchserlaubnis für Hoheneck – wahrscheinlich war sie die erste Westdeutsche überhaupt, der das gelang! Aber so war sie eben: Wenn es beim ersten Anlauf nicht klappte, ließ sie nicht locker, bis sie doch ihr Ziel erreichte.

Ich machte mir im Gefängnis derweil Sorgen, ihre Aktivitäten könnten alles nur noch verschlimmern. Zwei Tage nach Nikolaus 1950 ermahnte ich sie deshalb noch einmal: »Bitte, bitte, liebe Mutti, denke immer daran, denn ich will Dich recht bald wieder in die Arme nehmen.«

Natürlich versäumte ich es nicht, meine Hoffnung noch einmal deutlich auszudrücken: »Auch ich sitze in diesem Jahr unter dem Weihnachtsbaum und hoffe, dass es das letzte Fest ohne Euch ist.«

Dass ich noch dreimal Weihnachten im Gefängnis »feiern« würde, ahnte ich nicht.

Dennoch starb die Hoffnung niemals, und manchmal half es, konkrete Pläne zu schmieden. So erhielt Mutter am 20. Februar 1952 folgenden Brief: »Da meine Zeit bald abgelaufen ist, möchte ich doch einigermaßen anständig nach Hause kommen ... Ich wünsche mir ein Kleid nach neuester Mode. Ein Paar Schuhe

Größe 38 und Nylonstrümpfe. Die Maße schicke ich Dir mit ...
Taillenweite 68, Brustweite 96, Halsweite 32, Hüftweite 97 ...«

Doch gerade einmal fünf Monate später, am 14. Juli 1952, hatte
mich die Realität wieder eingeholt: »Es ist ein herrliches Wetter,
schaue aus dem Fenster und kann gerade auf einen Teich sehen.
Wie groß ist meine Sehnsucht, einmal die elenden Zuchthaus-
klamotten auszuziehen, in der Sonne liegen zu dürfen, schwimmen zu können. Schöne Kleider und etwas Farbenfrohes sehen –
Leider, noch dreieinhalb Jahre, dann steht auch mir die Welt und
das für mich heut noch Unerreichbare offen.«

Wieder folgten ein grauer Herbst und ein dunkler Winter. Nur
noch mein unverbesserlicher Optimismus hielt mich aufrecht,
und so schrieb ich am 9. Februar 1953 wieder so hoffnungsvoll wie
auch die Jahre davor: »Voll Zuversicht bin ich in das Jahr 53 gegangen und habe hier mein achtes Jahr begonnen. Nun dauert es
nicht mehr allzu lange, und ich bin bei Euch.«

Ich wollte endlich wieder am Leben draußen teilhaben. Konnte
ich es schon nicht selbst erleben, wie sich die Welt draußen verändert hatte, wollte ich wenigstens per Post davon erfahren. In meinem Brief vom 21. Juni 1953 heißt es: »Ich habe in der letzten Zeit
viel Heimweh gehabt ... Wie muss sich meine alte Heimat verändert haben ... Hier hat sich nichts geändert, der alte Trott, wie
immer ...«

Noch war in dieser Zeit Mühlhausen der Mittelpunkt meiner
Welt, und ich wollte – vor allem von Opa – alles wissen, was sich
dort tat. Wo wurde die Freilichtbühne gebaut, wie wurde Thomas
Müntzer geehrt – mich interessierte alles, denn im Juli 1953 wurde
meine Hoffnung ganz konkret: »Ja, meine liebe Mutti, nachdem
einige Frauen von uns entlassen sind, fange auch ich wieder an, zu
hoffen.« Das Leben schien seine Fühler nach mir auszustrecken,
und so bewegten mich plötzlich auch Gedanken, die acht Jahre
lang keine Rolle gespielt hatten: »Mit dieser Hoffnung verbindet
sich eine ganz große Sorge. Ich habe nichts anzuziehen. Das, was

noch hier ist, ist mir viel zu klein geworden ... Bitte schicke mir, wenn möglich, alles, was ein junges Mädchen braucht.«

Natürlich half Mutter auch hier, so gut es eben ging. Doch mein Gesundheitszustand beschäftigte sie damals viel mehr. In den ersten Jahren erfuhr sie gar nichts darüber, dann nur indirekt. Wir hatten einen Kontakt über einen Bekannten aufgebaut, über den noch zu reden sein wird. Am 19. August 1950 schrieb er an Mutter: »Es fällt mir schwer, Ihnen mitzuteilen, dass der Gesundheitszustand gegenwärtig etwas zu wünschen übrig lässt, machen Sie sich aber keine Sorgen darüber, es ist nicht bedenklich!«

Damals kämpfte Mutter darum, mich nach fast fünf Jahren zum ersten Mal wiederzusehen. Sie hatte keinen Erfolg, und so musste ich ihr am 28. September 1950 auch von meinen Krankheiten berichten: »Wie schwer muss es für Dich sein, nach so langer Reise vor verschlossenen Türen zu stehen und mich nicht sehen zu dürfen. Mach Dir aber um mich bitte keine Sorgen, denn mir geht es jetzt gut ... Uschi wird Dir ja alles von mir erzählt haben, von meiner TBC, ich holte sie mir in Bautzen 1947. Da ging es mir nicht gut.«

Ich schrieb so zurückhaltend, wie es irgend ging, aber der Brief muss Mutter Angst gemacht haben. TBC war damals auch »draußen« eine lebensbedrohende Krankheit, eine Folge des Hungers. Meine Mutter wusste, dass Penicillin, das einzig wirksame Medikament dagegen, im Osten kaum verfügbar war – und für Häftlinge schon gar nicht. Und dass im Gefängnis keine Behandlung mit Liegekuren und guter, butterreicher Verpflegung stattfand, war ihr sicher auch klar.

Doch es waren noch weitere Hiobsbotschaften zu vermelden: »In Sachsenhausen hatte ich 1949 eine vereiterte Blinddarmentzündung, habe sie gut überstanden. Auch hier lag ich eine Zeit im Krankenhaus. Man hat sich große Mühe gegeben, bekam sehr gute Verpflegung, durfte jeden Tag drei bis vier Stunden spazieren gehen.«

Auch das war lebensbedrohlich gewesen. Die Operation ohne jede Narkose habe ich nicht erwähnt. Mutter sollte nicht an meine Schmerzen denken. Aber ich habe ihr geschrieben, dass »man« mir half – vielleicht konnte sie sich denken, dass es nicht die russischen Bewacher, sondern wir Häftlinge selbst waren, die sich um die medizinische Versorgung kümmerten.

Natürlich drangen auch nur spärliche Informationen über den Zustand meiner Kameradinnen nach draußen. Umso wichtiger waren die Berichte, die zwischen unseren Angehörigen und Bekannten in der Freiheit ausgetauscht wurden. So erhielt meine Mutter am 7. Juni 1951 die Nachricht einer ihr persönlich unbekannten Frau: »Zu Ihrer Beruhigung will ich Ihnen noch mitteilen, dass es ihnen gut geht, dass aber die Strafen hoch sind, wie lange, weiß ich nicht. Die Mädels haben Hoffnung, bald wiederzukommen, verlieren den Mut nicht, sind tapfer. Sie werden sonst nicht belästigt, auch hungern und frieren sie nicht.«

Selbst derart dürre Sätze waren für unsere »Hinterbliebenen« sehr wichtig. Lange Zeit wussten sie weder, wo ihre Kinder, Männer oder Geschwister waren, noch kannten sie das Strafmaß. Von den Schnellverfahren durch sowjetische Gerichte – manchmal auch durch »Ferngerichte« aus Moskau – haben sie meist erst nach der Entlassung ihrer Angehörigen erfahren. Und in der DDR konnte man auch nur hinter vorgehaltener Hand darüber reden, denn die Opfer wurden zum Schweigen vergattert. Wer dagegen verstieß, musste damit rechnen, erneut »einzufahren«.

Wegen des strikten Verbots, etwas über unsere angebliche Tat und die Verurteilung zu schreiben, waren auch die Briefe stets eine Gratwanderung. Dennoch erhielt uns dieser einzige Draht zur Außenwelt am Leben.

Dazu kamen ab 1950 dann die regelmäßigen Pakete. Natürlich haben wir uns über Kuchen, Wurst oder ein paar Süßigkeiten gefreut.

Solch ein Gruß von zu Hause rief stets heftige Gefühle hervor.

So schrieb ich am 17. November 1950, noch völlig aufgewühlt von dem unerwarteten Besuch meiner Mutter: »Überwältigt war ich von dem Paket, welches Mutti mitgebracht hatte (in vier Tagen habe ich alles aufgegessen). Nach Muttis Abschied verbarg ich meinen Schmerz in der ›Wunderkiste‹ und hatte somit keine Zeit zum Nachdenken.«

Jeder Besuch, so schön und so lange ersehnt er auch war, hatte immer einen hässlich bitteren Nachgeschmack. Durch den kurzen Kontakt mit den Lieben brachen danach all der Schmerz und die Einsamkeit besonders heftig auf. Auch davon berichtete ich: »Doch die Reaktion kam erst am Abend, als ich im Bett lag.« Das war der einzig halbwegs intime Ort hinter Gittern, sonst war man ja nicht einmal auf der Toilette allein. Da flossen dann die Tränen, und immer wieder hämmerte es im Kopf: Warum, warum, warum gerade ich …

Natürlich sollte niemand »draußen« auch nur im Entferntesten auf die Idee kommen, mich durch weniger Post zu »schonen«!

Das rückte ich drei Wochen später noch einmal zurecht: »Es ist für mich immer der schönste Tag, wenn ich Post von Euch habe. Es ist ein schönes Gefühl, zu wissen, dass man nicht vergessen ist, und glücklich kann ich den schätzen, der eine liebe Mutti hat, ich zähle mich zu ihnen.«

Wie wichtig die Pakete für uns waren, kommt auch in den »technischen« Hinweisen zum Ausdruck, die sich immer wieder in meinen Briefen finden. Am 7. November 1950 schrieb ich: »Dezemberpaket darf schwerer sein, weil ich erst vier Pakete habe.« Auch auf die Notwendigkeit eines Inhaltsverzeichnisses weise ich oft hin, denn jedes Paket wurde ja streng kontrolliert. Gab es da mal überraschenderweise eine Ausnahme von der Regel, war dies ein bemerkenswertes Ereignis. So freute ich mich am 15. Januar 1951: »Vor einer Stunde habe ich Dein Paket erhalten, und stell Dir vor, ich durfte es selbst auspacken. Meine Freude darüber war unbeschreiblich.«

Die geschickten Sachen waren längst nicht so wichtig wie die moralische Unterstützung. Und das sagte ich auch deutlich: »Daran erkenne ich, dass Ihr mich noch nicht vergessen habt.«

Wenn ich diesen Brief heute in den Händen halte, spüre ich die Verzweiflung von damals. Ganz unbewusst hatte ich geschrieben: »dass Ihr mich noch nicht vergessen habt ...« Aber was würde geschehen, wenn es noch ein paar Jahre dauert, bis ich wieder zu Hause bin! Im Unterbewusstsein trieb mich immer die Furcht um, meine Familie zu verlieren.

Oft gab ich mir selbst die Schuld dafür, dass ich die Familie unfreiwillig verlassen hatte, und das schrieb ich auch. Zum Beispiel am 28. September 1950: »In all den Jahren, in denen ich weg bin, liebe Mutti, hast Du mir sehr gefehlt, und es tut mir leid, dass ich Dir so viele Sorgen mache und doch oft daheim so unzufrieden und ungezogen war. Du wirst mich kaum wiedererkennen. Als Kind ging ich weg, und als junge Dame werde ich wiederkommen.«

Ich versuche einfach, an früher anzuknüpfen. Das ist schwierig, weil ich derweil hinter den Gittern erwachsen geworden bin, aber eigentlich möchte ich nichts anderes, als mich wie ein Kind in Mutters Arme flüchten.

Ich bin ihr so unendlich dankbar, dass sie zu mir hält, aber meine Freude über ein Paket ist nicht immer ungetrübt. Im Brief vom 3. Februar 1951 schreibe ich: »Ich habe mich gefreut, ja, aber doch war ich traurig, wenn ich daran dachte, wie lange Du dafür arbeiten musstest.«

Ich weiß, dass sie sich die Gaben für mich vom Munde absparen muss. Trotzdem oder gerade deshalb teile ich ihr mit, wie wichtig für mich die Dinge von zu Hause sind. Einmal habe ich einen Pullover bekommen, und er war für mich viel mehr als nur eine Kleidungsstück: »Es ist ein herrliches Gefühl, etwas tragen zu dürfen, was von daheim ist.«

Die Pakete lassen mich den grauen Alltag für ein paar Stunden vergessen, und so gibt es in den Briefen auch solche Sätze wie nach dem Osterfest 1951: »Es war für uns ein lustiger Tag, und hättest Du uns gesehen, Du hättest Deine helle Freude an uns gehabt.«

Noch wichtiger als die Pakete von zu Hause sind die Informationen.

Immer wieder versuche ich, Kontakt zu meinem Vater zu finden. Am 28. September 1950 frage ich: »Was macht unser Vati …?« Knapp drei Monate später klemme ich meine Frage verkehrt herum nachträglich zwischen Datum und Text: »Hat Vati schon einmal nach mir gefragt?« Im Februar 1951 mahne ich: »Auch die Adresse von Vati möchte ich haben.«

All das bleibt ohne Erfolg. Ich erfahre erst in der Freiheit, dass mein Vater die Familie verlassen hat.

Vielleicht war es gut so, denn besonders zu Feiertagen wie Weihnachten überfiel mich das Heimweh besonders stark. Das beschäftigte mich schon zwei Wochen vorher, wie ein Brief vom 8. Dezember 1950 an meine Mutter zeigt: »Wenn Du am Heiligabend den Baum schmückst, dann denke mit den Kleinen fünf Minuten an mich. Aber um eines bitte ich Dich: Sei stark, weine nicht, denn ich fühle mit Dir. Deine Stimmung überträgt sich. Auch ich will tapfer sein, denn mir geht es wie Dir. Was soll ich, wenn Du nicht wärst? Für wen sollte ich mich dann gesund erhalten?«

Ich leide sehr darunter, von den Neuigkeiten in der Familie abgeschnitten zu sein. Meine Schwester Inge feiert inzwischen ihre ersten Erfolge als Tänzerin, und das interessiert mich natürlich brennend. Und außerdem hat sie auch noch einen Bräutigam! Im Juli 1952 verlange ich nach konkreten Informationen: »Wie ist ihr Künstlername? Wie heißt mein Schwager? Beruf?«

Inges Hochzeitspläne treiben mich schon seit Februar 1952 um. Ich habe zwar keine Ahnung vom Leben da draußen, aber am 20. Februar muss ich in einem Brief an Mutter doch auch einmal meine Meinung beisteuern: »Ich gebe ihr den guten Rat, sie möchte noch eine Weile die Schulbank drücken und sich noch nicht so einen Klotz ans Bein hängen.«

Natürlich sehe ich die ganze Sache vor dem Hintergrund meiner spärlichen Erfahrungen. Ich leide so darunter, dass ich nicht die Gelegenheit hatte, mehr zu lernen. Und Inge? Ihr steht doch die Welt offen, und sie nutzt ihre Chancen nicht! Am 8. Februar 1953 kümmere ich mich persönlich um die Angelegenheit: »Lieber Herr Willi! Seitdem Sie der Mann sind, der meine Schwester Inge glücklich oder unglücklich macht, werden Sie verstehen, dass ich gern etwas Näheres über Sie wissen möchte. Es ist mir außer Ihrem Vornamen nichts bekannt, und das ist wohl sehr wenig von einem zur Familie Gehörigen. Meine Fragen hinsichtlich Ihrer Person werden von Mutti nicht beantwortet. Ich bitte Sie um einen mich zufriedenstellenden Bericht – Bitte auch negative Seiten!«

Ich bekomme sogar eine Antwort, doch die reicht mir vorne und hinten nicht. Also schreibe ich am 18. März einen weiteren Brief: »Mein lieber Herr Schwager! … Gefreut habe ich mich mächtig, aber zufriedengestellt haben mich Ihre Zeilen nicht. Haben Sie vergessen, dass ich außer einer Strafgefangenen noch eine Frau bin mit der verzeihlichen Eigenschaft Neugierde? So eine große Bitte – und keine Antwort. Nun weiß ich immer noch nichts, ihren Beruf, Alter, Landsmann, Anlagen zum Jähzorn oder ausgeglichen und lieb und nett?«

Heute kann ich natürlich über meinen damaligen Eifer lächeln, aber vor über fünfzig Jahren empfand ich das alles als bedrohlich, denn Mutter würde ja wieder einmal die Konsequenzen tragen müssen! Das schrieb ich ihr auch am 11. Mai 1953: »Ich muss Dir sagen, so ungefähr habe ich mir das vorgestellt. Er hat nichts, sie hat nichts, aber ein Kind. Mutti, ich will Dir ganz offen meine Meinung sagen. Ich heiße die Ehe nicht gut, und Inge wird es auch noch einmal bedauern.« Auf den mir völlig unbekannten Willi war ich richtig wütend: »Mein Schwager scheint allerdings ein ganz raffinierter Mann zu sein. Eine junge Frau, welche gut verdient, fest hat er sie auch durch das Kind, und was braucht er mehr. Ich bin der Meinung, dass er sich auf Inges Lorbeeren ausruht. Schade, dass Inge so anspruchslos ist.«

Es kam, wie es kommen musste: Mutter kümmerte sich um Inges Baby. Dass ich durch meine schroffen Äußerungen selbst an der mangelnden Auskunftsfreudigkeit der jungen Familie schuld sein könnte, kam mir nicht in den Sinn, wenn ich wohl auch ahnte, dass ich ein wenig zu weit gegangen war, denn am 1. September 1953 schrieb ich an Mutter: »Mein Herr Schwager lässt gar nichts mehr von sich hören, ich glaube, er ist böse. Ich habe aber schon längst eingesehen, dass meine Worte etwas zu hart waren.«

Wie gern hätte ich Mutter in dieser schwierigen Phase unserer Familie beigestanden. Doch ich war eingesperrt, und es war schon ein Privileg, dass ich ein paar Familienfotos zu Gesicht bekam. Am 17. Dezember 1952 wusste ich wenigstens, wie mein Schwager aussah: »Ich habe gestern die Bilder anschauen dürfen und kann mich noch gar nicht beruhigen … Hätte Inge nicht eine Widmung darauf geschrieben, wüsste ich nicht, wer es ist. Mein Schwager Willi gefällt mir auf dem Bild gut, doch ich möchte mehr von ihm wissen.«

All das bringt mir schmerzlich zu Bewusstsein, dass draußen das Leben weitergeht. Uns vermisst niemand. Zu Weihnachten 1952 gibt es auch im Gefängnis ein paar kleine Erleichterungen. Unsere Zellentüren stehen tagsüber offen, und zum Fest bekommen wir zwanzig Zigaretten, 125 Gramm Süßigkeiten und 125 Gramm Gebäck. Und wir dürfen sogar ins Kino. Zum ersten Mal seit sieben Jahren sehe ich wieder einen Film über die Leinwand flimmern – es ist ein Märchen. Über das wichtigste Geschenk schreibe ich in meinem Brief vom 8. Januar 1953: »Doch die schönste Überraschung waren die Bilder. Vom 24.12. bis 2.1. durften wir sie behalten … Im Ganzen hatte ich fünf neue Bilder und vier alte.«

Trotz des schönen Scheins auf den Schwarzweißfotos machte ich mir besonders um meinen Bruder Peter Sorgen. Schon im

Februar 1952 hatte ich ihm geschrieben: »Mein lieber Peterle! Ich muss mit Dir schimpfen, Du hast schon lange nicht mehr an Deine Schwester gedacht und ihr nicht geschrieben. Kannst Du es nicht mehr? Bist Du auch tüchtig in der Schule – oder bist Du sitzen geblieben? Mache Mutti keine Schande und bleibe artig.«

Ich wollte eben am Familienleben teilhaben. Über meine Mutter ließ ich Peter und Martin am 14. Juli 1952 ausrichten: »Schreibt mir doch bitte. Eure Zeugnisse auch, ich möchte gern sehen, ob Ihr in der Schule fleißig seid. Seid immer artig.«

Besonders bei Peter war das Zeugnis wohl nicht so überzeugend ausgefallen, weshalb seine große Schwester ihm am 6. November 1952 eine gehörige Standpauke hielt: »Für Deine Zeilen vom 18. 11. danke ich Dir, Peter. Ich habe mich gefreut, aber ich bin nicht zufrieden. Deine Schrift geht, aber die Fehler. Überlege, Peterle, Du bist schon dreizehn Jahre und für Dein Alter noch sehr dumm. Du solltest Dich schämen und noch fleißig ins Schulbuch gucken und nicht mit Martin solche Dummheiten machen ... Ich bin sehr enttäuscht von Dir, hatte ich doch geglaubt, Du würdest Mutti viel Freude bereiten. Merke Dir gut, komme ich nach Hause, wird es ganz anders für Dich. Ich wünsche, dass Du mir Deine Zeugnisse schreibst, Betragen, Fleiß ...«

Dass solch ein Brief seine Vorfreude auf meine Wiederkehr nicht gerade fördern würde, kam mir damals nicht in den Sinn. Ich fühlte mich einfach zur Familie gehörig, und das hatte ich mir auch in den vergangenen sieben Jahren Gefängnis nicht nehmen lassen. Und als große Schwester erzieht man eben den kleinen Bruder mit!

Ich wollte alles wissen, was zu Hause geschah, und fragte auch immer wieder nach Bruder Martin. Doch bei ihm lief es nicht so dramatisch wie bei Inge und Peter. Trotzdem dürstete ich nach jeder Information, war sie auch noch so belanglos. Schließlich hatte es Jahre gedauert, um überhaupt wieder in direkten Kontakt mit der Familie zu kommen. Das war nicht ohne fremde Hilfe möglich.

Solidarität

Bis in den Sommer 1950 hinein bekommt Mutter nur durch Dritte ein paar Brocken Information darüber, dass ich überhaupt noch lebe und wie es mir geht. Sie laufen über den Geliebten meiner Haftkameradin Maria. Er heißt Alfred und lebt in Glauchau. Den Gefängnisbehörden gegenüber geben wir ihn als meinen »Onkel Fred« aus. Das ist ein gefährliches Unterfangen, aber Alfred weiß, worauf er sich da eingelassen hat. Zum Glück ist er vorsichtig. Die erste Kontaktaufnahme zu meiner Mutter erfolgt mit dem Absender einer Untermieterin, am 19. August 1950: »Ich teile Ihnen deshalb heute mit, dass Erika in meiner unmittelbaren Nähe ist ...«

Das war nicht viel, aber Mutter wird ein Stein vom Herzen gefallen sein. Sie wusste nun, dass ich noch lebe. Und Alfred hatte keine andere Wahl: Wer Informationen über das benachbarte Gefängnis in den Westen schickte, wäre von der DDR-Justiz wegen »Spionage« belangt worden. Rasch hätte die Hilfeleistung für den Helfer selbst im Zuchthaus enden können.

Aus dem Brief erfährt Mutter auch, dass ihre Große nicht allein ist: »Erika hat von ihrer Freundin Ursula aus Berlin und von mir Nachricht und am 27. Juli auch ein Paket erhalten. Unsere Lieben dürfen jetzt monatlich ein Sechs-Pfund-Paket erhalten. Erika bekam 1 Pfd. Butter, 1 ½ Pfd. Wurst, 1 Pfd. Zucker, 2 Tafeln Schokolade, Traubenzucker, Vitamintabletten, Seife und Zahnpasta, Kuchen und sonstige Bedarfsartikel.«

Das waren in jenen Zeiten alles rare Kostbarkeiten. In der DDR wurden Nahrungsmittel über knapp bemessene Lebensmittelkarten verteilt, Zusatzrationen aus der HO hatten horrende Preise. Manches, wie etwa Schokolade, war gar nicht zu bekommen. Da musste Mutter aus dem Westen helfen. Sie tat es ganz selbstverständlich, obwohl auch sie drüben jeden Pfennig mehrmals umdrehen musste.

Mit den Paketen, die über die Bekannten draußen an mich weitergeleitet wurden, eröffnete sich auch erstmals die Möglichkeit,
einen ganz kleinen persönlichen Gruß von Mutter zu bekommen.
Sie mag glücklich gewesen sein, als ihr Alfred am 19. August 1950
mitteilte: »Wenn Sie einige Zeilen an Ihre Erika schreiben wollen – es dürfen aber höchstens sechs bis acht Zeilen sein, dann
lege ich ihr diese bei! In Pakete dürfen keine Briefe gelegt werden.«

Weshalb das alles so kompliziert war mit dem Schreiben, darüber konnten wir im Gefängnis nur spekulieren. Zwar hatten wir
gemerkt, dass die Russen eines Tages verschwanden und Vopos
auftauchten, aber davon, wie es inzwischen draußen aussah, hatten wir keine Vorstellung, Dass sich zwischen die beiden Teile
Deutschlands langsam ein Eiserner Vorhang senkte, der zwar noch
durchlässig, aber nicht ohne Gefahr zu überwinden war, ahnten
wir nicht.

Mich quälte die Angst, meine Mutter wolle nichts mehr von
mir wissen, die Familie habe sich von mir losgesagt. Sie war aber
mein einziges Hinterland. Nur die Hoffnung, bald wieder mit der
Familie vereint zu sein, hielt mich am Leben.

Ich klammerte mich an jeden Strohhalm, und mein Strohhalm
hieß »Onkel Fred«. Am 11. September 1950 erhielt er einen Hilfe-
ruf von mir: »Da Sie so freundlich waren, sich um das Ergehen
meiner Angehörigen … zu erkundigen, mir aber keine korrekten
Angaben gemacht haben, bitte ich Sie heute erneut, mir Näheres
mitzuteilen.«

Meine Sorgen um die Familie und ihr Verhältnis zu mir lassen
mich nicht zur Ruhe kommen. Daraus mache ich auch in meinem Brief keinen Hehl: »Es ist furchtbar, in einer Ungewissheit
leben zu müssen. Die Wahrheit, gleich wie sie ausfällt, ist besser
zu ertragen als nur Andeutungen.«

Trotz der Isolation im Gefängnis und obwohl mir Informationen von »draußen« fehlen, ahne ich, dass alles mit der Flucht meiner Mutter in den Westen zu tun haben könnte. Deshalb schicke

ich ja auch meine Briefe an Opa Max und Oma Pauline in Mühlhausen. Ich habe aber keinerlei Vorstellung von den Verhältnissen zwischen Ost und West. Warum sollte man aus dem Westen nicht schreiben können – ich kenne Deutschland doch nicht als geteiltes Land.

Dass der Osten lange vor der Mauer in Berlin immer wieder vergeblich versucht, eine Mauer in den Köpfen aufzubauen, ist mir völlig unbekannt. In meinem Kopf nistet nur ein Gedanke, der jeden Tag aufflackert und mich manche Nacht schlaflos auf der Pritsche liegen lässt: Wenn Mutti sich nicht meldet, hat sie mich nicht mehr lieb! Dieser Verdacht quält mich fürchterlich, und ich teile ihn auch dem einzigen Menschen mit, der für mich außerhalb der Gefängnismauern erreichbar ist. »Ständig lege ich mir die Frage vor, hat Mutti geantwortet? Ist es ihr nicht möglich, mir eine Kleinigkeit zu schicken? Würde mich über jedes Stück Kuchen oder Brot freuen. Doch dass ich kein Paket bekomme, ist im Gegensatz zu meiner ständigen Frage: ob ich kein Elternhaus mehr habe, seitdem ich in Stollberg bin, nicht so schwer zu ertragen.«

Inzwischen leiden wir keinen Hunger mehr im Gefängnis, wenn wir auch nur wie Vieh ernährt werden. Für das unmittelbare Überleben ist ein Stück Brot oder gar Kuchen verzichtbar, als Zeichen der Solidarität von draußen nicht. Ich muss einfach wissen, wie es Mutter ergeht, seit sie aus Mühlhausen weg ist. Das schreibe ich dann auch an Alfred: »Ich hoffe, dass Sie mir meine Bitte erfüllen werden und mir mitteilen, was Sie über meine Mutter erfahren haben, und so aller Pein ein Ende bereiten.« Das »was« habe ich unterstrichen …

Die Sorge weicht erst im Herbst 1950. Nun eröffnet sich die Möglichkeit, regelmäßig Informationen über den Verbindungsmann auszutauschen.

Alfred steht zwischen zwei Frauen. Er ist fünfundzwanzig Jahre älter als Maria und hat mit ihr zwei Kinder. Gleichzeitig ist er mit einer anderen Frau verheiratet. Immer wieder ist von Scheidung die Rede, mehr aber passiert nicht. »Onkel Fred« bringt nicht die Kraft auf, seine Frau Helga und die gemeinsamen Kinder zu verlassen.

Solche Verhältnisse muten heute seltsam an. Nach dem Krieg, in einer Zeit, als überall Männer fehlten, gab es sie öfters. Meist wurden sie stillschweigend akzeptiert. Das war bei Alfred anders: Seine Frau denunzierte Maria, und so verschwand die Nebenbuhlerin im Gefängnis. Verurteilt zu fünfundzwanzig Jahren wegen Spionage!

Später tat ihr das wohl leid. Deshalb sorgte sie während Marias Haftzeit für deren Tochter Monika. Aus Dankbarkeit pflegte Maria sie später bis zum Tod. Der Sohn wurde zur Adoption an linientreue SED-Genossen gegeben.

Von all diesen dramatischen Entwicklungen ahnten wir damals natürlich nicht das Geringste. Für mich war nur wichtig, dass ich über »Onkel Fred« endlich einen Draht zu Mutter gefunden hatte.

Was für eine Freude und Erleichterung muss es für sie gewesen sein, als sie am 11. September 1950 dank der Hilfe Alfreds endlich einen Brief mit meiner Schrift in der Hand hielt: »Anbei das Originalschreiben Ihrer Erika. Ich habe ihr heute ausführlich berichtet und ihr mitgeteilt, dass sie sich nicht um Sie sorgen soll … Alle Fragen Erikas, wie es Ihnen bisher ergangen ist, habe ich beantwortet. Sie wird nun beruhigt sein können.«

Alle an diesem komplizierten Postweg Beteiligten waren sich bewusst, welches Risiko sie eingingen. Davon ist bereits im Oktober 1949 die Rede: »Werte Frau Grabe! Ihre Zeilen vom 10.10. erhalten. Der Brief wurde sofort an Ihre Tochter weitergeleitet. Da ich nicht weiß, ob Ihre Tochter Erika selbst an Sie schreiben darf, müssen Sie vorsichtig sein und dürfen nichts verlauten lassen, von wem Sie die Nachricht erhielten, also meinen Namen nicht nennen.«

Auch bei den Verbindungen über Marias Familie war Vorsicht geboten. Ihre Mutter schrieb an meine Mutter: »Den Namen

›Erika‹ lassen Sie bitte in Ihren Briefen weg, als Unterschrift zeichnen Sie ›Deine Tante Grabe‹, dadurch werden Unannehmlichkeiten für Fräulein W. vermieden.«

Die Briefe aus dem Gefängnis waren im Umfang begrenzt, und es durfte ja auch nur alle vier Wochen geschrieben werden. Ein »Sonderbrief« galt als Auszeichnung. Wer also auch nur ein Wort für jemand anderen schrieb, beschnitt sich dadurch automatisch den eigenen Kontakt zur Familie. Trotzdem war es für mich selbstverständlich, so, wie mir geholfen wurde, auch anderen zu helfen.

Da war zum Beispiel Jenny. Sie bekam niemals Post, von Paketen ganz zu schweigen. Oft hatte ich ihre traurigen Augen gesehen, wenn wir anderen uns über Grüße von unseren Familien freuen durften – es gab niemanden draußen, der an sie dachte. Deshalb musste für Jenny dringend eine Tante her. Das konnte nur meine Mutter sein. Sie würde das alles am besten verstehen, wusste sie doch von mir, wie die Einsamkeit langsam tötet. Am 17. November 1950 ließ ich Jenny einige Zeilen in meinem Brief schreiben: »Ich bitte Dich, liebe Tante Gretel, mir zu Weihnachten doch bitte ein paar Zeilen und ein Sechs-Kilo-Paket zu schicken, und wenn es nur Obst ist, ich würde mich von ganzem Herzen freuen.« Ich fügte im selben Brief hinzu: »Liebe Mutti, ich glaube, Du wirst mir diese Bitte erfüllen. Ich bin mit Jenny schon lange zusammen. Sie hat noch nie ein Paket bekommen … Schreibe ihr bitte, sobald Du kannst, denn ich weiß, wie es ist, wenn man mit leeren Händen davongeht.«

Naiv, wie wir waren, machten wir uns keine Gedanken darüber, dass es schon ein gehöriger Zufall sein musste, wenn ausgerechnet meine Mutter auch noch Jennys Tante wäre. Aber es war uns egal; sollten die Wachteln doch denken, was sie wollten! Wir versuchten es – und es klappte!

Am 8. Dezember 1950 hat Jenny ihr erstes Paket von meiner Mutter erhalten, und ich bedanke mich in ihrem Namen: »Meine Freude ist unbeschreiblich und nicht in Worte zu fassen. Nun

weiß ich doch, dass ich bei der Postverteilung nie mehr leer aus-
gehe.« Dann stelle ich Jenny erst einmal vor: »Nun etwas von mir:
Bin in Polen geboren, habe aber deutsche Staatsangehörigkeit. Ich
bin 24 Jahre alt, meine Mutter kenne ich nicht, und mein Vater
verstarb während meiner Haftzeit. Ich sitze 4 Jahre, habe 20 Jahre
wegen Spionage. Im Krieg war ich in der Landwirtschaft tätig
und nach dem Krieg Dolmetscherin. 8 Tage vor meiner Hochzeit
wurde ich mit meinem Verlobten verhaftet (seine Eltern in Polen,
und Post ins Ausland nicht gestattet). Ich habe einen kleinen Jungen, 5 Jahre alt, leider keine Nachricht darüber, sehr traurig.«

Gerade einmal acht Zeilen habe ich gebraucht, um Jennys
Schicksal zu beschreiben. So wir ihr geht es vielen von uns: Jenny
weiß nicht, wo ihr Verlobter und ihr Kind sind, sie hat keine Ahnung, was sie verbrochen haben soll, und lebt mit der Aussicht,
als Vierzigjährige wieder in Freiheit zu sein. Aus unserer damaligen Perspektive war das ein biblisches Alter. Weshalb ich das alles
in ihrem Namen an Mutter schrieb, erklärt Jenny mit ein paar
Zeilen: »Ich bin mit Erika in einer Gruppe, leider nicht möglich,
dass wir getrennt schreiben. Erika hat geschrieben, weil sie kleiner
schreibt als ich.«

Jennys Kontakt zu Mutter blieb bestehen, und so konnte ich in
diesem Fall ein wenig von der Solidarität zurückgeben, die mir
das Leben gerettet hatte. Nach der Entlassung verlor ich Jenny
aus den Augen.

Natürlich blieben solch heimliche Verbindungen nicht unbemerkt. Davon berichtet Alfred am 7. Juni 1951 meiner Mutter:
»Heute erhielt ich Brief von Maria, sie ist sehr besorgt und teilt
mit, ich solle vorsichtiger sein, sonst könne ich ihr mehr schaden
als nützen! Ist äußerst besorgt um mich. Höchstwahrscheinlich
hat man ihr Vorhalte gemacht.«

Die Treffen zwischen Alfred und meiner Mutter wurden so
organisiert, dass möglichst keiner etwas merkte. Schließlich kam
sie ja aus dem Westen und durfte offiziell gar nicht in die DDR

einreisen. Deshalb erfolgten die ersten Kontakte mit »Onkel Fred«
meist in der Mitropa am Ost-Berliner Bahnhof Friedrichstraße.
Weil die telefonische Verabredung zu unsicher war – man wusste
nie, wer mithörte –, vertrauten die beiden auf eine telegraphische
Verabredung: »Wenn ich am Montag Ihr Telegramm erhalte,
komme ich zur angegebenen Zeit ins Bahnhofsrestaurant. Erhalte ich keine weitere Nachricht, rechne ich mit Ihrem Besuch in
Glauchau.«

Im Laufe der Zeit spielte sich dieser Nachrichtenweg perfekt
ein. So schreibt »Onkel Fred« am 10. Juni 1952: »Das Brieftele-
gramm kostet bei 10 Worten 1 Mark ... Die Aufgabe des Tele-
gramms müsste am Sonntagvormittag geschehen.«

Dann würde Fred pünktlich im Wartesaal dritter Klasse am
Bahnhof Friedrichstraße erscheinen können. Für ihn war jede
Fahrt nach Berlin ein Risiko, denn die Sektorengrenzen waren
offen, und wer aus der Provinz in die alte deutsche Hauptstadt
fuhr, wurde misstrauisch beäugt. Das galt umso mehr, wenn diese
Fahrten auch noch regelmäßig erfolgten. In einer Kleinstadt wie
Glauchau konnten Besucher aus dem Westen sehr schnell auf-
fallen, und damals genügte immer noch eine Denunziation für einen Spionagevorwurf.

Auch Alfreds Frau Helga, die sich am 7. Juni 1951 an meine
Mutter wendet, um über den Erhalt von Briefen und Paketen zu
berichten, traut sich nicht, ihren Namen auszuschreiben, und
betont extra: »Ich hoffe, dass Sie diese Mitteilungen beruhigen,
sagen Sie niemandem ein Wort, auch nicht, von wem Sie Nachricht erhielten.«

Trotzdem wissen unsere Angehörigen oft nicht, wie es uns geht
oder was Veränderungen in unserem Alltagstrott zu bedeuten haben. Sie sind dann auf Spekulationen angewiesen und machen
sich noch größere Sorgen.

So findet sich Anfang 1952 in einem Brief von Alfred an meine
Mutter folgende Passage: »Dass Erika drei Monate im Sch. arbei-

ten musste, will mir nicht aus dem Sinn. Ob diese Maßnahme doch erfolgte, weil sie sich nicht mit allem einverstanden erklärte? Und nun schreibt sie, dass sie Ihnen nur die Hand reichen könnte? Ob sie eine ansteckende Krankheit hat? Ich kann nicht daraus klug werden.«

Mutter und »Onkel Fred« tauschen inzwischen regelmäßig ihre Gedanken aus und teilen auch die Sorgen um mich. Natürlich berichten sie einander auch von den Aktivitäten, die sie unternehmen, um uns zu helfen. Dies belegt ein langer Brief unseres Verbündeten an meine Mutter vom 13. Mai 1952. Er schildert seine Bemühungen um eine Sprecherlaubnis, die ihn bis zur Hauptverwaltung der Volkspolizei führten – ohne Ergebnis. Auch ein erneutes Gnadengesuch blieb ohne Antwort. So konnte er nur wieder einmal die Hoffnung auf unsere baldige Freilassung beschwören: »Seien Sie versichert, liebe Frau Grabe, dieses Jahr noch rechne ich bestimmt damit!«

Ich hatte inzwischen gelernt, dass man nur mit gegenseitiger Hilfe überleben kann. Sie ist immer eine Einheit von Geben und Nehmen. Aus dieser Solidarität konnte Freundschaft werden, aber das war ein sehr langer Weg. Meine Gedanken dazu teilte ich Mutter am 6. November 1952 mit: »Du fragst, Mutti, ob ich wieder eine Freundin gefunden habe, ja, diese Frage muss ich mit einem Nein beantworten, denn der Name Freundin hat hier bei uns oft einen bitteren Beigeschmack.

Ich bin nicht mehr in der Lage, Enttäuschungen dieser Art anzunehmen, denn ich muss mich gesund erhalten für Dich. Liebe Kameradinnen habe ich, und 2 sind mir besonders ans Herz gewachsen.«

Ich weiß nicht, ob sie das damals verstanden hat. Wenn ich die alten Briefe heute aus der Hand lege, spüre ich aber, dass meine im Gefängnis erworbene Lebenserfahrung mein Handeln bis in die Gegenwart bestimmt hat. Ich werde sicher bis zum letzten Atemzug Menschen helfen, wenn sie Hilfe benötigen.

So habe ich es auch gehalten, seit ich wieder in Freiheit war. Uns ging es ja im Westen nicht sonderlich gut, aber für die Verwandten, Bekannten und Freunde im Osten fiel immer noch etwas ab. Natürlich bin ich auch regelmäßig zu Besuch nach Mühlhausen gefahren, obwohl bereits die erste Reise zunächst fast wieder im Knast endete.

Mein erster Ost-Besuch mit Polizeieskorte

Nach der Entlassung aus Hoheneck und meiner Flucht in den Westen hatte mich die DDR auf ihre schwarze Liste gesetzt. Fünf Jahre lang durfte ich nicht einreisen. Damals war es ja so, dass die Verwandtschaft im Osten für Besuch aus dem Westen eine »Aufenthaltsgenehmigung« beantragen musste. Niemand konnte seinen Pass nehmen und einfach losreisen, wie es heute üblich ist. Diese Anträge kamen, wenn es um mich ging, regelmäßig mit dem Vermerk »unerwünschter Gast« zurück.

Onkel Paul, den Bruder meiner Mutter, ärgerte das gewaltig. Er arbeitete bei der Volkspolizei und war davon überzeugt, dass die DDR der bessere deutsche Staat sei. Aber alles bieten lassen wollte er sich auch nicht. So ging er eines Tages in seine Dienststelle, knallte dem Chef sein SED-Parteibuch auf den Tisch und brüllte: »Das, was ihr hier macht, ist nicht der Kommunismus, für den ich gekämpft habe. Dafür habe ich nicht bei den Nazis im KZ gesessen! X-mal haben wir den Besuch von Erika beantragt, immer abgelehnt. Da habt ihr euer Parteibuch, und die fünfzig Mark Rente als Opfer des Faschismus könnt ihr auch behalten!«

Das saß, denn Onkel Paul galt als »verdienter Genosse«, und wenn so einer schon aufmuckte, stimmte ja vielleicht doch etwas nicht. Jedenfalls rannten ihm dann die Parteibonzen die Bude ein und bettelten, er möge doch in der SED bleiben und solle nur noch einen Antrag stellen – alles würde ohne Probleme genehmigt werden.

Und so geschah es dann auch tatsächlich: Im Frühjahr 1961 erhielten wir die Einreiseerlaubnis nach Mühlhausen, und das sogar mit dem Auto. Das war zu jener Zeit völlig ungewöhnlich. Entschlossen stieg ich in meinen Ford M 12, Mutter und Martin fuhren mit. Mein Bruder traute dem Frieden von Anfang an nicht, und er sollte recht behalten.

Unser erstes Ziel war Erfurt. Dort lief gerade die Internationale Gartenbauausstellung. Auf dieser IGA hatten wir uns mit Onkel Paul verabredet, aber auch mit Maria, meiner Freundin aus dem Gefängnis. Maria wohnte in Glauchau. Doch als Westbesucher in der DDR durfte man sich nur im Umkreis von fünfzig Kilometern um den Ort bewegen, für den der Antrag gestellt worden war. Das reichte nicht für Glauchau, also wollten wir uns in Erfurt treffen.

Am Grenzübergang in Herleshausen gab es keine Probleme. Aber nach ein paar Kilometern auf der fast menschenleeren Autobahn tauchte plötzlich ein Polizeiwagen auf. Schwarzweißer Stab raus – wir sollten anhalten. Dann ging das Theater los: Wie wir mit einem Westwagen auf die DDR-Autobahn kämen, wieso man uns überhaupt über die Grenze gelassen habe und so weiter und so fort.

Die Polizei holte Verstärkung. Mutter sagte gar nichts mehr, und Martin fluchte und jammerte: »Jetzt muss ich deinetwegen in den Knast!« Ich blieb eiskalt. Meine jahrelang trainierten Reflexe aus der Gefangenschaft funktionierten sofort wieder. Hier hatte es überhaupt keinen Sinn, sich zu beschweren, also erst mal die Klappe halten!

Die Polizeieskorte brachte uns zum nächsten Rastplatz. Dort gab es auch einen »Intershop«, vor dem Maria wartete. Ich durfte etwas einkaufen, aber nur unter Polizeiaufsicht. An Maria ging ich vorbei, als hätte ich sie noch nie gesehen. Dabei zischte ich ihr zu: »Treffen uns auf IGA!« Der Polizist merkte zum Glück nichts.

Dann brachten sie uns nach Erfurt auf die Bezirksbehörde der Volkspolizei, wo es auch Gefängniszellen gab. Martin jammerte nur noch, ich bemühte mich, meine Mutter zu beruhigen. Die Vopos behaupteten, wir seien auf der Autobahn »abgefangen« worden; von »illegalem Grenzübertritt« war die Rede, und dann hieß es plötzlich: »Sie werden verlegt!« Mich berührte das alles nicht. Die Sprache kannte ich zur Genüge.

Schließlich erschien ein höherer Offizier und fragte, was los sei. Es stellte sich heraus, dass er zufällig derjenige war, der unsere Aufenthaltsgenehmigung erteilt hatte. Und zwar mit Auto. Der Offizier brüllte seine Leute an, ob sie nicht seine Unterschrift kennen würden, und als sie einwandten, der Klassenfeind könne sie ja gefälscht haben, war das nächste Donnerwetter fällig. Zu uns sagte er ganz höflich: »Herzlich willkommen in der Deutschen Demokratischen Republik. Natürlich können Sie fahren.«

Maria hatte inzwischen Onkel Paul auf der IGA ausfindig gemacht. Er lief unruhig am Eingang auf und ab, weil wir schon so lange überfällig waren. Sie sagte ihm nur: »Erika ist in Erfurt verhaftet worden!« Wahrscheinlich hat er dann erst einmal mit seinen Polizei-Genossen telefoniert, und das war der Grund dafür, dass uns der Offizier wieder freiließ. Aber frei bewegen durften wir uns noch lange nicht.

Eine Polizeieskorte brachte uns zur IGA. Onkel Paul wurde ausgerufen und erschien zusammen mit Maria. Wieder tat ich so, als liefe sie mir zum ersten Mal im Leben über den Weg. Mein Instinkt sagte mir, es würde nicht schaden, vorsichtig zu sein, auch wenn der Volkspolizeioffizier jetzt sehr freundlich tat. Wir gingen gemeinsam essen, und er versuchte sogar, mit Maria anzubändeln. Ich erzählte allerlei Dinge, die eigentlich Maria betrafen, aber natürlich, ohne ihren Namen zu nennen. So konnten wir sozusagen unter den Augen der Polizei doch noch alle Informationen austauschen. Die Sachen, die ich für sie im Westen erstanden hatte, brachte ihr dann Onkel Paul. Die beiden hatten auf der IGA alles Nötige vereinbart. Unsere Erfahrungen aus dem Gefängnis hatten also offenbar auch ihre guten Seiten!

Auch nach Mühlhausen wurden wir mit Polizeieskorte gebracht. Die Stadt schritt mit einer Auflage ein: Ich dürfe während meines Besuches nicht mit dem Auto herumfahren. Der Ford hätte wohl zu viel Aufmerksamkeit hervorgerufen, obwohl es kein besonders großes oder luxuriöses Auto war. Aber ich war damals die erste Westdeutsche, die überhaupt mit dem Wagen kommen durfte, und da wollte man jedes Aufsehen vermeiden.

Das gelang natürlich nicht, denn mein Besuch hatte sich schnell herumgesprochen. Dauernd erschienen junge Leute und wollten das Auto auf dem Hof sehen. Besonders beliebt war es, vorn auf den Kotflügel zu drücken und dann die Federung zu bewundern. Ich hatte meinen Spaß daran. Wir lebten im Westen nun wahrlich nicht im Überfluss, aber es ging uns wohl immer noch viel besser als den Menschen hier in Mühlhausen. Für meine große Verwandtschaft und Bekanntschaft war es deshalb auch immer selbstverständlich, dass ich Pakete schickte.

In den ersten Jahren fiel mir das sehr schwer. Ich hatte ja wenig Geld, aber von dem, was ich hatte, habe ich immer auch abgegeben. Ich habe ja viel Verwandtschaft drüben, später kam dann noch Eberhards Familie dazu, und gebraucht wurde alles. Das fing mit Mehl und Backpulver an. Als es uns dann besser ging, gehörten natürlich Kaffee und Schokolade ins Paket, dann kamen die Nylonstrümpfe dazu.

An den Inhaltsverzeichnissen der Pakete könnte man über die Jahre hinweg auch ablesen, was alles in der DDR Mangelware war: Wandfarbe, Schnürsenkel, Glasbausteine, Thermostate für die Heizung, Fliesen – alles. Manches, wie zum Beispiel die Raufasertapete aus Erfurt, hatte die DDR vorher in den Westen exportiert. Im Paket ging sie dann wieder zurück. Das war schon eine verrückte Wirtschaft!

Trotz der schlechten Erfahrung bei der ersten Reise bin ich regelmäßig nach Mühlhausen gefahren, mindestens einmal im Jahr, Mutter wollte immer gern nach Thüringen. Sie hatte Sehnsucht nach ihrer Heimat.

Das Geld für den obligatorischen Einkauf im »Intershop« haben wir vorsichtshalber schwarz mit hinübergenommen: eingenäht in den Unterkragen vom Mantel und im Saum. Das hatten die nun davon! Solche Tricks waren mir in ihren Gefängnissen beigebracht worden.

Meine Leser

»Beim Lesen musste ich viel weinen ...«

Bei einer Lesung – wieder einmal in einer Schule – fragte ich ganz nebenbei: »Wisst ihr eigentlich, wer Erich Honecker war?« Die erste Antwort lautete: »So ein DDR-Schlagersänger!«

Vielleicht wollten sie mich auf den Arm nehmen? Aber nein – es war ernst gemeint, wie das johlende Gelächter anderer Schüler zeigte.

Ich hätte an die Decke springen können. So blöd kann man doch gar nicht sein! Aber andererseits: Wenn es den jungen Leuten keiner sagt, woher sollen sie es wissen?

Ich habe da immer schnell ein schlechtes Gewissen. Schließlich habe ich meinen Kindern auch vieles nicht gesagt. Und erst jetzt habe ich eingesehen, dass das nicht immer der richtige Weg war.

Deshalb freue ich mich über E-Mails, in denen mir junge Menschen bestätigen, dass ihnen meine Geschichte etwas gegeben hat. Zum Beispiel Markus. Er ist noch sehr jung und schreibt: »Ich habe das Buch mit grad mal dreizehn gelesen. Andere in meinem Alter würden freiwillig nicht einmal ein Buch anfassen ... Ich wurde von vielen schon als Streber bezeichnet, weil ich solche Bücher lese. Aber das ist mir egal.«

Dieses ehrliche Vertrauen, das aus solchen Zeilen spricht, macht mich nicht nur froh, sondern lässt mich auch solche Dummheiten wie mit dem »Schlagersänger« Erich Honecker vergessen.

Viele machen keinen Hehl daraus, dass sie meine Geschichte sehr bewegt hat.

Babette, neununddreißig, schreibt: »Ich habe in der Küche gesessen und geweint wie ein Schlosshund. Es ist einfach nicht zu fassen, was Ihnen damals angetan wurde. Danke für Ihre Kraft, darüber zu schreiben ... Erst nach der Wende habe ich überhaupt davon erfahren.« Der sechsunddreißigjährigen Jutta ging es ähnlich: »Ihre Lebensgeschichte hat mich erschüttert, und ich musste oft einfach nur weinen. Ihre Geschichte ist auch die Bestätigung dafür, dass oft die Täter von damals wieder die Peiniger in der Freiheit sind.«

Beide sind erwachsene Frauen, etwa im Alter meiner Kinder. Für mich ist es wichtig, aus ihren Mails zu erfahren, dass sie sich überhaupt für solch »alte Geschichten« interessieren.

Für viele Menschen ist mein Buch offenbar Anlass, einen neuen Blick auf die Ereignisse in der eigenen Familie und im Bekanntenkreis zu werfen. Carolin berichtet: »Mein Vater wurde in den achtziger Jahren des Vaterlandsverrates wegen in der ehemaligen DDR verurteilt ... Er hat zwar lange nicht solch ein Martyrium erlebt wie Sie ... trotzdem hat ihn die Zeit sehr geprägt und zu einem schweigsamen Mann gemacht ... Durch Ihr Buch vermute ich, meinen Vater ein wenig besser verstehen zu können ...«

Thomas berichtet: »Auch meine Großmutter erfuhr vergleichbares Leid aufgrund ›entwendeter Lebensmittel‹ ... Ihre Erfahrungen zu teilen war ein Geschenk zu ihrem vierundachtzigsten Geburtstag und eine Lehre für meine Familie.« Und Isolda erinnert sich an ihren Vater, mit dem sie inzwischen nicht mehr sprechen kann: »Sehr oft habe ich bei der Lektüre Ihres Buches an meinen Vater gedacht, der sechs Jahre in russischer Gefangenschaft verbracht hat. Er hat darüber sehr wenig erzählt ... Jetzt, nach dem Tod meiner Eltern, sind solche Gespräche gar nicht mehr möglich.«

Für Dagmar ist die Lektüre meines Buches ein Anlass, sich zielstrebig für Informationen zu interessieren, die ihr zu DDR-Zeiten verschlossen waren: »Als ein früherer sehr überzeugter Bürger der DDR lese ich in den letzten Jahren alles, was ich an Tatsachenberichten über die DDR-Zeiten bekommen kann … Niemals hätte ich mir so etwas vorstellen können.«

Ich habe lange Zeit kaum glauben können, dass Geschichte über Jahre einfach verschwiegen werden kann. Die Reaktionen der Leser bestätigen, dass es so war. Doris schreibt: »Heute Nacht habe ich Ihr Buch durchgelesen, ich bin noch immer fassungslos. Ich wusste nicht, dass es nach 45 so etwas in Deutschland gab.«

Bei einem jungen Menschen wie dem gerade sechzehnjährigen Sam habe ich es nicht anders erwartet: »Bis ich Ihr Buch gelesen hatte, wusste ich nicht, dass die Zeit nach dem Nationalsozialismus auch so schlimm gewesen ist.« Bei den Älteren wunderte es mich, denn es hatte nach 1989 genug Dokumentationen über die Vor- und Frühzeit der DDR gegeben.

Andreas, sechsundvierzig Jahre alt, schrieb: »Ich habe auch mit meinen Freunden und Bekannten über Ihre Erlebnisse gesprochen. Keiner wusste über solche unmenschlichen Vorgänge Bescheid, oder dass überhaupt jemand wegen solcher Dinge oder Äußerungen eingesperrt wurde.« Das bestätigt auch der einundvierzigjährige Matthias: »Ehrlich gesagt wusste ich nicht, dass es in der Nachkriegszeit solche Verurteilungen gab, und vor allem war mir unbekannt, dass es in Ostdeutschland solche Haftbedingungen gab.«

Wer in die Zukunft will, muss über die Brücke der Vergangenheit gehen. Das hört sich zwar nach einem Sonntagsredensatz für Politiker an, aber er stimmt hunderprozentig, und ich glaube, ein bisschen konnte ich dazu beitragen, den Blick für die zurückliegenden Zeiten zu schärfen. Das bestätigen mir solche Mitteilungen wie die von Dagmar: »Bis heute ist immer noch viel zu wenig darüber bekannt, für welche Kleinigkeiten das Regime damals Leute quasi verschwinden lassen konnte und unter welchen menschenunwürdigen Bedingungen sie dann gefangen gehalten wurden. Dass Sie diese Einblicke ermöglicht haben, wenn auch erst viele Jahre später, finde ich sehr gut und wichtig.« Von Mel, zweiunddreißig, bekomme ich zu diesem Thema Post aus England: »Ihr Buch ist eines der wenigen Bücher, von denen ich nachts Albträume hatte … Erinnerungen und Nostalgie in Ehren – Ihr Buch wird helfen, deutsche Nachkriegsgeschichte zu verstehen und vor allem hoffentlich eine Wiederholung zu verhindern.«

Das sind Reaktionen, die mich sehr zufrieden machen. Sie zeigen mir, dass ich mich nicht umsonst mit dem Aufschreiben meiner Geschichte gequält habe. Auch aus Familien, denen direktes Leid erspart geblieben ist, erreichen mich Zuschriften, die bestätigen, dass da ein Denkprozess in Gang gekommen ist. Wie bei Conny, die schreibt: »Ich habe schon von den Opfern der Verfolgungen gehört. Aber mit Ihrem Buch bekommen diese Opfer endlich ein Gesicht.« Wieder andere, wie die siebenundzwanzigjährige Minja, machen sich Gedanken über ihr eigenes Leben: »Ihre Lebensgeschichte ist mir so ans Herz gegangen, dass mir einiges aus meinem Leben anders erscheint, als ich es seit Jahren gesehen habe.«

Dass dabei dann die heute so selbstverständlichen Annehmlichkeiten in einem ganz neuen Licht erscheinen, ist eine Einsicht, die sich quer durch die Generationen zieht. Ob die junge Anke oder die fünfundfünfzigjährige Brigitte – im Grunde meinen sie beide das Gleiche. Anke drückt es so aus: »Eines ist mir wieder ganz gewiss geworden: Wie klein sind im Vergleich zu Ihrem Schicksal doch meine Probleme, und was geht es mir doch so gut!« Brigitte meint: »Wenn ich abends in mein sauberes, weiches Bett geschlüpft bin, habe ich dieses nach dem Lesen Ihres Buches wieder so richtig zu schätzen gewusst.« Und Sylvia schrieb: »Ich bin tief erschüttert und denke daran, wie gut es uns doch allen heute geht. Trotzdem jammern die Menschen ständig wegen belangloser Dinge.« Diese Meinung teilen auch sehr junge Menschen wie die erst neunzehnjährige Tina: »Viele Jugendliche wissen ihren Alltag und ihre Freiheiten nicht zu schätzen, doch nach diesen beeindruckenden Zeilen erhält man einen Einblick, wie es ist, keine Jugend zu haben.«

Andere Leser dachten bei der Lektüre offenbar an ihre eigenen Kinder. Solche Gedanken anzustoßen ist mir sehr wichtig, denn die Menschen sind ja nicht ohne Grund böse, sondern die Verhältnisse, in denen sie leben, machen sie zu dem, was sie sind.

Manche bekommen es dabei mit der Angst zu tun, wie zum Beispiel Olaf. Er schrieb: »Als ich gestern das Buch zuschlug, wurde mir plötzlich bewusst, dass meine jüngste Tochter Anja auch gerade fünfzehn Jahre alt ist. Auch sie trägt sehr oft das Herz auf der Zunge, ist sehr oft sehr direkt und immer vorn dabei. Mir wurde auf einmal klar, welches Glück wir haben. Die Vorstellung, dass sie jetzt und in diesem Moment diese Qualen erleiden müsste, die Sie erlitten haben, trieben mir die Tränen in die Augen.«

Ivonne versucht, praktische Erkenntnisse für die Erziehung ihrer Kinder zu gewinnen: »Dass Sie sich selber so fertig gemacht haben und dass Sie andauernd der Meinung waren, dass alles Ihre Schuld ist, beziehungsweise dass niemand Ihr Geschichte hören will, stimmt nicht … Ich möchte meinen Kinder beibringen, dass es nicht immer gut auf der Welt zugeht und dass sie sich glücklich schätzen können, immer etwas zu essen und zu trinken zu haben.«

Immer wieder finden sich in den Nachrichten, die mich erreichen, auch Berichte über eigene Erfahrungen mit Repressionen. Jutta berichtet: »Ich habe selbst schlimme Erfahrungen mit dem damaligen DDR-Regime, mit achtzehn Staatsfeind!!!, aber es wäre vermessen, das von Ihnen Erlebte auch nur ansatzweise mit meinen Erfahrungen zu vergleichen. Aber ich habe die von Ihnen beschriebenen Gefühle so fühlen können, die Verzweiflung, die Erniedrigungen, die Hoffnungslosigkeit und die Frage nach dem ›Wer bin ich eigentlich?‹« Obwohl inzwischen fast zwanzig Jahre vergangen sind, hat sie immer noch unter dem Trauma ihrer Jugend zu leiden.

Ich fühle mich auch sehr gut verstanden, wenn ich lese, was zum Beispiel Catharina schreibt: »Niemand verlässt solche archaischen Verliese ohne Spuren an Seele, Körper, Sinnen. Es braucht eine Menge Kraft, um dem Leben wieder Heiterkeit und Fröhlichkeit abzugewinnen und den vielen Allgemeinplätzen und Wortblasen standzuhalten.«

Immer wenn ich die Mails lese oder meine Mappe mit den vielen Briefen durchblättere, fällt mir auf, wie ehrlich die Leser schreiben. Ich bin froh darüber, denn sie tun genau das, was mir viele Jahre lang so schwergefallen ist: Sie sprechen über ihre Gefühle. Und das ist nun einmal der einzig richtige Weg. Warum habe ich nicht denselben Mut gehabt wie Martin? Er schreibt: »Ich muss sagen, dass ich nicht so nah am Wasser gebaut bin, aber bei Ihrem Buch hat es mich die allergrößte Überwindung gekostet, nicht zu weinen.« Er gibt einfach wieder, wie ihm zumute war, und schämt sich nicht, auch zu sagen, dass ihm manchmal die Tränen in den Augen standen. Für einen jungen Mann von achtzehn Jahren ist das ein bemerkenswertes Bekenntnis. Vielen anderen erging es ähnlich. »Ich habe mit Ihnen gelitten und geweint.«, schreibt Janine. »Setze Ihnen in meinem Herzen ein Denkmal.« …

Und dann habe ich noch einen kleinen Triumph gefeiert, den ich auch nicht verschweigen will: Viele junge Leser schrieben mir ganz freimütig, dass sie sonst überhaupt keine Bücher anfassen mögen. Dann ist ihnen meine Geschichte in die Hände gefallen, und sie haben sie doch gelesen.

Die fünfzehnjährige Delia schrieb mir: »Eigentlich lese ich sehr selten, wie viele Jugendliche in meinem Alter, und ich habe es nur gelesen, weil ich ein Buch brauchte für eine Buchvorstellung in der Schule … Das gab es bei mir wirklich noch nie, dass ich ein Buch in zwei Tagen durchgelesen habe … Ich sehe jetzt nicht mehr alles als selbstverständlich, denn Ihr Buch hat mir gezeigt, wie schnell sich das Leben ändern kann.« Britta hat die Schule längst hinter sich, aber für Bücher gab es in ihrem Leben kaum Platz. Jetzt staunte sogar ihr Mann: »Ich bin ein Mensch, der nicht gerne liest. Als ich Ihr Buch in die Hände bekam, war ich so gefesselt von Ihrem Schicksal, dass ich es in drei Tagen verschlang. Mein Mann dachte, ich sei verrückt, weil ich in jeder freien Minute in dem Buch las.«

Ich weiß, es ist schon etwas eitel, solche Lesermeinungen zu zitieren. Aber erstens bin ich eitel, und zweitens lassen mich all diese Reaktionen endlich meine verdammte Unsicherheit vergessen. Wie oft habe ich überlegt, ob ich die Geschichte überhaupt erzählen soll! Wie habe ich mich bemüht, dabei niemanden auf die Füße zu treten! Und schließlich: Wie oft bin ich gefragt worden, wie denn meine Geschichte von anderen aufgenommen wurde. Als Antwort habe ich die Zitate gewählt.

Kummerkasten Erika

Natürlich ist es ein schönes Gefühl, wenn ich Zustimmung und Anteilnahme an meinem Schicksal erfahre. Es gibt aber auch Briefe und Mails, bei denen ich merke, dass die Absender selbst Hilfe und Zuspruch brauchen. Oft ist das nur zwischen den Zeilen zu lesen.

Da schreibt mir zum Beispiel Maria: »Nach einer Zeit der Demütigungen vor einigen Jahren, von denen ich meiner Familie niemals hätte detailliert erzählen können, haben mich alle ähnlich behandelt wie Sie: ›Such dir einen Freund, lass die Vergangenheit hinter dir, guck nach vorne‹ – Es gab Momente, in denen ich aufschreien wollte: ›Ich kann noch nicht weiter, ich muss erst die Vergangenheit verarbeiten.‹ … Ich glaube, Sie haben mir ein Stück auf meinem Weg ›nach vorne‹ geholfen, mir ein bisschen klar gemacht, wer ich bin …«

Solche Briefe lassen mich lange nachdenken. Da ist offenbar

ein Mädchen, das Schlimmes erlebt hat. Für mich klingt das so, als ob es sich um eine sexuelle Belästigung handelt. In solchen Fällen sind Ratschläge wie »Such dir einen Freund« ja typisch.

Aber warum hat sie niemanden, mit dem sie ihre Sorgen teilen kann? Was sind das für Eltern, die einem jungen Mädchen so viel Angst einflößen, dass es sich nicht traut, um Rat und Hilfe zu bitten? Ich weiß doch aus eigener Erfahrung, wie wichtig es war, zu wissen, dass mir meine Mutter immer zur Seite stand. Auch wenn sie über manche Dinge nicht sprechen konnte. Aber man muss es immer wieder versuchen. Auch der stärkste Mensch ist nicht stark genug, um alle Querelen des Lebens allein zu meistern.

Das Leben ist manchmal wie ein Dampfkessel. Der Druck steigt und steigt, und wenn er kein Ventil findet, explodiert der Kessel. Oder der Dampf sucht sich selbst seinen Weg – an irgendeiner Stelle im Körper. Bei mir ist es der Magen. Äußerlich bin ich ganz ruhig, aber in meinem Innern brodelt es. Der Anlass kann belanglos sein: Ein erwarteter Anruf bleibt aus, der Besuch einer Freundin ist längst überfällig – irgendetwas dieser Art –, und auf einmal drückt der Magen! Dagegen hilft nur Reden.

Glücklich bin ich, in dem Brief dann folgenden Satz zu finden: »Aber Ihr Buch hat mir geholfen, damit fertig zu werden.« Das hat Maria sicher nicht nur so dahingesagt. Allerdings kann ein Buch immer nur zusätzliche Hinweise und Anregungen geben. Das Gespräch mit Menschen, denen man vertraut, kann es niemals ersetzen. Das schreibe ich dann auch immer wieder in meinen Antworten auf solche Briefe.

Auch aus den Mails erfahre ich immer wieder, dass sich manche Menschen an meinem Buch orientieren. Da schreibt Daniela: »Ich fand es gut, dass Sie gesagt haben, man soll an sich glauben. Das versuche ich, so gut es geht, wenn es mir mal nicht so gut geht.«

Ich habe das erste Buch nicht mit dem Ziel geschrieben, unbekannten Menschen eine Richtschnur zu geben. Gerade ich als

Vorbild – das konnte ich mir nicht vorstellen! Aber ich habe nach und nach gelernt, dass es so ist. Das hat mir wiederum schlaflose Nächte bereitet, weil ich dann überlegte: Habe ich auch wirklich alles so geschildert, dass es als Orientierungshilfe für andere taugt? Dann kam mir ein anderer Gedanke: Es war gut, naiv an das Schreiben heranzugehen. Alles andere wäre nicht ehrlich gewesen. Und zur Ehrlichkeit gehört eben auch, seine Schwächen zu offenbaren, die Dinge, die man aus späterer Sicht gern anders gemacht hätte.

Ich habe sicher manchen Menschen, die es gut mit mir meinten, unbewusst auf den Schlips getreten. Aber sei es drum – ohne Verletzungen geht es im Leben nicht ab. Und die reichen von Schürfwunden bis zu tiefen Narben. Ich hätte nie geglaubt, dass eine der besonders tiefen Narben darin besteht, über das eigene Schicksal nicht sprechen zu können. Mir ist es auch schwergefallen, das Schweigen zu durchbrechen, aber ich habe es immer wieder versucht. Es ist doch eine abstruse Situation: Als wir aus dem Gefängnis kamen, wurden wir alle dazu verdonnert, nicht darüber zu sprechen. Die Machthaber befürchteten, ihre Schandtaten kämen ans Tageslicht. Aber auch nach zwanzig Jahren Freiheit gibt es immer noch Leute, die schweigen, fast so, als wäre es ihre Aufgabe, das von anderen praktizierte Unrecht zu verbergen – und das kann ja wohl nicht sein.

Immer wieder passiert es mir, dass Menschen nach dem Lesen meines Buches plötzlich anfangen, ihr eigenes Schicksal zu erzählen. Das war bei meinem Freund Otto auf dem Campingplatz in Großenbrode so, aber auch bei dem Ehepaar, das ich zufällig während meiner Kur in Bad Wilsungen kennenlernte. Und so geschieht es immer wieder.

Bei einer Lesung in Döbeln im April 2004 kam ein älterer Herr an meinen Tisch. Er brachte mir einen Anfang 1950 erschienenen Artikel aus der *Neuen Berliner Illustrierten*, in dem über die Schließung des Speziallagers Sachsenhausen berichtet wurde. Eines der

Wo stehe *ich*? Anwort: Ganz rechts an der Tür.

Fotos zeigte unsere Theatergruppe vor der Baracke, in der wir unsere Rollen lernten und Stücke aufführten.

Plötzlich sagt er: »Erkennst du mich nicht wieder?« Ich sehe ihn genau an und denke: Das gibt's nicht! Es war der Klavierspieler aus dem Lager, Hartmut Schulze. Er hatte uns bei unseren Tanzaufführungen begleitet. Da war die Freude natürlich groß!

Lange Zeit hatte niemand von seinem Schicksal erfahren. Erst als durch mein Buch die Rede auf die Vergangenheit kam, hatte auch er begonnen, von sich zu erzählen. Damals, 1950, hatten ihn die DDR-Behörden wieder als Lehrer eingestellt – unter der Bedingung: Er darf niemals darüber sprechen, dass das Gelände des KZ Sachsenhausen noch fünf Jahre nach dem Krieg von den Russen als Haftort genutzt wurde.

Die Erpressung zeigte ihre Wirkung, denn andernfalls hätte mein Haftkamerad seinen Beruf und damit seine Existenz verloren. Inzwischen war er Rentner. Erst nachdem er mein Buch gelesen hatte, begann er, über seine Vergangenheit zu reden. Nach unserem Wiedersehen schrieb er mir: »Liebes ›Knastkumpelinchen‹ Erika … Im Herbst 1948 habe ich im Theater [Sachsenhausen] vorgespielt – ich wollte erst gar nicht – und wurde als ›Solopianist‹ genommen. Zu meiner ›Premiere‹ spielte ich den ›Hochzeitstag auf Troldhaugen‹ von Edvard Grieg. Der weißhaarige Herr Tschurikow (Theaterleiter und selbst inhaftiert – Du kennst ihn bestimmt) ›schob‹ mich auf die Bühne an den Flügel. Viel Beifall begleitete mich zurück und der bewegendste Moment in meinem Lagerleben: Herr Tschurikow nahm mich in den Arm und küsste mich auf die Stirn. Es war wie eine Weihe … Noch heute kann ich den ›Hochzeitstag‹ auswendig spielen. Ich glaube, er hat mir das Leben gerettet.«

Ich hätte nie im Leben damit gerechnet, dass gerade mein Buch auch für andere Opfer des DDR-Unrechts eine Tür öffnen würde. Heute macht mich gerade das stolz. Alle Betroffenen sollen über ihr Schicksal reden können. Wütend werde ich immer, wenn sich die verschiedenen Grüppchen noch gegenseitig bekriegen – ja, auch das gibt es, und auch darüber muss gesprochen werden. Es kommt doch nicht darauf an, ob in der Zelle nur ein stinkender Kübel stand oder vielleicht schon ein Klo mit Wasserspülung. Freiheitsentzug ohne Schuld ist Freiheitsentzug ohne Schuld. Das Aufrechnen verschiedener Härtegrade verletzt diese Wahrheit.

Das erlittene Unrecht lässt sich auch nicht an der Dauer der Haft messen. Jeder leidet auf seine Weise. So schrieb mir zum Beispiel eine junge Frau, dass sie von 1984 bis 1986 in Bautzen und Hoheneck gesessen hatte. Ihr »Verbrechen« bestand darin, immer wieder Ausreiseanträge aus der DDR gestellt zu haben. Wer dann sagt: Was, nur zwei Jahre?, hat nicht begriffen, worum es geht. Ohne Kommentar fügte die Frau hinzu: »Mein Sohn Ansgar war bei meiner Verhaftung erst ein Jahr und drei Monate alt. Der ältere Sohn ist seit der Geburt psychisch behindert.«

Da ist also ein Kind, das seit ein paar Wochen gerade »Mama« sagen kann, und plötzlich ist die Mama weg. Wenn sie dann wiederkommt, kann der Sohn laufen, hat schon Zähne und erkennt sie nicht mehr. Natürlich kann im Laufe der Zeit trotzdem noch eine glückliche Familie entstehen, aber das geraubte Leben lässt sich nicht mehr nachholen. Oder der behinderte Sohn: Er brauchte doch besonders die Pflege und Zuwendung der Mutter. Das konnte niemand so leisten wie sie.

Dazu kamen die Verhältnisse in der Familie. Die junge Frau schreibt: »Meine Mutter starb kurz vor meiner Verurteilung. Mein Vater war als Oberst der VP mit an der Bespitzelung und Zersetzung meiner Familie beteiligt. Als ich beim Studium meiner umfangreichen Akten im Mai 2003 davon erfuhr, war er bereits verstorben. Während der letzten Jahre seines Lebens hatten wir ein gutes Verhältnis zueinander gefunden. Meinen Fragen nach seiner Vergangenheit wich er immer wieder aus.«

Das Schweigen und die Lüge. Wie ein Spaltpilz stecken sie bis heute noch in vielen Familien in Ost und West. Die Betroffenen müssen sich doch einmal klar machen, was ihnen überhaupt widerfahren ist: Abgesehen davon, dass viele für eine Lappalie oder ein konstruiertes Vergehen »bestraft« wurden, verstand es das SED-Regime, ihnen eine »Strafe nach der Strafe« aufzubürden. Ohne Urteil, ohne jegliches Recht. Diese »Strafe« wirkt bei manchen ein Leben lang. Das darf nicht sein, und dagegen werde ich kämpfen, solange ich kann.

Sicher werden bei den Betroffenen die Narben auf der Seele bleiben, denn viele wurden nicht bestraft, sondern psychisch gefoltert. Für eine Mutter ist es nichts anderes als Folter, wenn sie mit Gewalt von ihrem Kind getrennt wird. Es ist nichts anderes als Folter, wenn die Staatsmacht Verhältnisse schafft, in denen Eheleute gegenseitigen Verrat als legitimes Verhalten ansehen. Man braucht keine Stromstöße von ein paar hundert Volt, um ein schneidendes Gefühl im Körper zu spüren. Ein Gedanke tut es auch. Das sind Gedanken, die wie Ratten in einem fressen, genährt von Misstrauen, Falschheit und Lüge.

Die Schergen in allen Unrechtsstaaten dieser Welt beherrschen es perfekt, solche Ratten-Gedanken zu züchten. Das war zu meiner Zeit im Gefängnis so, und es ist bis heute so – irgendetwas wird schon dran sein, wenn die so lange gesessen hat! Das habe ich selbst in der eigenen Verwandtschaft gespürt, warum soll es bei anderen anders sein? Und das ist es, was mich immer wieder umtreibt: Eine Strafe kann man verbüßen, ganz egal, ob sie gerecht oder ungerecht ist. Aber wenn es nicht gelingt, die über die Zeit der Haft weit hinausgehende Demütigung zu beherrschen, dann haben die anderen gewonnen.

Deswegen scheue ich mich auch nicht, vor jungen Menschen zu sprechen. Ich weiß inzwischen schon, worauf ich mich da einlasse: Es ist ja nicht gerade der Knaller, wenn eine fast achtzigjährige Oma in die Schule kommt und aus ihrem Leben erzählt – noch dazu, wenn man davor ein Buch lesen musste.

Aber letztlich ist es doch meine Sache, die jungen Zuhörer dann zu gewinnen. Ich sehe das in ihren Augen: Manchmal ist es, als ginge dort ein Licht an. Wo kurz vorher noch gelangweilte Blicke durch den Raum wanderten, herrscht plötzlich gespannte Aufmerksamkeit. Alle schauen mich an. Dann können Fragen gestellt werden, und Arme fliegen in die Höhe, Finger werden geschnipst.

Und wenn so eine Veranstaltung vorbei ist, bin ich zwar erschöpft, aber auch glücklich. Besonders dann, wenn mir außer dem obligatorischen Blumenstrauß eine kleine Aufmerksamkeit zuteil wird, die beweist, wie viele Gedanken sich die jungen Menschen gemacht haben. So etwa im thüringischen Großengottern: Dort bekam ich ein großes Glas mit eingelegten Gurken. Der Ort ist für seine Gurken fast so berühmt wie der Spreewald, und die Schüler meinten, trotz meines verlorenen Geschmackssinnes könne ich von dem kräftig gewürzten Gemüse vielleicht doch noch ein wenig schmecken. Noch viel mehr freute mich allerdings, als ich später hörte, an der Schule hätten sich die Schüler beschwert, weil nicht alle an meiner Lesung teilnehmen konnten! Sicher werde ich dort noch einmal hinfahren.

Ich will noch eine Geschichte erzählen: Ein ganz junges Mädchen, gerade dreizehn Jahre alt, schrieb mir, ihre Mutter habe sie dazu verdonnert, mein Buch zu lesen. Eigentlich hatte sie »überhaupt keinen Bock darauf«, aber dann fesselte sie die Geschichte. Sie las und las, bis sie das Buch beendet hatte. Und dann teilte sie mir mit: »Liebe Frau Riemann, aus Ihrem Buch habe ich gelernt, dass man kein Butterbrot wegwerfen darf. Ich werde das nie, nie wieder tun. Das verspreche ich hoch und heilig!«

Darüber habe ich mich gefreut. Heute erzähle ich die Geschichte hin und wieder, und dann sage ich: Selbst wenn ich nichts anderes erreicht hätte, als dass nicht mehr so viel Brot weggeworfen wird, dann hätte sich alle Mühe schon gelohnt!

Das ist sicher ein Problem, das es im Osten wie im Westen gibt, und damit bin ich bei einem Thema, das mir Kummer macht: Bis heute spüre ich eine Konkurrenz zwischen Ost und West, ein fehlendes Miteinander.

Das Zusammenwachsen klappt noch immer nicht, die Differenzen erlebe ich selbst in meiner Familie. Mein Schwiegersohn Ulli bleibt trotz seines Erfolges als »Kapitalist« für meinen Sohn Matthias immer »der Ossi«. Matthias schottet sich da ab. Er will überhaupt keine Beziehungen zum Osten haben. »Ich bin nicht mehr bereit dazu«, meint er, und ich glaube, so denken viele. Das macht mich traurig. Aber auf der anderen Seite sage ich mir dann: Was so viele Jahre gewaltsam getrennt wurde, braucht seine Zeit, um wieder zusammenzuwachsen. Und dabei gibt es ja auch schon viel Positives. Das fällt mir besonders immer dann auf, wenn ich lese, wie sich Schülerinnen und Schüler inzwischen mit der Geschichte beschäftigen. Auch anhand meines Schicksals.

Geschichtsunterricht

»Erika« steht groß in der Mitte, und von dort aus führen Striche in alle Ecken des Blattes. Oben rechts ist »Mutter« verzeichnet, darunter »Maria«. »Eberhard« findet sich links unten, »Großvater« thront genau über mir. Bei »Mutter« finden sich drei Unterpunkte, »Maria« bringt es auf fünf. War Maria also wichtiger für mich als meine Mutter?

Es ist schon ein eigenartiges Gefühl, wenn einem der eigene und andere vertraute Namen von einer Wandzeitung entgegenschauen. Das ist meist der Fall, wenn »Die Schleife an Stalins Bart« wieder einmal zum Gegenstand des Unterrichts in irgendeiner Schule geworden ist, wie hier in der Staatlichen Fachoberschule Friedberg.

Natürlich freue ich mich, dass sich die Schüler so gründlich mit meinem Schicksal beschäftigen. Deshalb fahre ich ja auch immer wieder in die Schulen. Ich will dort einfach nur von mir erzählen und damit deutlich machen, wie Geschichte aussieht, wenn man sie am eigenen Leib erdulden muss.

Andererseits kommen mir sofort wieder Bedenken. Das kennen wir doch noch aus der eigenen Schulzeit: Wenn etwas Pflichtlektüre und dann auch noch Thema eines Aufsatzes war, verlor das größte Werk der Weltliteratur seinen Glanz. Da blieben immer nur Pflicht und Zwang übrig. Warum haben denn so viele Leute nach der Schule nie wieder ein Buch angefasst!

Etwas beruhigt bin ich dann aber wieder, wenn ich sehe, wie gründlich sich manche Lehrer und Schüler mit meinem Leben auseinandersetzen. Da tut es mir nicht leid, in den Diskussionen nach einer Lesung auch manches Detail erzählt zu haben, das eigentlich Fremde gar nichts angeht.

Zum Beispiel in Friedberg. Was wollten die Schülerinnen und Schüler nicht alles von mir wissen! Da ging es um meine Männer und meine Kinder, natürlich um das Verhältnis zu Mutter und Vater und so weiter und so fort. Immer wieder bohrten sie nach: Was habe ich wo wie empfunden, warum gab es zu jener Zeit ausgerechnet die Reaktion, in einer ähnlichen Situation zu einer anderen Zeit aber eine andere, wie geht es mir heute … manchmal wollen die Fragen kein Ende nehmen.

Als ich dann das Ergebnis sah, war ich überrascht. Das schien mir keine mehr oder weniger lustlos absolvierte Schulaufgabe zu sein. Da kamen viele eigene Gedanken der jungen Leute zum Ausdruck, behutsam geführt von der Lehrerin. Die einen hatten Collagen zum Titel meines Buches gemacht. Schon auf den ersten Blick war zu sehen, dass sie recht gut verstanden hatten, worum es ging: um die Verbindung meiner kleinen mit der großen Geschichte. Andere verarbeiteten ihre Eindrücke in einem selbstgemalten Bild. Hier spürte ich vor allem, dass sie dabei an meine Gefühle dachten. Die Einsamkeit, die Angst, der stumme Hilfeschrei und doch gleichzeitig die Furcht, diese Hilfe nicht zu bekommen – auch das berührte mich sehr.

Wieder andere formulierten in meinem Namen fiktive Briefe an meine Mutter oder meine Freunde. Dazu reicht es nicht, ein bisschen im Buch zu lesen, da steckt schon der Versuch dahinter, sich in unsere Gedanken- und Gefühlswelt von damals hineinzuversetzen. Und wenn ich »unsere« sage, dann meine ich, dass bei diesem Projekt immer auch die Parallelen zu meinen Schicksalsgefährten gezogen werden. Das ist für mich ganz wichtig, denn ich stehe nicht für mich allein. Ich bin nur ein Beispiel, ein Beispiel von vielen.

Manchmal kostet es mich viel Überwindung und Kraft, überhaupt den Mund aufzumachen. Viele haben das bis heute nicht geschafft. Und ganz tief in mir spielte sich manch heftiger Kampf ab, ob es richtig sei, zu reden, oder nicht besser, alles still zu vergessen. Sollen sich die jungen Leute heute doch an ihrem schönen Leben erfreuen, ich will es ihnen doch nicht mies machen!

Doch gerade an solchen Projekten wie dem in Friedberg spüre ich immer wieder, dass viele gar nicht in Ruhe gelassen werden wollen. Ist erst einmal eine gewisse Hemmschwelle überschritten, versuchen gerade die Schülerinnen und Schüler, ihre eigenen Gedanken und Empfindungen in eine Beziehung zu den meinigen in der damaligen Zeit zu setzen. Da ist dann von »Liebe« und »Einsamkeit« die Rede, von »Zweifel« und »Träumen«. Manche versuchen es in Gedichtform zu fassen, andere malen Bilder oder nähern sich solchen Erfahrungen ganz praktisch: Da wird dann eben eine »Röstbrottorte« gebacken und gekostet oder nach anderen Rezepten aus der Notzeit nach dem Krieg gesucht.

Ich halte das für einen sehr guten Weg, ein Gefühl für Geschichte zu vermitteln. Aus eigenem Erleben weiß ich ja, dass hinter jedem gesprochenen Wort oder hinter jeder geschriebenen Zeile ein ganzer Berg von Gedanken steht. Er bleibt unsichtbar, aber er ist da. Und das ist das Wichtige.

So sehr ich mich freue, wenn ich sehe, wie gründlich sich die Jugendlichen mit meinem Schicksal beschäftigen, so deutlich wird mir dabei auch immer wieder, dass meine Aufgabe noch lange nicht erfüllt ist. Es geht ja nicht nur darum, Schicksale zur Kenntnis zu nehmen und sich über das unmittelbare Umfeld zu informieren, in dem sie sich abspielten, sondern um viel mehr.

Ich möchte Nachdenken darüber auslösen, wie Unrecht und Unfreiheit entsteht. Das ist ein kompliziertes Feld, denn beides hat oftmals sehr ehrenwerte Wurzeln. Sie wachsen aus dem Wunsch, eine neue Art von Gerechtigkeit zu schaffen und Fehler der Vergangenheit zu vermeiden. Steht hinter solchen Motiven eine Ideologie, der es nur um die Macht geht, ist der Missbrauch der vielen gutgläubigen Mitläufer vorprogrammiert.

Viele Menschen besitzen ein ganz natürliches Empfinden für Gerechtigkeit. Das habe ich am eigenen Leib zu spüren bekommen, als mich mein Opa Max in die Regentonne tunkte, nachdem ich mich über jüdische Kinder in Mühlhausen lustig gemacht hatte. Da ging es nicht um große Politik: Das macht man einfach nicht, und damit basta. Ob der Betroffene nun schwarz oder weiß, Jude oder Moslem ist – alle Menschen müssen sich mit Respekt begegnen. Das war die einfache Philosophie meines Opas. Damit lag er völlig neben dem, was damals die Nazis tagtäglich aus allen Rohren trompeteten. Es berührte ihn nicht, weil es der natürlichen Menschlichkeit widersprach.

Dass sie diese moralische Mauer, die jeder Einzelne in sich trägt, überwinden müssen, wissen auch die jeweiligen Machthaber. Sie haben zwei Mittel dazu: Zuckerbrot und Peitsche. Das Zuckerbrot ist das breite Spektrum von der Aussicht auf Karrieren, garniert mit Geld und einem beachteten sozialen Status, bis hin zum simplen In-Ruhe-gelassen-Werden. Die Peitsche ist die Angst: Sie reicht von der Vernichtung der physischen Existenz bis zum eigentlich völlig unbedeutenden Verlust kleinster Privilegien.

Und um Angst zu erzeugen, muss es Opfer geben. Mir hat es das Schicksal auferlegt, solch ein Opfer gewesen zu sein. Erst heute, nach vielem Überlegen, weiß ich: Meine Lippenstiftschleife auf Stalins Bart war nur der Anlass. Andere haben irgendwo einen Zettel abgerissen oder einen Witz erzählt, sind denunziert worden oder durch ein vorlautes Wort aufgefallen. Ins Gefängnis gesteckt wurden sie alle, um ein Klima der Angst zu erzeugen.

Allein durch mein Beispiel »lernten« Dutzende von Leuten aus der Familie und dem näheren und weiteren Verwandten- und Bekanntenkreis, dass es besser sei, den Mund zu halten. So wurde mit einem einzigen Unrechtsakt ein riesiges Maß an Unfreiheit erzeugt. Gesessen habe nur ich allein, mundtot gemacht wurde meine ganze Familie.

Diese Methode, Diktaturen durch ein Klima der Angst zusammenzuhalten, funktioniert bis heute. Je perfekter es die Diktatoren verstehen, ihre Unfähigkeit unter dem äußerlich schönen Schein von Ordnung, Disziplin und Sauberkeit zu verbergen, umso besser funktioniert ihr Regime. Das hat uns die DDR in Perfektion vorgeführt.

Irgendwann erschien dort alles ganz normal. Die Menschen hatten vergessen, dass sie über bestimmte Dinge nicht sprachen und manchmal schon gar nicht mehr nachdachten. Die Wurzeln der Angst – und dazu gehörte ich wie all die anderen Haftkameradinnen und -kameraden – saßen tief, aber gesehen wurde nur die schillernde Oberfläche.

Das den jungen Leuten klarzumachen, die dieses Gefühl ganz tief im Innern gar nicht mehr kennen, ist eine schwierige Aufgabe. Ich habe gelernt zu begreifen, dass gar nichts »normal« ist: weder sich satt zu essen noch sich im Sonnenschein zu räkeln. Das versuche ich, bei meinen Lesungen zu vermitteln. Es ist jedes Mal eine Gratwanderung, denn natürlich plädiere ich nicht dafür, dass man erst schlechte Erfahrungen machen muss, um das Gute am Leben schätzen zu lernen. Aber man sollte sich seinen kritischen Blick bewahren und nicht nur meckern und kritisieren, sondern selbst für das eintreten, was einem als das Richtige erscheint. Dazu ist Toleranz gefragt.

Ich brauchte Jahre, um diese Toleranz zu lernen. Oft werde ich gefragt, ob ich eine Abneigung gegen »die Russen« habe. Ohne auch nur im Geringsten zu zögern, antworte ich mit einem klaren Nein. Nicht einmal im Gefängnis habe ich das so pauschal gesehen. Es sind die Umstände, die Menschen gut oder schlecht werden lassen. Das möchte ich auch bei meinen Lesungen, besonders vor den jungen Leuten, klarmachen.

Manchmal habe ich Angst, dass solche Gedanken zu theoretisch klingen. Aber diese Sorgen verfliegen, wenn nach den Lesungen die jungen Leute ihre Eindrücke zu Papier bringen. Ich möchte solch einen Brief zitieren. Er stammt von Anne Müller, die inzwischen auf dem Friedrich-Ludwig-Jahn-Gymnasium in Groß-gottern ihr Abitur gemacht hat. Dieser Brief ist ganz typisch für viele Zuschriften, die ich bekomme. Oft geht es darum, dass die Jugendlichen zuerst gar keine Lust – sie sagen lieber »keinen Bock« – zum Lesen haben. Doch dann interessiert es sie plötzlich doch. So war es auch bei Anne.

Sie schreibt: »›Die Schleife an Stalins Bart‹ ist ein Buch, wel-ches schon beim Lesen viele Emotionen auslöst, egal ob man die genauen Umstände dieser Zeit kennt. Mit ähnlichen Worten lei-tete unsere Lehrerin in der achten Klasse dieses Buch im Rahmen einer Buchvorstellung ein. Wir saßen alle gelangweilt in den Bän-ken, doch als die ersten Zeilen aus dem Buch zitiert wurden, lief mir ein Schauer über den Rücken. Ich fühlte mich schon beim Zuhören regelrecht gefesselt. Nach dieser Buchvorstellung wollte ich dieses Werk unbedingt selbst lesen und verschlang es auch in einer Nacht.«

Dann sagt sie etwas sehr Wichtiges, was sie mit vielen anderen Leserinnen und Lesern teilt: Meine Lebensbeichte wird nicht nur als Geschichte verstanden, die sich irgendwann einfach so abge-spielt hat, sondern gerade die jungen Leute versetzen sich in mei-ne Lage. Sie sind ja meist genau in dem Alter, in dem ich damals ins Gefängnis musste. Das bestätigt auch Anne in ihrem Brief: »Ich war regelrecht geschockt über diese so bewegende Geschichte, denn auch ich war damals vierzehn Jahre alt. Als ich nun in der zehnten Klasse war und sich uns die Möglichkeit bot, eine Buch-lesung zu diesem Werk in unserem Gymnasium zu erleben, war ich sofort hellauf begeistert. Der Raum war voll von interessierten Schülern.«

Vor allem dieses Interesse ist es, was mich immer wieder an-treibt. Bei über hundert Veranstaltungen habe ich erfahren, dass es nicht geheuchelt, sondern echt ist. Deshalb glaube ich, dass viele Schülerinnen und Schüler es genau so wie Anne erleben, wenn ich ihnen vorlese und mit Ihnen spreche: »Es ist immer schwer, sich in Personen und Situationen hineinzuversetzen, wenn man wie ich diese Zeit nicht selbst miterlebt hat, doch durch die detaillierten Schilderungen und Antworten auf die Fragen des Publikums wurde das vierzehnjährige Mädchen Erika von der Person in einem Buch zur lebenden Persönlichkeit, der nun ein Gesicht gegeben wurde. Im Nachhinein bin ich sehr dankbar für die Möglichkeit, diesen Teil der Geschichte auf so anschauliche, aber auch mahnende Weise kennengelernt zu haben, da Zeitzeugen wie Erika Riemann irgendwann leider der Vergangenheit angehören werden.«

Eine eindrucksvollere Bestätigung dafür, dass sich meine Quälerei mit den vielen Reisen und Veranstaltungen lohnt, kann es nicht geben! Doch es ist da noch eine weitere Sache, die mich antreibt: Durch das Lesen bin ich immer wieder gezwungen, mir meine eigenen Gedanken über die Vergangenheit zu machen. Dabei stoße ich hin und wieder auch auf Überlegungen, die mir sonst vielleicht nicht in den Sinn kämen. So profitiere auch ich weiterhin von den Diskussionen.

Epilog

Eine Riesenüberraschung – und was mir besonders wichtig ist

Der Sommer ist müde geworden. Noch gibt es Sonnentage im September, aber ich spüre, wie ihre wärmende Kraft nachlässt.

Ich genieße den Frühherbst in meinem Strandkorb in Großenbrode an der Ostsee. Das Manuskript zu meinem neuen Buch ist fertig. Ich bin zufrieden, auch wenn es den ganzen Sommer Arbeit gekostet hat. Es war doch mehr zu erzählen, als ich anfangs gedacht hatte.

Wie beim Daumenkino lasse ich die Blätter aufeinander schnippen. Habe ich es diesmal zu Ende gebracht? Ich weiß es nicht. Es sind noch so viele Fragen offen.

Ich fahre nach Hamburg. Mit dem Verlag muss das zweite Buch besprochen werden, der Zahnarzt wartet auf mich – und jede Menge Post

Zuerst fällt mir der Brief zwischen der Werbung gar nicht auf. Absender: das Bundespräsidialamt. Ich öffne ihn, lese, lese noch einmal und glaube es nicht: Ich werde zur Verleihung des Bundesverdienstkreuzes eingeladen! Nicht als Teilnehmerin an der Veranstaltung – ich selbst soll den höchsten deutschen Orden bekommen!

Ich lese den Brief ein drittes Mal. Die Zeilen tanzen vor meinen Augen. Aber hier steht es schwarz auf weiß: Am 16. November 2009 werde ich in Berlin im Schloss Bellevue erwartet! Für ein Hotelzimmer wird auch gesorgt sein.

Es ist verrückt, aber im ersten Augenblick ist mir diese ganze Ehre geradezu peinlich. Warum gerade ich? Klar, seit Jahren ziehe ich durch die Schulklassen und erzähle vom Unrecht der Vergangenheit. Das muss ich einfach tun, denn ich kenne mich da aus. Wer sonst soll denn die Erinnerung an die dunklen Tage unserer Geschichte wach halten? Das können nur wir paar Überlebende tun. Aber muss man dafür gleich einen Orden bekommen?

Ich rufe Freunde und Bekannte an. Ja klar, heißt es, das ist eine angemessene Würdigung, die dir zusteht – du bist fast achtzig und kämpfst immer noch dafür, dass deine Kameradinnen und Kameraden nicht vergessen werden. Wenn das keine Auszeichnung wert ist, was dann!

Eigentlich haben sie ja recht. Und wenn ich ganz tief in mich hineinhorche, bin ich natürlich auch sehr stolz darauf, dass gerade ich ausgewählt wurde. Meine Arbeit hätte ich auch ohne den Orden weiter geleistet, das ist klar. Aber es ist schön, dafür eine Anerkennung zu erfahren.

Mein Kopf schaltet wieder auf die normalen Dinge des Alltags um: Ein Kleid muss her für die Feier. Und dann soll ich mitteilen, wer mich begleitet. Zwei Personen sind erlaubt. Gern würde ich meine Enkelinnen mitnehmen, aber dann entscheide ich mich für meine Söhne Matthias und Frank. Sie sollen mit eigenen Augen sehen, dass ihre Mutter doch einmal etwas in ihrem Leben zu Ende gebracht hat!

Claudia ist ein bisschen zerknirscht, dass sie nicht auch mitkommen kann, aber die Regeln sind streng. Zwei Personen, mehr nicht – und sie war ja schon einmal mit mir beim Bundespräsidenten. Natürlich wird sie bei der Feier dabei sein. Wir werden den Orden zuerst in Berlin begießen und ein paar Tage später noch einmal in Hamburg feiern. Das ist der beste Weg, denn dann können alle meine Freunde teilnehmen.

Inzwischen bin ich innerlich wieder gefasst. Als ich im Verlag vom Bundesverdienstkreuz erzähle, schlägt die Nachricht wie eine

Bombe ein! Natürlich soll der Orden in den Titel des neuen Buches! Als ich davon höre, kommen mir Zweifel.

Mir ist die Sache wieder unangenehm. Ich will mich doch nicht so in den Vordergrund drängen!

Bei der Vertretertagung des Verlages stelle ich das neue Buch vor. Alle sind gespannt. »Stalins Bart ist ab« soll es heißen. Das ist kurz und bündig – aus, vorbei, Feierabend –, und gleichzeitig zieht es eine Linie zur »Schleife an Stalins Bart«. Ich glaube, das trifft den Kern. Nun fehlt nur noch ein Untertitel. Bautzen, Bundesverdienstkreuz, das »Gelbe Elend«, wie der Volksmund das Gefängnis in der Lausitz-Stadt nennt ... Die jungen Leute bei der Vertreterversammlung sehen mich verständnislos an: »Gelbes Elend«? Das haben sie noch nie gehört!

In dem Moment sehe ich ein, dass das Buch ja auch Menschen ansprechen soll, die meine Geschichte nicht kennen. Da darf ich nicht verschämt sagen: Nein, »Bundesverdienstkreuz« kommt nicht in den Titel, das klingt mir zu angeberisch. Letztlich sind das die beiden Pole meines Lebens: das Gefängnis und die Ehrung für meine Aufklärungsarbeit darüber. Bautzen und Bundesverdienstkreuz. Ich habe mir das Leben dazwischen nicht ausgesucht. Es ist so gekommen.

Die Wochen bis zum 16. November vergehen wie im Fluge. Mit Matthias und Frank reise ich schon einen Tag vorher nach Berlin, schließlich will man beim Bundespräsidenten nicht zu spät erscheinen, bloß weil die Bahn mal wieder bummelt.

Den Betrieb im Schloss Bellevue kenne ich ja schon. Trotzdem überkommt mich das Lampenfieber wie auf der Bühne. Wie im Traum lasse ich mich mit der Limousine die siebzig Meter vom Tor bis zu den livrierten Bediensteten am Eingang kutschieren.

Es ist alles sehr feierlich. Wir sitzen im Halbrund, und als Horst Köhler und seine Frau erscheinen, erheben wir uns von den Plätzen. Ich bin so aufgeregt, dass ich von der kurzen Rede des Bundespräsidenten zunächst gar nichts mitbekomme. Er erzählt vom Schicksal eines jungen Mannes aus Jena, der, ohne es zu wollen, in die Mühlen des DDR-Unrechts geriet. Nur, weil er die Freiheit wollte. Roland Jahn. Ich habe schon von ihm gehört.

Und dann wendet sich Horst Köhler an die zwölf Leute, die zur Auszeichnung erschienen sind: »Unsere Anerkennung verdient aber auch«, sagt er, »dass Sie alle, die heute ausgezeichnet werden, sich dafür einsetzen, die Erinnerung an die Geschichte der DDR wachzuhalten.« Damit trifft er direkt meine Absicht. Auch sein Hinweis auf die Notwendigkeit, daran weiterzuarbeiten, spricht mir direkt aus dem Herzen: »Das ist vor allem für junge Menschen wichtig. Es macht mir Sorge, wenn ich in Studien lese, wie wenig Schülerinnen und Schüler heute über die DDR wissen. Deswegen brauchen wir die historische Aufklärung.«

Im Stillen verspreche ich Horst Köhler, auch weiter daran mitzuwirken. So lange ich kann.

Dann werden wir einzeln aufgerufen, um das Kreuz von ihm entgegenzunehmen, und während wir auf ihn zugehen, liest eine Frauenstimme die Begründung für die Auszeichnung vor. Bei mir lautet sie: »Erika Riemann – Als Vierzehnjährige wurde sie verhaftet, weil sie einem Stalin-Bild eine Schleife um den Schnurrbart gemalt hatte. Sie musste dafür mehr als acht Jahre Haft unter anderem im Speziallager Sachsenhausen und im Frauengefängnis Hoheneck verbüßen. Trotz ihrer traumatischen Erlebnisse, die sie erst fünfzig Jahre später in einem Buch verarbeitete, stellt sie sich bis heute mit großem Engagement als Zeitzeugin der schulischen Bildungsarbeit zur Verfügung und tritt gegen die Verklärung der zweiten Diktatur in Deutschland ein. Zudem ist sie seit 1990 in verschiedenen Lagergemeinschaften, wie zum Beispiel in der Gedenkstätte Sachsenhausen, aktiv und trug mit ihren Erinnerungen zu Ausstellungs- und Dokumentationsprojekten bei …«

Diese Worte befriedigen mich sehr. Als wir zum Abschluss unsere Nationalhymne singen, denke ich daran, dass ich die hohe Auszeichnung nicht nur für mich allein, sondern auch für viele meiner Haftkameradinnen und Haftkameraden mit trage. Sie selbst weilen vielleicht nicht mehr unter uns, aber sie haben, wie auch ich, ihr Leben lang gegen das Vergessen gekämpft.

Ich trage das Bundesverdienstkreuz noch den ganzen Tag am Revers und bin sehr stolz darauf.

Als ich am Abend, zurück in Hamburg, den Tag Revue passieren lasse, zieht noch einmal mein ganzes Leben an mir vorbei. Wieder einmal, wie schon so oft, kommt mir der Gedanke: Alles, was ich im Laufe der vielen Jahre gemacht habe, verdanke ich letztendlich der harten Schule der Gefangenschaft.

Ob ich will oder nicht, sie hat mein Leben geprägt. Und deshalb konnte ich nur leben, weil ich sie als Teil meines Lebens angenommen habe. Das ist der Weg, mit all dem Schrecklichen fertig zu werden. Ich bin dankbar, ihn gefunden zu haben. Es war schwer und auch schmerzhaft. Immer wieder glaubte ich, die Talsohle durchschritten zu haben, doch stets musste ich erfahren, dass es immer noch tiefer in den Abgrund gehen kann.

Als ich im Gefängnis meine Suppe aus dem Spucknapf schlürfen musste, war der Hunger größer als der Ekel. Ich wollte nicht verhungern, und ich hielt mich daran fest, dass ich eines Tages über all das lachen würde, wenn ich einmal wieder draußen wäre. »Mein Triumph wird darin bestehen, das hier überlebt zu haben«, schrieb ich in meinem ersten Buch.

Ich glaubte, es könne nicht schlimmer kommen, aber es kam schlimmer. Ehre und Würde sind Worte, die nicht so schwer wiegen, wenn sie keiner in Frage stellt. Werden sie jedoch verletzt, trifft es einen ganz tief. Die Wunden entstehen irgendwo im Verborgenen, wo man sie nicht lecken kann. Sie bleiben für immer und ewig.

Ich habe darauf reagiert, indem ich in mir einen Ort in meinem Körper suchte, an dem ich meine Erinnerungen versenken konnte. Es gibt aber keinen solchen Ort im Menschen. Man kann einen Deckel auf die Erinnerungen pressen, man kann diesen Deckel auch noch festhalten. Dass eines Tages die Erinnerungen darunter hervorquellen, wie der süße Brei im Märchen, kann man nicht verhindern.

Dann fühlte ich mich ganz unten. Ich war davon überzeugt: Tiefer geht es nicht.

Nächtelang haderte ich mit meinen Eltern, die mich in dem Glauben erzogen hatten, es gebe einen Trost spendenden Gott. Hinter den Mauern von Bautzen und Hoheneck war er für mich längst zum Verräter geworden. Zum Verräter an den Menschen. Oder waren wir für ihn keine Menschen mehr? Dann hätte sich Gott mit unseren Peinigern verbündet. Auch einen solchen Gott brauchte ich nicht. Ich verbannte ihn aus meiner Welt.

Aber was war das für eine Welt, in der Gut oder Böse nichts mehr galt? In der es nur um den nächsten Löffel fader Suppe, den nächsten Krumen glitschigen Brotes ging? Zählte wirklich nur das Überleben der folgenden Stunde, des nächsten Tages? Oder war auch das schon völlig egal?

Ich habe mir die Fragen damals gestellt, aber ich konnte sie nicht beantworten. Mein Körper ließ es nicht zu. Er hatte entschieden, überleben zu wollen. Da wurde der Kopf nicht gefragt.

Die Fragen waren damit nicht vom Tisch. Sie kamen, als der Kopf wieder den Körper beherrschte. Und sie ließen sich nicht unterdrücken.

Ich habe es fünfzig Jahre lang versucht. Es geht nicht. Das Leben ist unerbittlich. Es lässt vielleicht mal eine Verschnaufpause zu, in der man alles beiseitedrängen kann. Eine Woche lang, ein paar Monate, manchmal klappt es auch noch länger. Doch dann ist alles wieder da.

Als ob im Innersten etwas aufspringt. Und es ist keine bunte, angenehm duftende Blüte, die sich da öffnet. Eher eine Eiterbeule. Eine Wunde, von der man ganz genau weiß, sie entleert sich. Aber sie bleibt, wird wieder praller und praller, pocht innerlich immer stärker – bis sie ein weiteres Mal platzt.

Und wenn es dann wieder so weit ist, braucht man alles auf der Welt, nur die eklige, stinkende Wunde nicht! Da sind die Kinder mit ihren Sorgen, da ist das Leben mit seinen Aufgaben. Dem gebührt die Kraft, nicht der Vergangenheit.

Doch die Wunde ist da.

Ich habe versucht, mich der Erinnerung zu stellen, und alles aufgeschrieben. Das war für mich kein einfaches Unterfangen. Meine Sache war es ein Leben lang, mit klaren, einfachen Worten meinen Gedanken Ausdruck zu geben, nicht mit möglichst geschliffenen Sätzen.

Dennoch habe ich es geschafft.

Nun lag erst mal ein dicker Packen Papier auf der Wunde. Sie pochte weiter. Ich machte es so, wie ich es immer getan hatte: Ich ignorierte den Schmerz. Aber ich hatte begonnen, darüber zu sprechen. Es tat jedes Mal weh, doch ich machte weiter.

Dann bohrten auch fremde Menschen in meiner Wunde. Sie stellten mir ihre Fragen nicht, weil sie mich quälen wollten. Ich brauchte eine Weile, um zu begreifen, dass auch dies dazu gehört, will man mit den Schmerzen fertig werden. Verheilen kann solch eine Wunde nicht. Aber man kann lernen, die Schmerzen zu beherrschen.

Zuerst habe ich es nicht für möglich gehalten, dass mein Buch »Die Schleife an Stalins Bart« so ein Erfolg werden könnte. Deshalb hatte ich auch nicht erwartet, in den Blickpunkt der Öffentlichkeit zu gelangen.

Es ist anders gekommen. Auch diesen unerwarteten Anforderungen stellte ich mich. Neue Ängste gingen damit einher. Ich geriet nämlich in eine Schublade, in die ich gar nicht gesteckt werden wollte. Dazu trugen besonders meine Fernsehauftritte bei, die ja naturgemäß immer auf wenige Minuten beschränkt waren. Plötzlich war ich da so etwas wie der erhobene Zeigefinger: Seht her, Leute, der Osten war zwar eine ganz erträgliche Diktatur, aber es gab auch ein paar Opfer, zum Beispiel Erika Riemann. Sie hat als halbes Kind acht Jahre für einen dummen Streich im falschen Moment im Zuchthaus gesessen.

Gegen diese Rolle habe ich mich immer gewehrt. Mein Schicksal hat mich nun mal für einen kleinen Abschnitt der Geschichte zur Zeitzeugin gemacht. Diese Rolle akzeptiere ich. Aber was kann ich bezeugen?

Die Unterdrückung und Unfreiheit im Osten durch die russische Besatzungsmacht und die junge DDR. Ja, darüber kann ich berichten. Aber das Leben dort während der fast vierzigjährigen Existenz dieses Staates? Da habe ich doch die Schattenseiten des Wirtschaftswunders im Westen viel hautnäher miterlebt! Wohlstand für alle, aber nicht für uns, weil meine Mutter nun mal geschieden war und allein Kinder und Enkel durchbringen musste. Nicht für uns, weil mein erster Mann meine Haftentschädigung lieber mit fremden Frauen verjubelt hat. Nicht für uns, weil mich die Familie meines zweiten Mannes nie akzeptierte, denn ich passte nicht in ihr Weltbild.

Nein, als Zeitzeugin in Sachen »Ostalgie« oder »Westalgie« eigne ich mich überhaupt nicht.

Das, worüber ich sprechen kann und will, ist einfach das Leben. Unser Leben, mein Leben. Und dabei lasse ich mir von niemandem vorschreiben, wie ich das zu sehen habe.

Viele Jahre lang habe ich mich nach der Meinung anderer gerichtet. Stets habe ich Fehler und Defizite nur bei mir gesucht. Ich habe dies oder jenes nicht geschafft, ich habe wieder einmal irgendetwas nicht zu Ende gebracht, ich habe versagt. Solche Gedanken waren mein Gefängnis nach dem Gefängnis. Ich musste da heraus, wollte ich nicht endgültig an mir selbst verzweifeln.

Dafür habe ich alle meine Kraft zusammengenommen. Bewusst und unbewusst. Dann habe ich erkannt, dass die Wahrheit, wie bei so vielen Dingen im Leben, in der Mitte liegt. Meine Jahre waren ebenso wenig eine rosarote Schunkelparty wie eine Abfolge grauer und missmutiger Tage. Jeder Mensch auf dieser Welt hat das Recht, nach seinem ganz persönlichen Glück zu suchen, und genau das habe ich auch getan. Es gelang mal besser, mal schlechter, aber das gehört wohl zum Leben dazu.

So sehe ich inzwischen auch unsere Landsleute, die im Osten geblieben sind. Wie ich hier haben sie dort nach ihrem Glück gesucht. Warum sollen sie sich nicht an die schönen Dinge dabei erinnern dürfen? Warum sollen sie die Hindernisse auf diesem Wege nicht auch einfach mal vergessen? Es war doch ihr Leben. Das kann nachträglich niemand verändern. Gelebtes Leben ist gelebtes Leben.

Das gilt natürlich auch für mich. Ich habe im Osten keine gute Zeit gehabt. Ich kannte nur die Gefängnisse und Lager. Aber habe ich deshalb auch nur die Spur eines Rechtes, von den Leuten dort zu verlangen, dass auch sie ihre Erinnerungen grau in grau malen? Ich glaube nicht.

Doch ich möchte, dass wir miteinander reden.

Früher, in den Jahren vor der Einheit, war das Reden auf die Vereine der Betroffenen beschränkt. Es gab sie in fast jeder Stadt, denn es gab viele Betroffene. Außerhalb ihrer Kreise interessierte ihr Schicksal nur wenige. Es ging uns ja allen so gut. Wer mochte da in der Vergangenheit herumrühren?

Dann normalisierte sich das Leben auch für jene, denen ein Stück davon fehlte. Es wurde geheiratet, Kinder kamen, die Arbeit fraß unsere Zeit. Wir alle haben unsere Kinder nicht im Gedenken und in der Erinnerung an die Vergangenheit erzogen. Wir wollten sie nicht in unser Ghetto sperren. Das mag richtig oder falsch gewesen sein, es ist vorbei.

Auch die Probleme der Anfangsjahre sind längst erledigt. Da ging es um Hilfe bei den Behörden, um überhaupt als politischer Flüchtling anerkannt zu werden. Um Gutscheine für ein paar gebrauchte Möbel. Oder um Hilfe bei ernsten Verwicklungen im Leben: Was machte zum Beispiel eine Frau, deren Mann seit Jahren für tot erklärt wurde, weil er in einem russischen Lager saß, und dann zurückkam, nachdem sie wieder geheiratet hatte? Es waren Dramen, die sich im Stillen abspielten. Inzwischen ist auch das alles Geschichte.

Heute tauschen wir hin und wieder noch Erinnerungen aus. Aber auch das mögen viele gar nicht mehr. Sie haben ihr Leben gelebt und wollen sich irgendwann ohne Groll von dieser Welt verabschieden. Dazu gehört auch, mit sich selbst Frieden zu schließen.

Zu meinem Frieden gehört es, anderen immer wieder Mut zu machen. Ob beim Bautzen-Forum oder bei den jährlichen Treffen in Hoheneck – ich spüre immer wieder, dass viele von uns bis heute mit ihrem Schicksal hadern. Manchmal habe ich das Gefühl, sie richten sich an mir auch etwas auf. Ich will mich nicht wichtiger machen, als ich bin, aber wenn es so ist, wäre es eine mir angenehme Form der Hilfe, die ich leisten kann.

Um den Faden der Erinnerung nicht reißen zu lassen, sollten wir dazu beitragen, den Blick auf alle Opfer der Diktatur zu erweitern. Viele von uns meinen, die Aufarbeitung unserer Schicksale sei noch nicht erledigt, und deshalb wäre es noch gar nicht an der Zeit, über das Unrecht der Stasi zu sprechen.

Ich sehe das anders. Für mich ist alles gesagt. Wenn ich dennoch darüber spreche, dann deshalb, weil ich es für meine Verpflichtung all jenen gegenüber halte, die auf der Strecke geblieben sind. So gesehen fühle ich mich schon als Einzelkämpferin.

Als wir noch im Gefängnis saßen, haben wir uns nicht verabredet, danach das uns widerfahrene Unrecht anzuklagen. Als wir endlich entlassen wurden, haben wir gefeiert und uns über die Freiheit gefreut. Unser Lebenshunger trieb uns an, nicht der Wille, abzurechnen.

Ich habe mich dann im Verband der Heimkehrer nützlich gemacht. Dort war Hilfe nötig, und ich bin regelrecht in diese ehrenamtliche Tätigkeit hineingeschlittert. Da brauchte man nicht viel zu reden.

Niemand erfuhr von mir, wie sehr ich selbst noch unter der

Vergangenheit litt. Migräne-Attacken plagten mich, Albträume folterten mich. Manches Mal bin ich mitten in der Nacht quer über die Straße in die Wohnung meiner Mutter gelaufen, um mich unter ihrer Bettdecke zu verkriechen. Meine Kinder blieben in meiner Wohnung zurück. Sie schliefen ja selig. Mutter nahm mich dann schweigend in den Arm. Am nächsten Morgen war ich wieder für meine Kinder da. Und am Abend für die Kameradinnen und Kameraden.

Dann kam der Zusammenbruch des DDR-Regimes und wenig später die Einheit. Nun war alles anders. Bücher erschienen, im Fernsehen wurde über Schicksale aus diesen finsteren Jahren berichtet.

Bis dahin sprach ich auch bei meinen zahlreichen Besuchen in Mühlhausen nur ganz vorsichtig über die Vergangenheit und über mein Schicksal. Ich tat das aus Rücksicht, um niemanden in Verlegenheit zu bringen.

Auch das änderte sich nach dem Ende der DDR. Inzwischen kennt wohl die ganze Stadt meinen Namen! Zuerst war mir das ein wenig peinlich. Ich bin doch kein Mensch, der sich gern in den Vordergrund drängt. Doch als 2009 dann ein Buch erschien, das Mühlhäuser Bürger vorstellte, deren Wirken über die Grenzen der Stadt hinausging, und in dem auch meine Biographie abgedruckt ist, war ich stolz.

Es hat sich gelohnt, den kleinen Kreis der Kameradinnen und Kameraden zu verlassen und an die Öffentlichkeit zu gehen. Wenn ich damit auch nur einem Einzigen geholfen hätte, sein Schicksal besser zu bewältigen, wäre mir das schon Erfolg genug.

Deshalb reise ich noch immer umher und lese aus meinem Buch. Es fällt mir manchmal schon ziemlich schwer, denn die Allerjüngste bin ich ja nun auch nicht mehr. Aber im Vergleich mit meinen Haftkameradinnen und Haftkameraden bin ich immer noch »das Küken«. Also muss ich ran, bis es eines Tages vielleicht wirklich nicht mehr geht.

Miteinander reden heißt für mich: Ich will nicht bedauert werden, und ich möchte auch niemanden animieren, sich für mein Schicksal verantwortlich zu fühlen und sich für die Verhältnisse, unter denen das geschehen konnte, zu schämen.

Mein Ziel ist es, mit Hilfe meiner Geschichte möglichst viele Menschen zu veranlassen, den Opfern von damals einfach zuzuhören. Sie finden diese Opfer in der Familie, im Bekanntenkreis und bei Freunden. Ich weiß, dass es immer noch Tausende gibt, die über ihre schlimme Zeit nicht reden können und wollen. Mir ging es ja selbst jahrzehntelang so. Auch ich glaubte, keiner interessiere sich für die alten Geschichten, niemand wolle davon wissen. Das stimmt nicht.

Hören Sie einfach zu. Mehr ist gar nicht nötig. Wir wollen nicht bedauert werden, wir sehnen uns nicht nach Mitleid. Wir möchten einfach nur unsere Geschichten erzählen. Weil sie manchmal so unglaublich sind, weil sie manchmal so grausam sind und weil sie zu unser aller Wurzeln gehören. Das Erinnern soll nicht das Leben heute dominieren oder gar die Lebensfreude trüben. Aber es soll uns alle vor dem Vergessen bewahren.

Ohne Kenntnis der Vergangenheit gibt es keinen klaren Blick auf die Gegenwart und keinen sicheren Weg in die Zukunft.

Und noch ein allerletztes Wort

Natürlich habe ich versucht, auch das Schreiben meines zweiten Buches vor meinen Kindern geheim zu halten. Ich habe mich damit ganz schön gequält, und sie sollten nichts wissen, weil es mir peinlich gewesen wäre, wenn ich es letztlich dann doch nicht geschafft hätte.

Trotzdem haben sie wieder einmal irgendwoher Wind bekommen. Matthias hat dann beim Verlag angerufen und sich erkundigt. Danach setzte er gleich eine Ankündigung auf meine Website. Natürlich kamen sofort entsprechende Anrufe und Mails:

»Ja, wir wollen noch ein Buch von Ihnen lesen!« Damit war ich endgültig »gefesselt«.

Als ich dann merkte, dass ich doch noch allerhand zu erzählen hatte, habe ich mit Matthias eine Wette abgeschlossen: Wenn ich es schaffe und das zweite Buch zu Ende bringe, macht er noch einmal mit mir eine schöne Urlaubsreise – wie nach der Veröffentlichung des ersten Buches, als wir zusammen in die USA geflogen waren.

Jetzt habe ich die Wette gewonnen!